Byron Katie

MILLE NOMI
PER LA GIOIA

Vivere in armonia
con la realtà delle cose

Scritto con Stephen Mitchell

EDIZIONI
IL PUNTO
D'INCONTRO

Nota all'edizione italiana

L'editore ha scelto di accogliere la richiesta dell'autrice di tradurre letteralmente anche espressioni che non sono comuni o fluide in italiano. Questo per rispettare il gergo in cui l'autrice esprime il suo pensiero e che viene usato per seguire Il Lavoro.

Byron Katie e Stephen Mitchell
Mille nomi per la gioia
Titolo originale: *A thousand names for joy*
Traduzione di Gianpaolo Fiorentini
Revisione della traduzione a cura di Enzo Trifirò
Copyright © 2007 by Byron Kathleen Mitchell
Copyright © 2010 Edizioni Il Punto d'Incontro per l'edizione italiana
All epigraphs are from *Tao Te Ching: A New English Version* by Stephen Mitchell, copyright © 1988 by Stephen Mitchell, reprinted by Stephen Mitchell by permission of HarperCollins Publisher.
Italian translation published by arrangement with Harmony Books, a division of Random House, Inc.
Prima edizione originale pubblicata nel 2007 da Harmony Books, an imprint of the Crown Publishing Group, a division of Random House, Inc., New York
Prima edizione italiana pubblicata nel giugno 2010
Edizioni Il Punto d'Incontro s.a.s., Via Zamenhof 685, 36100 Vicenza, telefono 0444-239189, fax 0444-239266, www.edizionilpuntodincontro.it
Finito di stampare nel giugno 2010 presso la tipografia CTO, Via Corbetta 9, Vicenza

ISBN 978-88-8093-683-1

Indice

Prefazione di Stephen Mitchell 7

MILLE NOMI PER LA GIOIA 15

Introduzione 17

Appendice: come fare Il Lavoro 298

Ringraziamenti 317

Nota sugli autori 318

Prefazione

Questo libro è un ritratto della mente risvegliata in azione. È anche la risposta di Byron Katie al *Tao Te Ching*, il grande classico cinese che è stato definito il libro più saggio che sia mai stato scritto.

Lao-tzu, autore del *Tao Te Ching*, forse è vissuto nel VI secolo a.C. o forse è una figura totalmente leggendaria. Mi piace immaginarlo in abiti logori, un vecchio dalla lunga barba attorcigliata che passa la maggior parte del tempo in un deliziato silenzio, sempre a disposizione delle persone di cui osserva serenamente gli innumerevoli modi in cui si rendono infelici. In molti capitoli del *Tao Te Ching*, Lao-tzu descrive se stesso attraverso una figura che chiama "il Maestro", l'essere umano maturo che è andato al di là della saggezza e della santità raggiungendo una salute interiore che abbraccia tutto il mondo e lo redime. Il Maestro non ha niente di mistico o di elevato. È semplicemente una persona che conosce la differenza tra la realtà e i pensieri sulla realtà. Può essere un meccanico, un insegnante di scuola secondaria, il direttore di una banca o un senzatetto che vive per strada. È uguale a chiunque altro, salvo per il fatto che in questo preciso istante non pensa che le cose dovrebbero essere diverse da quelle che sono. Quindi, in ogni circostanza è a suo agio nel mondo, è efficiente senza fare il minimo sforzo, conserva la leggerezza del cuore qualunque cosa accada, e pur senza intenzione di farlo agisce con amorevolezza verso se stesso e verso tutti. Il Maestro è ciò che sei quando accogli la tua mente con comprensione.

Qualche parola sull'autrice di questo libro. Byron Kathleen Reid (che tutti chiamano Katie), all'inizio dei suoi trent'anni cadde in una profonda depressione. Era una madre e una donna d'affari che viveva in una cittadina nel deserto del sud della California. Per oltre un decennio continuò a precipitare in stati di paranoia, collera e disgusto per se stessa, alimentando continue idee di suicidio; negli ultimi due anni, spesso non riusciva nemmeno a uscire dalla sua camera da letto. Poi, una mattina di febbraio del 1986, fece all'improvviso un'esperienza che cambiò la sua vita. Le tradizioni buddhiste e induiste hanno vari nomi per un'esperienza di questo genere. Katie la chiama "risvegliarsi alla realtà". In questo istante atemporale, dice:

> Scoprii che quando credevo ai miei pensieri soffrivo, ma quando non ci credevo non soffrivo, e questo è vero per ogni essere umano. La libertà è davvero semplice. Scoprii che la sofferenza è un optional. Ho trovato in me una gioia che non è mai più scomparsa, neppure per un attimo. Questa gioia è in ognuno di noi, sempre.

Poco tempo dopo, cominciarono a correre delle voci su una "donna illuminata" a Barstow e la gente iniziò ad andare a trovarla per chiederle come poter trovare la libertà che vedeva rifulgere in lei. Katie capì che quello di cui la gente aveva bisogno non era la sua presenza personale, ma un modo per scoprire da sé quello che lei aveva scoperto. Il suo metodo di auto-indagine, che chiama Il Lavoro, è un'incarnazione, in parole, dell'indagine silenziosa che si era risvegliata in lei quella mattina di febbraio. È un metodo semplice ma estremamente potente, e non richiede altro che carta, penna e una mente aperta. Mentre si diffondevano sempre più le notizie delle impressionanti trasformazioni che le persone sperimentavano grazie al Lavoro, Katie venne invitata a presentarlo pubblicamente in varie località della California, poi in tutti gli Stati Uniti, e infine in Europa e nel resto del mondo. Oggi sono quindici anni che si sposta, a volte senza mai una pausa, portando Il Lavoro a centinaia di migliaia di persone in incontri pubblici gratuiti, prigioni, ospedali, chiese, aziende, centri per donne abusate, università e scuole durante weekend intensivi e i nove giorni di corso della sua Scuola per Il Lavoro.

Katie non è un'esperta dei classici della spiritualità; anzi, prima che ci incontrassimo non aveva mai sentito parlare del *Tao Te Ching*. Ma conosce benissimo la gioia e la serenità, e conosce la mente: in che modo ci fa soffrire e come possiamo usarla per essere liberi. Quindi, da un certo punto di vista, Laotzu è un suo collega, qualcuno che fa lo stesso lavoro, qualcuno con cui parlare, e non importa se è morto. Questo libro riporta appunto questa interessante conversazione. Procedendo, come il *Tao Te Ching*, per variazioni sul tema, esprime la stessa fondamentale realizzazione in molti modi e in molte circostanze diverse.

Ecco com'è nato il libro. Quando incontrai Katie per la prima volta, rimasi profondamente impressionato dalla sua apertura di cuore e dalla sua saggezza, che sembrava una sorta di trasparenza. Era di una totale innocenza: non aveva letto niente, non sapeva niente di Buddhismo, di Taoismo o di qualunque altra tradizione spirituale; aveva semplicemente fatto un'esperienza che voleva condividere. Dalla sua bocca uscivano delle meravigliose intuizioni che a volte sembravano provenire direttamente da un *sutra* o da un'*Upanishad*, senza nessuna consapevolezza che qualcuno avesse già detto la stessa cosa. Nei primi tempi del nostro matrimonio, in parte per curiosità, le leggevo dei passi dei grandi maestri spirituali: Laotzu, il Buddha, i maestri zen, Spinoza e altri della stessa grandezza (lei li chiama "i tuoi amici morti"). Katie ascoltava, a volte annuiva o commentava: "Giusto", o "Sì, è proprio così". Altre volte, con mio stupore, diceva: "Sì, è giusto, ma un po' 'antiquato'. Io direi così...".

Infine le lessi la mia traduzione del *Tao Te Ching*, tutti gli ottantuno capitoli, e trascrissi i suoi commenti che costituiscono la materia prima di questo libro. A volte, dietro mia richiesta, commentava i versi uno per uno, più spesso tutto un passo o un gruppo di versi. (Le citazioni all'inizio di ogni capitolo sono i versi del *Tao Te Ching* di riferimento a quello di cui Katie sta parlando). Continuando nel nostro lavoro, le chiedevo di approfondire o di ampliare qualche punto del testo, oppure la invitavo a indagare una direzione che sembrava interessante. A volte non aveva nessun riferimento per la mia domanda, e mi sembrava di chiedere a un pesce com'è vivere nell'acqua. Ad esempio, dovetti trovare io le rese per i termini "bello" e "brutto" del capitolo 2, dato che adoro Mozart e non apprezzo il rap. Queste mie forti attrazioni e avversioni erano utilissime, perché fornivano a Katie l'occasione per coniare termini come "rumore" che sono al di fuori della sua esperienza della realtà.

Quando iniziammo a esaminare il testo, Katie mi chiese che cosa significa *Tao*. Le spiegai che letteralmente significa "la via" e che è un termine per indicare la realtà ultima o, nel suo modo di esprimersi, il modo in cui è: ciò che è. Katie era molto divertita. "Non capisco concetti come 'ultimo' ", disse. "Per me, la realtà è semplice. Non c'è qualcosa al di là o al di sopra, e non ha segreti. È quello che è di fronte a te, quello che sta accadendo. Se ti opponi a esso, perdi. Non amare ciò che è fa male, e io non sono più una masochista".

Conosco il *Tao Te Ching* dal 1973 e con particolare profondità dal 1986, quando ne ho curato la traduzione. Lo rispetto come qualunque altro libro al mondo, gli devo molto e conosco il suo potere. (Un amico mi disse che, in un periodo giovanile di grandi difficoltà emozionali, lo salvò la lettura della mia traduzione dalla prima all'ultima pagina, note comprese, ogni singolo giorno per un anno intero). È meraviglioso sapere che esiste qualcosa come questo manuale dell'arte del vivere, un libro così saggio e così pratico. Ma una cosa è leggere sull'essere in armonia con le cose così come sono, o persino capire che cosa significa, e un'altra è viverlo realmente. Nemmeno il più saggio dei libri può darci la saggezza. Dopo aver letto questi profondi concetti e avere annuito ("Smetti di tentare di controllare", "Sii totalmente presente", "Vedi il mondo come te stesso", "Lascia andare", "Abbi fiducia nel modo in cui le cose sono"), rimane la domanda fondamentale: come? *Come* imparare a farlo?

Katie ha scritto due libri che spiegano come mettere fine alla sofferenza indagando i pensieri che la creano, i pensieri che si oppongono alla realtà. Nessuno sa come si fa a lasciar andare, ma tutti possiamo imparare a interrogare un pensiero stressante. Se ad esempio sei turbato e ti sembra impossibile lasciar andare questa sensazione, puoi indagare i pensieri che dicono: "Non mi sento sicuro", "Non posso farlo", "Non avrebbe dovuto lasciarmi", "Sono troppo grasso", "Mi servono più soldi", "La vita è ingiusta". Al termine dell'indagine, non sarai più la stessa persona. Potrai fare qualcosa o non fare niente ma, in qualunque modo la vita si evolva, la affronterai da una posizione di maggiore fiducia e di pace. E infine, quando la mente diventa chiara, la vita inizia a viversi attraverso di te senza sforzo, con la gioia e l'amorevolezza che ci indica Laotzu. Benché la realtà sia ineffabile, Katie dice che ci sono mille nomi per la gioia, perché niente è separato e la gioia è ciò che tutti siamo nel profondo.

Nei capitoli seguenti, quando Katie usa la parola *indagine* si riferisce specificamente al Lavoro. Il Lavoro consiste di quattro domande e di quello che chiama "rigiro", ovvero un modo di sperimentare il contrario di quello che crediamo. Le domande sono:

1. È vero?
2. Puoi sapere con assoluta certezza che è vero?
3. Come reagisci, cosa avviene, quando credi a quel pensiero?
4. Chi saresti senza quel pensiero?

Incontrandole per la prima volta, queste domande potrebbero sembrare meramente intellettuali. L'unico modo per capire come funzionano è usarle. Vedere altre persone che le usano può darvi un barlume, o persino l'esperienza, del loro potere. Se rispondiamo con sincerità, le domande diventano vive; rispecchiano le verità che non riusciamo a vedere se guardiamo all'esterno. In queste pagine troverete alcuni esempi di persone che applicano Il Lavoro ai pensieri stressanti, sotto la guida amorevolmente incisiva di Katie. (Altre istruzioni su come fare Il Lavoro si trovano nell'Appendice, sul nostro sito www.thework.com e nel libro di Katie *Amare ciò che è*).

Il Lavoro è stato definito una pratica di auto-aiuto, ma è molto di più: è auto-realizzazione e porta alla fine della sofferenza. Indagando un pensiero stressante, vediamo da noi che non è vero; ne scopriamo la causa ed effetto osservando in modo dettagliato esattamente che genere di dolore e di confusione deriva dal credere a questo pensiero; poi cogliamo un barlume nello specchio vuoto, il mondo al di là della storia che ci raccontiamo sul mondo, e vediamo come potrebbe essere la nostra vita senza quel pensiero; e infine facciamo esperienza del contrario di ciò a cui avevamo fermamente creduto. Se lo indaghiamo in profondità, un pensiero perde il suo potere di provocarci dolore, e col tempo non si ripresenta più. "Io non lascio andare i miei pensieri", dice Katie. "Li accolgo con comprensione. Poi sono *loro* che lasciano andare *me*".

Indagare i pensieri che sembrano veri, pensieri che possono persino far parte della nostra identità, richiede coraggio, e in Mille nomi per la gioia Katie incoraggia con forza il lettore a vedere con chiarezza la libertà che vive dall'altra parte dell'indagine. Come ormai avrete capito, questo libro è molto più di un commento al *Tao Te Ching*. È un barlume sulle profondità dell'essere e sulla vita di una donna che da vent'anni vive realmente le parole di Lao-tzu. La profonda e sincera saggezza che questa donna incarna non è teorica: è assolutamente autentica. È questo che rende il libro così vivo e stimolante. È il ritratto di una donna imperturbabilmente gioiosa, che stia ballando con la nipotina o che abbia appena scoperto che la casa è stata svuotata dai ladri, che abbia di fronte un uomo che vuole ucciderla o che si getti nell'avventura di andare in cucina, che abbia appena saputo che diventerà cieca, che ottenga un punteggio bassissimo nel test "Quanto sei una brava amante?" o che le venga diagnosticato un tumore. Con le sue storie di totale agio in tutte le circostanze, Katie fa molto più che descrivere la mente illuminata: ce la fa vedere, *sentire*, in azione.

Se pensavi che la libertà abbia riguardato solo poche persone illuminate vissute migliaia di anni fa, che sia uno stato al di fuori della portata di tutti noi che viviamo nel mondo moderno, e certamente al di fuori della tua portata, *Mille nomi per la gioia* ha il potere di farti cambiare questa credenza.

Stephen Mitchell

NOTA. Le citazioni all'inizio dei capitoli sono tratte dal mio *Tao Te Ching: A New English Version*. Non occorre conoscerlo per apprezzare *Mille nomi per la gioia*. Tuttavia, benché questo libro sia a sé stante, ogni capitolo corrisponde allo stesso capitolo del *Tao Te Ching*, e può essere utile leggere i due testi uno accanto all'altro.

MILLE NOMI PER LA GIOIA

Introduzione

Il *Tao Te Ching* è una descrizione meravigliosamente accurata della mente in armonia con le cose così come sono. Antica Cina, America moderna... che cosa importa? Non c'è tempo o spazio. Quando non credi ai tuoi pensieri, la vita diventa priva di sforzo.

Nella mia esperienza, la confusione è l'unica sofferenza. Confusione è quando ti opponi a ciò che è. Quando hai una perfetta chiarezza, ciò che è è ciò che vuoi. Perciò, quando vuoi qualcosa di diverso da ciò che è, sai di essere davvero confuso.

Indagando i tuoi pensieri, scopri come l'attaccamento a una credenza o a una storia provoca sofferenza. La condizione naturale della mente è la pace. Poi arriva un pensiero, ci credi e la pace sembra scomparire. In quel momento noti la sensazione di stress, e la sensazione ti fa capire che ti stai opponendo a ciò che è credendo al pensiero; ti dice che sei in guerra con la realtà. Quando indaghi il pensiero che sta dietro la sensazione e capisci che non è vero, diventi presente al di fuori della tua storia. Allora la storia svanisce alla luce della consapevolezza e rimane solo la consapevolezza di ciò che è. La pace è chi sei senza una storia, fino alla comparsa della prossima storia stressante. Alla fine, la ricerca diventa viva in te come la naturale risposta senza parole della consapevolezza ai pensieri che sorgono.

Quando il *Tao Te Ching* parla del "Maestro", sta descrivendo qualcuno con la mente pacificata: un amante di ciò che è. In questo libro uso la parola *Maestro* perché si trova nel *Tao Te Ching*, e uso il pronome "lei" perché tutto ciò di cui posso parlare è la mia esperienza. Ma *Maestro* o *insegnante* non sono parole che uso normalmente. Implica che non tutti insegniamo allo stesso modo. E questo non è vero. Tutti abbiamo un'uguale saggezza. È distribuita in modo assolutamente uguale. Nessuno è più saggio di chiunque altro. In definitiva, nessuno ti può insegnare eccetto te stesso.

Io non do consigli. So che ognuno conosce la propria via, e ho fiducia in questo. Per quarantatre anni sono stata una sprovveduta, poi ho trovato la via o meglio sono stata abbastanza aperta perché la via mi trovasse. Per questo ho fiducia che anche tu potrai trovare la via. Nessuno è più speciale di un altro. Non ci sono guru che possono illuminarti magicamente. Ma se un maestro spirituale è qualcuno che ha una vita felice, che non si oppone alla realtà, che procede con ogni momento, senza sforzo, gioiosamente, e ama ciò che è così com'è, allora forse io (sempre che io esista da qualche parte) posso essere un maestro spirituale.

Io sono aperta a tutto ciò che la mente porta, a tutto ciò che la vita porta. Ho indagato i miei pensieri e ho scoperto che non significano niente. Splendo interiormente della gioia della comprensione. Conosco la sofferenza, conosco la gioia e so chi sono. Chi sono è chi sei tu, anche prima che tu lo realizzi. Quando non c'è nessuna storia, nessun passato o futuro, niente di cui preoccuparsi, niente da fare, nessun posto in cui andare, nessuno da essere, tutto è bene.

1

*Il Tao che può essere detto
non è l'eterno Tao.*

Non puoi esprimere la realtà a parole. In questo modo la limiti. La schiacci dentro sostantivi, verbi e aggettivi, e il flusso istante-per-istante si interrompe. Il Tao che può essere detto non è l'eterno Tao, perché tentare di dirlo lo porta nel tempo. È bloccato nel tempo dal tentativo stesso di dargli un nome. Appena qualunque cosa viene denominata, non è più eterna. "Eterno" significa libero, privo di limiti, senza una collocazione nel tempo o nello spazio, vissuto senza ostacoli.

Non c'è un nome per ciò che siede su questa sedia in questo momento. Io sono l'esperienza dell'eterno. Anche il pensiero "Dio" lo blocca e lo manifesta nel tempo, e creando "Dio" ho anche creato "non Dio". Puoi sostituire qualunque cosa qui: con il pensiero "albero", creo "albero" e "non albero"; il meccanismo è lo stesso. Prima di dare un nome a qualunque cosa, il mondo non ha cose in esso, non ha significato. C'è soltanto pace in un mondo privo di parole e privo di domande. È lo spazio in cui tutto riceve già risposta, in gioioso silenzio.

In questo mondo prima delle parole c'è solo il reale: indiviso, inafferrabile, già presente. Qualunque cosa apparentemente separata non può essere reale, perché è la mente che l'ha creata con i suoi nomi. Quando lo comprendiamo, l'irreale diventa meraviglioso, perché non c'è niente che possa minacciare il reale. Io non vedo mai niente di separato chiamato "albero", "tu" o "io". Queste cose sono solo immaginazione, creduta o non creduta.

Dare un nome è l'origine di tutte le cose particolari che creano il mondo dell'illusione, il mondo di sogno. Separare una parte del tutto e chiamarla "albero" è il primo sogno. Io lo chiamo "pensiero di prima generazione". Poi, pensiero genera pensiero, e abbiamo: "Albero alto, magnifico albero, albero sotto il quale voglio andare a sedermi, albero che potrebbe fornire ottimi mobili, albero che devo salvare", e il sogno continua all'infinito. A una bambina occorre un istante per cadere nel mondo di sogno, nel sogno di un mondo, la prima volta che collega la parola alla cosa. E ti basta solo un istante per indagare, per rompere l'incantesimo ed essere grato al Tao per tutto: albero, non albero; mondo, non mondo.

Quando la mente crede a quello che pensa, dà un nome a ciò che non può essere denominato e cerca di renderlo reale attraverso un nome. Crede che i suoi nomi siano reali e che là fuori ci sia un mondo separato da se stessa. È un'illusione. Il mondo intero è proiettato. Quando sei chiuso e spaventato, il mondo sembra ostile; quando ami ciò che è, ogni cosa nel mondo diventa l'amato. Interno ed esterno si corrispondono sempre, sono reciproci riflessi. Il mondo è l'immagine riflessa della tua mente.

Non credendo ai tuoi pensieri, sei libero dal desiderio primario: il pensiero che la realtà dovrebbe essere diversa da quella che è. Realizzi l'indicibile, l'impensabile. Capisci che qualunque mistero è solo ciò che tu stesso hai creato. Di fatto, non c'è nessun mistero. Tutto è chiaro come il giorno. È semplice, perché in realtà non c'è niente. C'è solo la storia che appare in questo momento. E nemmeno questo.

Alla fine, "mistero" è uguale a "manifestazioni". Stai semplicemente guardando da una nuova prospettiva. Il mondo è un'illusione ottica. Sei soltanto tu, folle o angosciato, oppure tu felice e in pace. Alla fine, "desiderio" è uguale a "libero dal desiderio". Il desiderio è un dono: riguarda il notare. Tutto accade *per* te, non *a* te.

Ho indagato i miei pensieri e ho visto che è folle opporsi a ciò che è. Io non voglio mai che accada qualcosa salvo quello che sta accadendo. Ad esempio, mia madre, di novant'anni, sta morendo per un tumore al pancreas. Mi prendo cura di lei, cucino e faccio il bucato per lei, dormo accanto a lei e passo a casa sua ventitre ore al giorno (ogni mattina mio marito mi accompagna a fare una passeggiata). È un mese che è così. È come se il suo respiro fosse il battito della mia vita. Le faccio il bagno, la lavo anche nei punti più intimi, la medico e provo un enorme senso di gratitudine. Sono io che sto morendo di tumore, che passo i miei ultimi giorni a dormire, a guardare la TV e a chiacchierare, trattata con i più meravigliosi farmaci antidolorifici. Sono sbalordita dalla bellezza e dalle complessità del suo corpo, il mio corpo. E l'ultimo giorno della sua vita, mentre sono seduta sul suo letto, avviene un cambiamento nel suo respiro, e io so: ormai si tratta solo di minuti. Poi avviene un altro cambiamento, e io so. I nostri sguardi si incontrano e pochi istanti dopo se n'è andata. Guardo più in profondità negli occhi che la mente ha abbandonato, occhi privi di mente, gli occhi della non mente. Aspetto che avvenga un cambiamento. Aspetto che gli occhi mi segnalino la morte, ma niente cambia. È presente com'è sempre stata. Amo la mia storia su di lei. In quale altro modo lei potrebbe mai esistere?

Un uomo mi punta la pistola contro lo stomaco, alza il cane e dice: "Ti ammazzo". Sono scioccata dal fatto che stia prendendo i suoi pensieri tanto seriamente. A qualcuno identificato con un io, il pensiero di uccidere provoca un senso di colpa che porta a una vita di sofferenza; perciò gli chiedo, più dolcemente che posso, di non farlo. Non gli dico che sto pensando alla sua sofferenza. Lui dice che deve farlo, e lo capisco; ricordo che nella mia vecchia vita credevo anch'io di dover fare delle cose. Lo ringrazio che faccia del suo meglio e noto che sono affascinata. È così che lei morirà? È così che finisce la storia? Mentre la gioia continua a colmarmi, mi sembra miracoloso che la storia continui ancora. Non puoi mai conoscerne la fine, nemmeno quando finisce. Sono commossa alla vista del cielo, delle nuvole, degli alberi illuminati dalla luna. Amo così tanto che non perdo un solo momento, un solo respiro, di questa vita meravigliosa. Aspetto. E aspetto. Alla fine non preme il grilletto. Non vuole farsi quella cosa.

Ciò che chiamiamo "male" e ciò che chiamiamo "bene" provengono entrambi dallo stesso luogo. Il *Tao Te Ching* dice che la fonte di tutto è chiamata "oscurità". Che bel nome (se proprio dobbiamo avere un nome)! L'oscurità è la nostra fonte. Alla fine, abbraccia ogni cosa. La sua natura è l'amore, ma nella nostra confusione la chiamiamo terrore e bruttezza, l'inaccettabile, l'intollerabile. Tutto il nostro stress deriva da ciò che immaginiamo vi sia in quell'oscurità. Immaginiamo l'oscurità come separata da noi e vi proiettiamo sopra qualcosa di terribile. Ma, in realtà, l'oscurità è sempre benevola.

Che cos'è "l'oscurità nell'oscurità"? È la mente che non sa niente. Questa mente che non sa è il centro dell'universo, *è* l'universo; all'infuori di essa non c'è nulla. Il motivo per cui l'oscurità è la porta a tutta la comprensione è che, una volta compresa l'oscurità, sai con chiarezza che niente è separato da te. Nessun nome, nessun pensiero può essere vero in senso ultimo. Tutto è provvisorio, tutto cambia. L'oscurità, il senza nome, l'impensabile: è ciò di cui puoi fidarti in modo assoluto. Non cambia ed è benevolo. Una volta compreso, devi semplicemente ridere. Non c'è niente di serio riguardo alla vita o riguardo alla morte.

2

*Quando le persone vedono
alcune cose come buone,
altre cose diventano cattive.*

Quando credono ai loro pensieri, le persone dividono la realtà in opposti. Pensano che solo certe cose sono belle. Ma, per una mente chiara, ogni cosa del mondo è bella a suo modo.

Solo credendo ai tuoi pensieri puoi rendere il reale irreale. Se non separi la realtà in categorie dando dei nomi e credendo che i tuoi nomi siano reali, come puoi rifiutare qualcosa o credere che una cosa abbia meno valore di un'altra? Il compito della mente è dimostrare che quello che pensa è vero, e lo fa giudicando e paragonando questo a quello. A che cosa serve *questo* alla mente se non può dimostrarlo attraverso *quello*? Senza prove, come potrebbe esistere un questo o un quello?

Per esempio, se pensi che solo Mozart sia bello, nel tuo mondo non c'è posto per il rap. Tu hai diritto alla tua opinione, naturalmente, ma altri pensano che il rap è quello che conta. Come reagisci quando pensi che il rap sia brutto? Quando lo ascolti digrigni i denti e se devi ascoltarlo (forse sei un genitore o un nonno) sei in una stanza delle torture. Amo il fatto che, quando la mente è compresa, c'è spazio per il rap quanto per Mozart. Io non sento niente come rumore. Per me, l'allarme di un'auto è bello come un uccello che canta. Tutto è il suono di Dio. Per sua stessa natura, la mente è infinita. Una volta messe in dubbio le sue credenze, può trovare bellezza in tutte le cose; è tanto aperta e libera. Questa non è una filosofia. È come il mondo è realmente.

Se credi che l'azione di qualcuno sia cattiva, come puoi vedere in essa il bene? Come puoi vedere il bene che ne deriva, forse anni dopo? Se giudichi qualcuno cattivo, come potrai capire che tutti siamo stati creati uguali? Tutti siamo insegnanti attraverso il nostro modo di vivere. Un ubriaco fradicio può insegnare più cose sul perché non bere di un astemio con tutta la sua temperanza. Nessuno ha più bontà o meno bontà. Nessuno che sia mai vissuto è un essere umano migliore o peggiore di te.

Una mente che non indaga i suoi giudizi rende il mondo molto piccolo e pericoloso. Deve continuare a riempire il mondo di cose cattive e di persone cattive, e così facendo crea la sua stessa sofferenza. La cosa peggiore mai accaduta esiste solo nel passato, il che significa che non esiste affatto. In questo momento è solo un pensiero stressante nella tua mente.

Cose buone, cose cattive; persone buone, persone cattive. Questi opposti sono validi solo per contrasto. Potrebbe darsi che qualunque cosa ti sembri cattiva sia semplicemente qualcosa che non hai visto ancora abbastanza chiaramente? Nella realtà, in quello che è in se stessa, ogni cosa, ogni persona è molto al di là della tua capacità di giudizio.

Quando non credi più ai tuoi pensieri agisci senza fare niente, perché non c'è un'altra possibilità. Vedi che tutti i pensieri di te stesso come colui che agisce sono semplicemente non veri. Guardo la mano che chiamo la mia muoversi verso la tazza. Ha una tale intelligenza, scivola nell'aria con tale risolutezza, arriva alla tazza, le dita si chiudono attorno al manico, la mano solleva la tazza, la porta alle labbra, la inclina, il tè scorre nella bocca, ah! E per tutto il tempo, nessuno lo sta facendo. Chi agisce è un altro, è al di là della storia dell'"io sono".

Le cose sembrano sorgere e il Maestro le lascia andare perché se ne sono già andate. Questo apparente lasciar andare non è qualche santo gesto di resa. In primo luogo, semplicemente niente le è mai appartenuto. Come potrebbe non lasciar andare ciò che non esiste se non come storia di un passato o di un futuro?

Lei ha solo quello che crede di avere, quindi non ha niente, non ha bisogno di niente. Agisce e attende il miracolo di ciò che è, senza aspettarsi niente che rovinerebbe la sorpresa. Quando il lavoro è fatto lo dimentica, perché non c'è niente da ricordare. È fatto. È finito. Lei non può vedere ciò che non esiste. Il suo lavoro è stato buono o cattivo? Ridicolo! È penetrato a fondo o non ha nessun effetto? Come se fosse affar suo! Durerà per sempre? È durato anche per un solo istante?

3

*Pratica il non agire
e tutto andrà al suo posto.*

Se sopravvaluti i grandi uomini, non puoi riconoscere la grandezza in te stesso. Qualunque qualità tu stimi negli altri è in definitiva quello che *tu* vedi, dopo tutto, e quello che tu vedi proviene da te. Sottovaluti te stesso quando lo rimuovi e lo allontani dalla sua origine. Ammira la compassione di Gesù o la saggezza del Buddha quanto vuoi, ma a che cosa servono le loro qualità se non le trovi in te stesso?

La mente cerca continuamente valore. Quando proietta delle qualità fuori da sé, deruba se stessa del suo stesso valore. Inizia a viaggiare al di fuori di se stessa per scoprire quello che pensa le manchi, e i suoi viaggi non finiscono mai e non trova mai la sua casa.

Il Maestro guida semplicemente essendo. "Essere" somiglia a lavare i piatti, rispondere al telefono e alle e-mail, fare la spesa, andare al lavoro, portare i bambini a scuola, dar da mangiare al cane, fare una cosa alla volta, senza un passato o un futuro. Lei non svuota la mente delle persone. Non deve farlo (neanche se fosse possibile). Il modo in cui aiuta gli altri è vivendo nel non-so, non-posso-sapere, non-ho-bisogno-di-sapere, non-è-possibile-sapere, niente-*da*-sapere. Le persone sono attratte da una vita vissuta con questa assenza di peso, con questa leggerezza del cuore. Iniziano a notare dove sono, *chi* sono, guardando nello specchio vivente senza i loro pensieri stressanti.

Sto preparando l'insalata. Vedo lampi di colore. Le mie mani iniziano ad allungarsi verso ciò che mi chiama. *Rosso!* e prendo le bietole. *Arancione!* e prendo le carote. *Verde!* e le mie mani si muovono verso gli spinaci. Sento la consistenza, sento la terra. *Viola!* e mi muovo verso il cavolo. Tutta la vita è nelle mie mani. Non c'è niente di più piacevole che preparare un'insalata; i suoi verdi, rossi, arancioni e viola, croccanti e succosi, ricchi come il sangue e fragranti come la terra. Vado al piano di lavoro. Inizio a tagliare.

Proprio quando penso che la vita è così bella che non potrebbe diventare migliore, il telefono squilla e la vita diventa migliore. Amo quella musica. Mentre vado verso il telefono, bussano alla porta. Chi sarà? Mi dirigo verso la porta, piena di quello che mi viene dato, della fragranza delle verdure, del suono del telefono, e io non ho fatto niente per nessuna di quelle cose. Inciampo e cado. Il pavimento è infallibilmente lì. Ne sperimento la solidità, la sua sicurezza, la sua assenza di rimostranze. Anzi, è l'opposto: si dà completamente a me. Sento il suo freddo mentre vi sono stesa. Ovviamente era il momento per un piccolo riposo. Il pavimento mi accetta incondizionatamente e mi sorregge senza impazienza. Quando mi rialzo, non dice: "Torna qui, torna qui, mi stai abbandonando, mi sei debitrice, non mi hai ringraziato, sei un'ingrata". No, è proprio come me. Fa il suo lavoro. È ciò che è. La mano bussa, il telefono suona, l'insalata attende, il pavimento mi lascia andare: la vita è buona.

La realtà si dispiega senza desiderio, portando con sé più bellezza, più sfarzo, sorprese più squisite di quelle che l'immaginazione avrebbe mai potuto escogitare. La mente, vivendo attraverso i suoi desideri, esige che il corpo la segua. Altrimenti, come potrebbe riflettere la causa originaria? Rabbia, tristezza o frustrazione ci fanno capire che siamo in guerra con il modo in cui le cose sono. Anche quando otteniamo ciò che volevamo, vogliamo che duri, ma non lo fa, non può. E poiché la vita è proiettata e la mente è così piena di confusione, non c'è pace. Ma, se lasci che la vita scorra come l'acqua, diventi quell'acqua. E vedi la vita vissuta fino in fondo, che ti dà sempre più di quello che ti serve.

Mi sveglio al mattino e non vedo bene. Ieri sera vedevo, ma adesso tutto è offuscato, come se guardassi attraverso un vetro sporco. (Di recente mi è stata diagnostica una condizione degenerativa della cornea chiamata distrofia di Fuchs. Non c'è cura, ed è peggiorata molto durante l'anno passato). Sono in una nuova stanza d'albergo e devo lavarmi i denti, fare una doccia e preparare i bagagli. Dov'è la valigia? Arriva da me, le mie mani sanno. Il mondo è grigio, ma nel grigio distinguo le differenze, e attraverso le differenze e le consistenze vedo tutto quello che mi serve vedere per trovare i vestiti. Sento la strada per il bagno, trovo lo spazzolino e il dentifricio, e spremo il tubetto. Oh! Ho passato un bel po' di dentifricio sulle setole, il che mette un sorriso sul mio viso: sembra che questa mattina i miei denti abbiano bisogno di doppia attenzione. Entro nella doccia. È complicato capire le differenze dell'impianto, dov'è l'acqua calda, da che parte girare la leva, come far passare l'acqua dal rubinetto alla doccia. La tenda sarà dentro la doccia, in modo da non allagare il pavimento? Il tappo del bagnoschiuma non c'è più. Sarà rimasto sul bordo della doccia? Sarà caduto nello scarico? Lo scarico era aperto o chiuso? Tasto con la mano i bordi della doccia alla ricerca del tappo. Ho in mano la giusta quantità di shampoo? Sono sicura di sì, perché troppo o non abbastanza è sempre la quantità perfetta. L'acqua è calda. Questo funziona. Mi sento grata mentre esco dalla doccia e metto i piedi... sul tappetino o sui miei vestiti?

Truccarmi è interessante. Uso solo tre cose: una per gli occhi, una per le guance e una per le labbra. Faccio del mio meglio con questa operazione femminile, sembra giusta, è finita, bene o male. Questa faccia è così com'è. È pronta. Farà il suo dovere. "Tesoro, questi colori si intonano? Questo top è marrone, nero o blu?". Attraverso gli occhi di Stephen i miei vestiti sembrano ben coordinati, e a me va bene così. Ho un'intervista. Sono contenta che lui mi indichi la strada, più di quanto possa sapere. Senza parole, attraverso i suoi movimenti, so dove sono le maniglie delle porte, dove sono le scale, qual è la strada. Poi, nel pomeriggio, i miei occhi iniziano a rischiararsi e *loro* iniziano a farmi vedere la strada. Amo come funziona tutto questo. Amo come le mattine mi preparino per la vita e come la mia visione pomeridiana mi dia dei barlumi di quello che prima avevo soltanto immaginato.

4

È come l'eterno vuoto:
pieno di infinite possibilità.

Possiamo chiamare il Tao "realtà". Possiamo anche chiamarlo "mente". La mente è una risorsa naturale che non arriva mai a una fine. Quando non crede più ai propri pensieri, è entrata nella dimensione dell'illimitato. È simile a un pozzo senza fondo: puoi attingervi sempre e ti darà sempre l'acqua di vita. Essendo completamente aperta e vedendo che niente è vero, è più colma di possibilità di quanto tu possa immaginare.

Lao-tzu dice: "Non so chi le ha dato nascita". Io lo so. *Tu* le dai nascita ogni volta che la tua mente si apre a ciò che è oltre quello che pensi di conoscere. E quando la tua mente si apre, ciò che è oltre il conoscere, ciò che è più antico di "Dio", irrompe come un dono. Non c'è fine a questo dono.

5

Il Tao non prende posizione;
dà nascita tanto al bene
quanto al male.

L'oscurità, il vuoto, lo spazio in cui la mente ha terrore di entrare, è l'inizio della vita tutta. È l'utero dell'essere. Innamorati di esso e, appena lo fai, ti verrà immediatamente tolto mentre testimoni la nascita della luce. Il Tao non prende posizione. Abbraccia tanto l'oscurità quanto la luce. Esse sono uguali.

Il Maestro *non può* prendere posizione. È innamorata della realtà e la realtà include tutto, entrambi i lati di ogni cosa. Le sue braccia sono aperte a tutto. Trova in se stessa tutto: tutti i crimini e tutte le cose sante. Non vede i santi come santi o i peccatori come peccatori; sono soltanto persone che soffrono o che non soffrono, che credono ai loro pensieri o che non ci credono. Non vede nessuna differenza tra gli stati di coscienza. Ciò che viene chiamata beatitudine e ciò che viene chiamata mente ordinaria sono uguali; una non è uno stato superiore all'altro. Non c'è niente per cui lottare, niente da lasciarsi alle spalle. C'è solo uno, e nemmeno quello. Non importa in che modo tenti di disconnetterti, non è possibile. Credere a un pensiero stressante è un tentativo di rompere la connessione. Per questo è così sgradevole.

Ogni sofferenza è mentale. Non ha niente a che fare con il corpo o con le circostanze in cui si trova una persona. Puoi provare un grande dolore senza nessuna sofferenza. Come fai a sapere di dover provare dolore? Perché è quello che sta accadendo. Vivere senza una storia stressante, essere amanti di ciò che è, è il paradiso. Provare dolore e credere di non dover provare dolore, è l'inferno. Il dolore è in realtà un amico. Non è qualcosa di cui voglio liberarmi, se non posso. È un dolce amico in visita, può rimanere finché vuole. (Ciò non significa che non prenderò un antidolorifico).

Anche il dolore è proiettato, se ne sta andando sempre. Il tuo corpo ha male quando non sei cosciente? Quando stai male e il telefono squilla ed è la telefonata che aspettavi, mentalmente ti focalizzi sulla telefonata e non c'è più dolore. Se il tuo pensiero cambia, cambia il dolore.

Ho un amico israeliano paralizzato dal collo alle dita dei piedi. Un tempo si vedeva come una vittima e ne aveva tutte le prove, la mente è bravissima a trovarle. Era sicuro che la vita è ingiusta. Poi, dopo aver fatto Il Lavoro per un certo periodo, ha realizzato che la realtà è esattamente come dovrebbe essere. Ora non ha più nessun problema. È un uomo felice in un corpo paralizzato. E non ha fatto niente per cambiare la sua mente. Ha semplicemente indagato i suoi pensieri e la mente è cambiata.

La stessa libertà può accadere alle persone che hanno perso il marito, la moglie o un figlio. Una mente non indagata è l'unico mondo di sofferenza. Una volta facevo Il Lavoro con alcuni detenuti nel braccio di massima sicurezza del carcere di San Quintino, uomini condannati all'ergastolo per omicidio, stupro e altri crimini violenti. Li invitai a scrivere i loro pensieri di rabbia o di risentimento: "Sono arrabbiato con........... perché...........". Poi chiesi di leggere a turno la prima frase che avevano scritto. Un uomo tremava di rabbia in modo così incontrollabile che non riusciva a leggere fino alla fine la sua frase: "Sono arrabbiato con mia moglie perché ha dato fuoco al nostro appartamento e la mia piccola bambina è morta bruciata". Per anni era vissuto nell'inferno della sua rabbia, della sua perdita e della sua disperazione. Ma era un uomo non comune, che voleva davvero conoscere la verità. Più tardi, durante lo stesso incontro, dopo aver letto un'altra frase che aveva scritto ("Ho bisogno che mia figlia sia viva"), gli feci la seconda domanda del Lavoro: "Puoi sapere con assoluta certezza che è vero?". Andò dentro di sé per la risposta, e la risposta lo disorientò completamente. "No, non posso saperlo con assoluta certezza", disse. Gli chiesi: "Stai respirando?". "Sì", disse, e il suo volto si illuminò. Alla fine scoprì che *non* aveva bisogno che sua figlia fosse viva, che sotto tutta la sua rabbia e la sua disperazione stava bene, e che non poteva sapere con assoluta certezza quale fosse la cosa migliore per sua figlia. Le lacrime e le risa che sgorgarono da lui furono la cosa più commovente del mondo. Fu un grande privilegio stare accanto a quell'uomo meraviglioso. E tutto ciò che aveva fatto era stato indagare le proprie credenze.

6

Vuoto eppure inesauribile,
dà nascita a infiniti mondi.

La mente dà nascita a infiniti mondi: di questo e quello, di perdita e afflizione, di bene e male. È completa sin dall'inizio eppure è inesauribile nella produzione di ciò che non è. Credendo a ciò che pensi, sei trascinato negli infiniti drammi dell'io.

Finché non c'è pace dentro di te non ci sarà pace nel mondo, perché tu sei il mondo, tu sei la terra. La storia della terra è tutto ciò che esiste della terra e oltre. Quando di notte sei nel sonno senza sogni, c'è un mondo? Non finché ti risvegli e dici: "io". Quando l'io sorge, benvenuto al film di chi pensi di essere. Ma, se lo indaghi, non c'è attaccamento: è solo un gran film. Procurati i popcorn: sta per cominciare!

Io vivo nella completezza. Tutti lo facciamo, anche se forse non ce ne accorgiamo. Io non so niente, non devo capire niente. Ho abbandonato quarantatre anni di pensieri che non sono arrivati da nessuna parte, e ora esisto come una mente che non sa. Ciò non lascia altro che pace e gioia nella mia vita. È il perfetto appagamento di vedere tutto ciò che si dispiega davanti a me in quanto me.

7

Non è mai nato;
perciò non può mai morire.

Che cos'è la morte? Come puoi morire? Chi dice che sei mai nato? C'è solo la vita di un pensiero non indagato. C'è solo mente, sempre che ci sia qualcosa. Dopo avere pensato il pensiero: "Morirò", dov'è andato quel pensiero? Non è un altro pensiero la tua unica prova che è vero? Chi saresti senza la tua storia? È così che comincia il mondo. "Io". "Io sono". "Io sono una donna". "Io sono una donna che si sta alzando per lavarsi i denti e andare al lavoro". E così via, finché il mondo diventa sempre più denso. "Io sono": indagalo. Qui è dove il mondo finisce, finché ciò che è rimasto ritorna per esplorare il prossimo concetto. Continuerai dopo la morte? Se indaghi la tua mente abbastanza profondamente, vedrai che ciò che sei è al di là della vita e della morte.

La mente indagata, poiché non cerca più, è libera di viaggiare illimitatamente. Comprende che, non essendo mai nata, non potrà mai morire. È infinita, perché non ha desideri per se stessa. Non trattiene nulla. È incondizionata, ininterrotta, senza paura, infaticabile, priva di riserve. Deve dare. È la sua natura. Poiché tutti gli esseri sono il suo caro sé riflesso, riceve sempre, ridando se stessa a se stessa.

Una mente bloccata è l'unica morte, una morte per tortura. La mente non indagata, credendo a ciò che pensa, vive in vicoli ciechi: frustrata, disperata, cercando continuamente di trovare una via d'uscita, solo per finire in un altro vicolo cieco.

Ogni volta che il problema è risolto, salta fuori un altro problema. Ecco com'è costretta a vivere una mente non indagata. È bloccata nelle storie più vecchie, come un dinosauro che continua a masticare la stessa vecchia erba.

Quando mi risvegliai alla realtà nel 1986, notai che dentro di me nascevano delle storie che turbano l'umanità da sempre. Sentii l'assoluto impegno a disfare ogni storia stressante che è stata mai raccontata. Io ero la mente del mondo, e ogni volta che una di queste storie era vista per ciò che era davvero e quindi disfatta dentro di me, era disfatta in tutto il mondo, perché c'è solo un pensatore.

Il Maestro sta indietro, nella posizione dello studente, sempre osservando, notando, sperimentando, realizzando, e avvolto nella realtà, nel modo in cui è. È così che è sempre avanti rispetto a ogni problema. Non c'è niente di sprecato, niente di non assorbito. Non lascerebbe fuori niente.

È distaccata da tutte le cose, nel senso che quando vengono è ciò che lei vuole, e quando se ne vanno è ciò che lei vuole. Per lei va tutto bene. È innamorata di tutto ciò che viene e che va. È una con tutto. Il ramo oscilla alla brezza; guardandolo, lei vede che non è vero, e in questa assenza di separazione diventa il ramo nella brezza. Sente il suono del camion della spazzatura, diventa il suono, e freme di gratitudine per esserlo. Quale io c'è ancora da lasciar andare? Il mondo nasce con lei e finisce con lei, proprio ora.

8

La bontà suprema è come l'acqua
che nutre tutte le cose
senza cercare di farlo.
È contenta dei luoghi bassi
che la gente disdegna.

La mente chiara, il bene supremo, è come l'acqua. È trasparente, luccica, scorre ovunque senza ostruzioni. È bella e profonda, il nutrimento che nutre tutte le cose interiormente, senza cercare di farlo.

La mente chiara è per sua stessa natura in una posizione di umiltà. Ama i luoghi bassi. Preferisce essere tra il pubblico che essere sul palco (ma se gli altri la mettono sotto la luce dei riflettori, ama anche questo). Vive ai piedi di tutto il resto, perché *è* tutto il resto. Nella sua gratitudine per essere tutto ciò che è bello, si prostra ai piedi del maestro che chiamiamo pietra, arbusto, mendicante, formica, erba. Si ritrova nell'uccello che vola sulla sua testa, non sa come volare e nota che tuttavia sta volando.

Quando la mente è chiara, la vita diventa molto semplice. Ho il pensiero di alzarmi per lavare i piatti. Noto un senso di profonda eccitazione mentre il corpo si alza con questo pensiero. Com'è infantile mentre va in cucina, al lavandino. Apro il rubinetto, sento l'acqua sulle mani, spremo un po' di liquido su una spugna. Incredibile. Non si tratta nemmeno di lavare i piatti, finché ne prendo uno e lo vedo cambiare da incrostato o unto a bagnato e insaponato, scintillare, asciugarsi, per poter servire di nuovo. Tutto cambia. Non so mai come diventerà una cosa. Senza credere a nessun pensiero sul futuro, non c'è modo di sapere che cosa è me e che cosa è il piatto, il sapone, l'acqua, il mondo di bolle e brillantezza.

La mente chiara, amando la musica di se stessa mentre si muove dalla sedia al lavandino, nota che, benché ciò che è rimasto dei pensieri sia deliziosamente bello, non è vero. È la musica, la colonna sonora, sempre priva di significato, mentre la vita sembra accadere. Chi muoverebbe guerra a una colonna sonora? Quale follia potrebbe opporsi a una tale semplicità? Il giudizio finale: il corpo si alza e va al lavandino, sapone, acqua, brillantezza. È una bella storia. È tutto ciò che è la vita. È l'unica vita.

Sono felice di essere una donna di sessantatré anni. Amo pesare quasi ottanta chili, amo non essere più intelligente di quanto sia, amo che la mia pelle diventi rugosa e cadente, amo essere quasi cieca alcune mattine e il mondo è una nebbia e riesco appena a vedere dove vado. Amo dove sono state messe le mie mani, e amo come vengo respirata, posizionata e piegata. Amo quello che vedo guardando dalla finestra, un'immagine solida: alberi, cielo, prati, camini di mattoni, buganvillea, cartello CASA IN VENDITA, siepe, canale, anatre, e non posso separare una cosa dall'altra. Amo che, salendo le scale, i miei passi non siano troppo veloci, né troppo lenti, né troppo distanti tra loro, amo come nella loro saggezza i miei piedi calpestino la perfetta porzione di pavimento, esattamente al giusto ritmo. Com'è miracoloso il loro movimento! La mia mano si allunga verso la ringhiera delle scale, verso il suo sostegno, senza pensiero o motivo. E di nuovo i passi, la mano si muove, la testa guarda in su: un arcobaleno sulla mia parete. Niente potrebbe essere migliore di questo momento.

Perché voler essere te o qualcun altro quando tutti possiamo salire una scala, tutti possiamo stare in piedi e muoverci a modo nostro? Nessuno ha un'opportunità più grande o più piccola di essere se stesso, di amare e di essere contento di se stesso. Perché paragonarmi o competere? Paragonare non è altro che credere alla storia che un passato inventerebbe un futuro. È molto più semplice essere quello che sono (come se potessi essere qualcos'altro).

9

Fai il tuo lavoro, poi ritirati.
L'unica via alla serenità.

C'è un equilibrio naturale nelle cose. Se ti spingi troppo in là verso un estremo, la vita ti riporta dolcemente verso il centro. Ciò che va su deve andare giù, e ciò che va giù deve andare su. Su e giù sono due diversi aspetti della stessa cosa.

Lo stesso per il dentro e il fuori. La maggior parte delle persone pensa che il mondo sia esterno a loro. Vivono la vita "indietro", correndo dietro alla sicurezza e all'approvazione, come se facendo abbastanza denaro o ricevendo abbastanza lodi potrebbero essere felici una volta per tutte. Ma niente di esterno a noi può darci ciò che cerchiamo davvero.

Io faccio il mio lavoro e non ho bisogno di ritirarmi, perché in primo luogo non mi è mai appartenuto. Niente mi appartiene. Tutto viene e se ne va. La serenità è una porta aperta.

10

*Puoi impedire alla mente
di vagabondare
e attenerti all'unità originaria?*

Quando non credi ai tuoi pensieri, ciò che è è ciò che sei. Non c'è separazione. Tu sei tutto. Solo la mente non indagata crede che tu sia un io che vive dentro un corpo.

Che cos'è l'unità originaria? Sedia-mano-tazza-finestra-cielo, prima di "sedia", "mano", "tazza", "finestra", "cielo". Non hai bisogno di ritornarvi, perché non te ne sei mai andato. Come potresti andartene? Quale altro posto c'è dove andare? Il centro dell'universo è ovunque tu sia, ed è dappertutto. È l'origine e il punto finale, la bellezza dell'oscurità, l'esultanza del nulla. E solo il centro è reale. Quando lo comprendi, comprendi anche che persino l'unità non è necessaria.

È come innamorarti di te stesso. Non c'è niente da fare, nessuno da essere, nessuna responsabilità, nessun significato, nessuna sofferenza, nessuna morte. Non ti credi più una polarità lontana e separata, in cui ti identifichi con un minuscolo granello che fa sforzi grandiosi per provare che qualcosa è vero. Capire che non hai mai lasciato l'unità originaria significa che non sei mai nato e non potrai mai morire.

Che flessibilità permette questa comprensione! Sei immune a qualunque cosa la mente sovrapponga alla realtà, a qualunque delusione o dispiacere. Se perdo tutto il mio denaro, bene. Se ho un tumore, bene. Se mio marito mi lascia, bene. Se mio marito rimane, bene anche questo. Chi non direbbe sempre sì alla realtà se è ciò di cui siamo innamorati? Che cosa

41

può accadere che io non accoglierei con tutto il mio cuore?

Io non so che cosa sia meglio per me o per te o per il mondo. Non cerco di imporre la mia volontà a te e a nessun altro. Non voglio cambiarti o migliorarti o convertirti o aiutarti o guarirti. Accolgo semplicemente le cose come vengono e come vanno. Questo è vero amore. Il modo migliore per guidare gli altri è lasciare che trovino la loro strada.

Un giorno, qualche anno dopo avere scoperto Il Lavoro dentro di me, i miei figli si misero a litigare in soggiorno. Io ero seduta sul divano, molto vicina a loro. Ormai erano due uomini adulti, sulla ventina, ed eccoli lì che si rotolavano sul pavimento dandosele di santa ragione e gridando: "Mamma, mamma, fallo smettere!". Ma io vedevo due uomini che cercavano di entrare in contatto, non conoscendo altri modi per farlo. Io rimasi seduta semplicemente guardandoli, semplicemente amandoli, e in quel momento non avevo il minimo pensiero di intervenire. Era un non fare, non c'era nessuna malizia. All'improvviso se ne accorsero e smisero di darsele. Ero felice che avessero trovato da soli la soluzione. Fu l'ultima volta che si picchiarono.

11

Noi lavoriamo con l'essere,
ma il non-essere è ciò che usiamo.

Quando la mente realizza se stessa, smette di identificarsi con i propri pensieri. Ciò lascia un grande spazio aperto. Una mente matura può ospitare qualunque idea; non è mai minacciata dall'opposizione o dal conflitto, perché sa che non può essere ostacolata. Quando non ha una posizione da difendere o un'identità da proteggere, può andare ovunque. Non c'è mai niente da perdere, in primo luogo perché non esiste niente. Da ciò sgorgano risate e lacrime di gratitudine, dall'esperienza della propria natura.

Tutto sembra entrare in me. Io guardo e testimonio ciò che esce da me. Io sono il centro di tutte le cose. Ascolto opinioni e concetti e, poiché non c'è un io con cui identificarsi, accolgo tutto dentro di me come essere, e tutto ciò che esce dall'esperienza si è bagnato nel non-essere, è stato cancellato e messo fuori di nuovo. Entra, sintetizza, è cancellato, e ciò che viene fuori è non-essere che appare come essere. Quando realizzi di non essere nessuno stai bene con tutti, non importa quanto disperati o depravati possano sembrare. Non c'è sofferenza in cui non posso entrare sapendo che è già risolta, sapendo che è sempre me che incontro.

Indagando ciò a cui crediamo, arriviamo a vedere che non siamo chi pensavamo di essere. La trasformazione viene dall'infinita polarità della mente, che abbiamo sperimentato di rado perché la mente io-so è stata così tanto in controllo. E mentre indaghiamo il nostro mondo cambia, perché stiamo lavorando al proiettore - la mente - e non a ciò che è proiettato. Perdiamo tutto il nostro mondo, il mondo come lo conoscevamo. E ogni volta che indaghiamo, la realtà diventa più gentile.

La parte che fa l'indagine è la parte neutrale della mente, il centro, che può condurre una polarità della mente fino all'altra. Questa parte neutrale offre alla polarità confusa, bloccata, io-so, la possibilità di aprirsi alla polarità della mente che contiene le risposte sane, chiare e amorevoli che hanno un senso per la mente io-so. La parte neutrale non ha un movente o un desiderio, un *dovrei o non dovrei*; è un ponte che questa polarità può attraversare. E quando la mente io-so viene educata, si dissolve nella polarità della saggezza. Ciò che rimane è assolutamente sano, indiviso e libero. Naturalmente è solo una metafora, dato che c'è un'unica mente. La conclusione è che quando la mente è chiusa, il cuore è chiuso; quando la mente è aperta, il cuore è aperto. Quindi, se vuoi aprire il tuo cuore indaga i tuoi pensieri.

L'indagine ti lascia sempre con meno storia. Chi saresti senza la tua storia? Non lo saprai finché non indaghi. Non c'è nessuna storia che sia te o che conduca a te. Qualunque storia ti allontana da te. Tu sei ciò che esiste prima di tutte le storie. Sei ciò che rimane quando la storia è compresa.

La vita dall'altra parte dell'indagine è così semplice e ovvia che non si può immaginare in anticipo. Ogni cosa è vista perfetta esattamente nel modo in cui è. Speranza e fede non sono necessarie in questo luogo. La terra si è rivelata il paradiso a cui anelavo. C'è una tale abbondanza qui, adesso, sempre. C'è un tavolo. C'è un pavimento. C'è un tappeto sul pavimento. C'è una finestra. C'è un cielo. Un cielo! Potrei continuare a celebrare il mondo in cui vivo. Occorrerebbe una vita intera per descrivere questo momento, questo ora, che non esiste nemmeno se non come mia storia. Non è meraviglioso? La cosa magnifica del sapere chi sei è che sei sempre in uno stato di grazia, uno stato di gratitudine per l'abbondanza del mondo che appare. Io trabocco dello splendore, della generosità di tutto questo. E non ho fatto niente per esso, salvo notare.

La cartina di tornasole della realizzazione di sé è un continuo stato di gratitudine. Questa gratitudine non è qualcosa che puoi cercare o trovare. Viene da un'altra direzione e si impadronisce completamente di te. È così vasta che non può essere oscurata o coperta. La versione breve sarebbe: "mente innamorata di se stessa". È la totale accettazione e consumazione di sé che si riflette allo stesso momento nel punto centrale che è simile a una fusione. Quando vivi la vita da questo luogo di gratitudine, sei a casa.

12

*Il Maestro osserva il mondo
ma ha fiducia
nella propria visione interiore*

Il Maestro osserva i colori del mondo, i suoni, i sapori e i pensieri. Poiché sono tutti riflessi della sua mente e la sua comprensione di ciò è precisa e incontestabile, non ne è mai ingannata. Ciò che non ha inizio non può avere fine. Comprende che ciò che è imperscrutabilmente buono dà nascita a tutto. È questo in cui ha fiducia. Non c'è interno o esterno. Tutto appare nella deliziata eternità della sua stessa mente.

Guarda le cose andare e venire. La *natura* delle cose è quella di andare e venire, con o senza il suo permesso, quindi perché non godersi lo spettacolo? È tutto così bello. Senza qualcosa, che divertimento sarebbe non essere niente?

13

Ama il mondo come il tuo sé;
allora potrai prenderti cura
di tutte le cose.

Quando sei un amante di ciò che è, è ovvio che il mondo è il tuo stesso volto allo specchio. Ma *come* diventare amante di ciò che è? Il "come" è stato finora un mistero. Ora è chiaro che tutto ciò che devi fare è indagare i tuoi pensieri stressanti. Le quattro domande e il rigiro del Lavoro ti porteranno alla profondità a cui vuoi arrivare.

Le persone pensano di dover diventare "illuminate" per essere libere e nessuno sa che cos'è l'illuminazione. Sì, è nei testi sacri, e sì, questo guru o quel lama dice di averla raggiunta, ma è solo un concetto; è la storia di un passato. La verità è che non esiste una cosa come l'illuminazione. Nessuno è permanentemente illuminato; questa sarebbe la storia di un futuro. C'è illuminazione solo nel momento. Credi a un pensiero stressante? Allora sei confuso. Realizzi che il pensiero non è vero? Allora sei illuminato a quel pensiero. È così semplice. Poi arriva il prossimo pensiero e forse sarai illuminato anche a questo, o forse no.

Ho scoperto che non ci sono pensieri stressanti nuovi, sono tutti riciclati. Le persone cercano di "lasciar andare" i loro pensieri. È come dire a tua figlia che non la vuoi e buttarla a calci in strada. Avevo l'abitudine di andare nel deserto per scappare dal mondo, ma portavo tutto il mondo con me nella mia testa, tutti i concetti di cui avevo fatto esperienza. Disfacevo i pensieri che corrono attraverso la mente di ogni essere umano. I pensieri non sono più individuali del programma alla TV che guardano tutti. Ho scoperto che in tutto il mondo, in ogni lingua e cultura, la gente soffre perché crede agli stessi pensieri stressanti: "Mia madre non mi ama", "Non sono bravo abbastanza ", "Sono grasso", "Mi servono più soldi", "Mio marito dovrebbe capirmi", "Mia moglie non avrebbe dovuto lasciarmi", "Il mondo deve essere salvato". Ovviamente, non chiederei a nessuno di non credere ai suoi pensieri. Non sarebbe solo poco gentile; è *impossibile* per una persona non credere a ciò che crede. Non possiamo smettere di credere ai nostri pensieri finché non li indaghiamo. È così.

La gente mi chiedeva se sono illuminata e io dicevo: "Non ne so niente. Sono semplicemente qualcuno che conosce la differenza tra ciò che fa male e ciò che non lo fa". Io sono qualcuno che vuole soltanto ciò che è. Accogliere ogni concetto come un amico si è rivelato essere la mia libertà.

IL LAVORO IN AZIONE

Dislessia

NOTA: Questo dialogo, come i tre successivi, si è svolto davanti a un pubblico di circa 350 persone. Ogni persona seduta davanti a Katie sul palco aveva scritto il suo foglio di Lavoro "Giudica il prossimo". Le istruzioni erano: "Riempi gli spazi bianchi scrivendo di qualcuno che non hai ancora perdonato al cento per cento. Non scrivere di te. Usa frasi brevi e semplici. Non censurarti. Consentiti di essere critico e meschino come ti senti davvero. Non cercare di essere 'spirituale' o 'gentile'". Negli interventi di Katie, le quattro domande e l'invito al rigiro sono in neretto. (Per il foglio di Lavoro e le istruzioni su come fare Il Lavoro, vedi Appendice).

La prima esperienza con Il Lavoro, da lettori o spettatori, può essere sconvolgente. La profonda compassione di Katie, completamente priva di pietà perché vede ogni persona come già libera, può sembrare aspra a chi è abituato a commiserare se stesso e gli altri. "Io sono il tuo cuore", dice Katie. "Se mi inviti dentro di te, io sono la profondità che non hai ascoltato. Ha dovuto alzare il volume per apparire come me, perché le tue credenze la bloccavano. Io sono te dall'altra parte dell'indagine. Io sono la voce così coperta dalle credenze che non puoi sentirla dentro di te. Così io appaio fuori, davanti a te, che in realtà è dentro di te". Occorre tenere a mente che tutti i partecipanti (Katie, la persona che sta facendo Il Lavoro con lei e il pubblico) stanno dalla stessa parte: tutti stanno cercando la verità. Se Katie sembra insensibile nei confronti di qualcuno, esaminando meglio capirai che sta prendendo in giro il pensiero che causa sofferenza, mai la persona che soffre. Noterai che Katie usa molto liberamente i vezzeggiativi. Questo dà fastidio ad alcune persone (e non tutte di New York). Una lettrice di *Amare ciò che è* si lamentò che se avesse voluto sentire una donna chiamare tutti "amore" o "tesoro" sarebbe andata in un posto per camionisti nell'Oklahoma. Questi vezzeggiativi le sembravano convenzionali e falsi; per Katie, sono verissimi. Chiunque lei incontri è l'amato.

— S.M.

PETER: [dando a Katie il suo foglio di Lavoro]: Katie, sono dislessico, perciò mi sono fatto leggere le domande e ho dettato le risposte. Posso darti il mio foglio perché lo legga tu?

KATIE: Certo. [Leggendo il foglio di Peter] *Sono arrabbiato con la mia disabilità di lettura e di scrittura, con la mia dislessia, perché rende molto difficile scrivere, leggere, comunicare, navigare in Internet, le e-mail, il lavoro.*

PETER: Nel mondo moderno.

KATIE: Sì. Quindi, "hai bisogno di leggere e scrivere": **è vero?**

PETER: Solo per comunicare con qualcuno che non è qui di persona.

KATIE: "Hai bisogno di leggere e scrivere" in generale e anche per questo motivo: **è vero?**

PETER [dopo una pausa]: No. In senso assoluto, no.

KATIE: Quanti anni hai?

PETER: Quarantatre.

KATIE: Sei stato bene per quarantatre anni.

PETER: Non so se io userei la parola *bene*.

KATIE: Al di là di quello che pensi, come sta il tuo corpo?

PETER: Il mio corpo sta benissimo.

KATIE: A parte i tuoi pensieri, non hai fatto tutto bene?

PETER: Sì. Ma hanno cercato in tutti i modi di insegnarmi a leggere e a scrivere...

KATIE: "Hai bisogno di leggere e scrivere": **è vero?**

PETER: No. In realtà me la cavo abbastanza bene anche senza.

KATIE: Bene a sapersi. Sentilo, tesoro. Per quarantatre anni, a parte i tuoi pensieri, hai fatto benissimo! I tuoi stivali ti vanno a pennello.

PETER: A dire il vero, li ho fatti io. [Applausi e urla di approvazione dal pubblico].

KATIE: La gente che legge e scrive può avere un problema con quello. [Il pubblico ride].

PETER: Lo so.

KATIE: Siamo troppo indaffarati a leggere e scrivere. [Il pubblico ride].

PETER: Il fatto è che la mia mente non funziona a due dimensioni, funziona a tre dimensioni.

KATIE: **Come reagisci, cosa avviene, quando credi al pensiero** "Ho bisogno di leggere e scrivere" e non puoi perché sei dislessico?

PETER [con le lacrime agli occhi]: Provo vergogna. Sono imbarazzato. La società dà per scontato saper leggere e scrivere. Fa male.

KATIE: Dammi un motivo privo di stress per credere di aver

bisogno di leggere e scrivere. O di leggere *o* scrivere.

PETER: Sarebbe bello aiutare mio figlio di dieci anni a fare i compiti.

KATIE: Davvero? Ti è stato risparmiato! [Il pubblico ride].

PETER: Hai ragione.

KATIE: È come se volessi un secondo lavoro. La realtà di questo fatto gli dà qualcosa di molto importante, lo rende responsabile di quello che impara. In questo modo impara davvero. Comunque, questo non è un motivo *privo di stress*; è un motivo che ti turba. Ti fa piangere. Dammi un motivo privo di stress per credere che hai bisogno di leggere e scrivere.

PETER [dopo una lunga pausa]: Non c'è nessun motivo privo di stress.

KATIE: Allora, perché ci credi? Non è vero che hai bisogno di leggere e scrivere, l'hai appena detto. Hai fatto benissimo per quarantatre anni. Non hai bisogno di imparare a leggere e a scrivere per star bene e per essere una persona capace, o per essere un buon padre. Dammi un motivo privo di stress per credere che hai bisogno di leggere e scrivere. Deve esserci qualche buon motivo...

PETER: Non c'è nessun motivo privo di stress per conservare questo pensiero.

KATIE: Quindi, quello che sto sentendo è che credi che "Ho bisogno di leggere e scrivere" sia un modo per soffrire.

PETER: Sì, è vero.

KATIE: Allora, se vuoi soffrire credi a questa menzogna. "Ho bisogno di leggere e scrivere": **rigira**. Qual è il contrario di "Ho bisogno di leggere e scrivere"?

PETER: Non ho bisogno di leggere e scrivere. Non ho bisogno

di leggere e scrivere oltre a quello che so già fare per sopravvivere.

KATIE: Sì. Benvenuto alla verità. Ora dammi tre motivi per i quali la tua vita è migliore senza leggere e scrivere.

PETER: Hm... Non leggo i giornali, quindi non devo sentire tutte quelle balle tutti i giorni. [Il pubblico applaude] Uso la mia immaginazione e le mie doti artistiche per divertimento o per piacere.

KATIE: Sono due. Perché la tua vita è migliore senza leggere e scrivere?

PETER: Mi lascia un sacco di tempo libero.

KATIE: *Un sacco* di tempo.

PETER: Mi permette di non farmi coinvolgere nella politica e in tutte le vicende quotidiane che stressano la gente, suppongo. Quindi, sì, la mia vita è migliore in questo modo perché... non è qualcosa che devo fare. Posso pagare un altro perché si stressi per me.

KATIE: Puoi pagare qualcuno perché legga e scriva per te. Oppure puoi chiederlo a noi.

PETER: Giusto.

KATIE: Hai chiesto a *me* di leggere il tuo foglio di Lavoro. *Io* ho detto di sì.

PETER: Giusto. C'è stata della gente che mi ha chiamato in ufficio per prendere un appuntamento e...

KATIE: Ufficio? Com'è possibile avere un ufficio se non puoi leggere e scrivere?

PETER: Hm... ce l'ho.

KATIE: Allora, tesoro, altri possono leggere e scrivere *per te*, ti dà la libertà di fare altre cose, ti rende libero di lasciar fluire le tue energie creative. Ti lascia un sacco di tempo libero.

PETER: Ma è umiliante quando chiedo a qualcuno come scrivere una cosa e mi dice: "Ma sei scemo?".

KATIE: E tu cosa rispondi?

PETER: "No".

KATIE: Allora sei a posto! [Il pubblico ride]. Hai qualche problema con la parola *no*? Hai qualche problema con la verità?

PETER: Inizio ad apprezzarla molto di più.

KATIE: Adesso, tesoro, tu sei il mondo cattivo, le persone che dicono: "Ma sei scemo?". Sii quel mondo. Io sarò un gentile, sincero e chiaro uomo dislessico. Io sarò te, va bene?

PETER: Va bene.

KATIE: "Salve... puoi leggermi questo?".

PETER: "Qual è il tuo problema? Non puoi leggertelo da solo?".

KATIE: "No, non posso. Sono dislessico".

PETER: "Dislessia? Che cos'è?".

KATIE: "Sono contento che tu me l'abbia chiesto. Non riesco a leggere. Vedo le cose invertite o al contrario. Le parole non hanno senso per me. Ha a che fare con il modo in cui il mio cervello vede le cose, e così non riesco a leggere. Ho provato di tutto, hanno provato a insegnarmi, ma non funziona a causa delle connessioni del mio cervello".

PETER: "Quindi sei un fottuto ritardato mentale".

KATIE: "No, il mio QI è decisamente alto. Vorresti leggere questo per me?

PETER: "No, è un tuo fottuto problema".

KATIE: "Grazie lo stesso", e chiedo a qualcun altro. Non mi turba dirgli che *non* è un problema, che non voglio che una persona *sbagliata* legga per me. E mi fa capire chi non è adatto a leggere per me. Si è eliminato perfettamente. In fondo, tu non vuoi che a leggere per te sia la persona sbagliata. Qualcuno che pasticcia con le parole, chi può saperlo? Quindi, "Sei un disabile": **è vero?** Se a questo punto dovessi dire se la dislessia è una disabilità o un dono, *sinceramente*, che cosa diresti?

PETER [piangendo]: Ho sempre pensato che fosse un'orribile disabilità. Ma adesso, per la prima volta, ho un barlume di qualcos'altro.

KATIE: Nessuno, salvo un altro dislessico, conosce l'inferno che hai attraversato. Come la gente ti ha trattato male, ti ha offeso, e ti ha visto come uno scemo e un idiota, invece che come un dislessico. E tu che cercavi di tirar fuori dal cappello una capacità che non hai. È l'inferno.

PETER [piangendo]: Mi *ha* dato molti doni, ma a volte le cose cattive ti schiacciano e non riesci a vedere quelle buone.

KATIE: E le continue punizioni e la paura che qualcuno lo scopra.

PETER: Sì, le punizioni che mi davano a scuola, le punizioni che mi sono dato da solo da adulto.

KATIE: Gli insegnanti che di fronte a tutta la classe ti chiedono di fare quello che non sei in grado di fare.

PETER: Dicevano: "Perché non leggi questo capitolo di fronte ai tuoi compagni?". Mi faceva sentire piccolo così [unisce il pollice e l'indice].

KATIE: Perché credevi di dover essere in grado di leggere e che in te c'era qualcosa di sbagliato.

PETER: Sì, la società lo dà per scontato.

KATIE: Chi l'ha dato per scontato? **Rigira**: tu, angelo. Ora, se a questo punto dovessi dire se è un dono o una disabilità... quale sarebbe la verità? Non un desiderio illusorio, ma semplicemente la verità? È una disabilità o un dono?

PETER: Sta diventando sempre più un dono.

KATIE: Sono felice che tu ci sia arrivato. Stai sperimentando qualcosa di molto, molto bello.

PETER: Ci ho messo un bel po'.

KATIE: Ti lascia un sacco di tempo libero. Ti rende *totalmente* libero. Hai quello che tutti vogliono avere: tempo. È meraviglioso. Gli altri ti leggono lunghi e complessi documenti, e ti danno la versione breve.

PETER: Sì, è esattamente così.

KATIE: "Sei un disabile": **è vero?**

PETER: Ci sono giorni in cui mi sento così.

KATIE: Io te lo sto chiedendo adesso. "Sei un disabile": **è vero?** "Non essere in grado di leggere e scrivere è una disabilità": **è vero?** Non sto parlando di come lo vede il mondo.

PETER: Se non intendi il modo in cui lo vede il mondo, allora non è vero.

KATIE: *Sentilo!* Il mondo ti dice un sacco di cose, e sai fin dove può arrivare.

PETER: Lo so, ma quando sei in coda alla cassa del supermercato e non riesci a compilare l'assegno, e la donna dietro di te dice: "Le spiace sbrigarsi?", e tu inizi a tremare...

KATIE: Sì, e qual è la risposta?

PETER: Usare la carta di credito! [Peter, Katie e il pubblico ridono].

KATIE: "Sei un disabile": **è vero?**

PETER [sorridendo]: No, non è vero! [Sorridendo ancora di più] Non sono affatto un disabile, sono una persona piena di talento.

KATIE: Sì. Che cosa sceglieresti: questo, o poter leggere e scrivere? Se tu *dovessi* scegliere.

PETER: È una domanda difficile. Mio fratello minore è un genetista molecolare.

KATIE: Un'altra cosa che ti è stata risparmiata! [Il pubblico ride].

PETER: Risparmiata? Sì, ma lui ha scoperto il gene dell'osteoporosi.

KATIE: Allora, se *dovessi* scegliere tra saper leggere e quello che hai...

PETER: Ci sono state delle volte in cui avrei dato la mano destra per poter leggere.

KATIE: Bene, quelli erano giorni! [Il pubblico ride]. Te lo sto chiedendo *adesso*, proprio adesso. È l'unico momento in cui la vita conta. Proprio qui, proprio adesso, se dovessi scegliere tra quello che hai e la capacità di leggere e scrivere. Sto parlando dei tuoi talenti, della tua intelligenza... di tutto ciò che sei.

PETER: No, non lo cambierei.

KATIE: Rimani lì per qualche istante. [Lunga pausa]. Non ti piaci così come sei?

PETER: Sì, mi piaccio.

KATIE: Piaci anche a me.

PETER: Grazie.

KATIE: Quelle persone che ti ho descritto, quelle che non capiscono, che sono così impazienti... io ero una di quelle. Ho trattato così mia figlia. È dislessica.

PETER: Che stronza! [Il pubblico ride].

KATIE [annuendo]: Sì. [Pausa] Sai che cos'è una stronza? Qualcuno che crede a quello che pensa. Pura ignoranza! Questo lascia a *te* il compito di amarci finché capiremo. Ma solo se vuoi essere felice.

PETER [con gli occhi pieni di lacrime]: Grazie.

KATIE: Prego. [Pausa]. Mi sedevo vicino a mia figlia un giorno dopo l'altro, e la obbligavo a leggere e rileggere finché scoppiava a piangere. I suoi insegnanti mi avevano detto che dovevo farla esercitare e io gli avevo creduto.

PETER: Ho dovuto fare anch'io la stessa cosa. I miei fratelli uscivano a giocare e io ero incollato alla scrivania, mi sembrava che mi avessero legato con il nastro isolante e... "devi riuscirci, altrimenti non combinerai mai niente".

KATIE: E questo non ha fatto altro che mettere in moto i tuoi pensieri. E farti sentire che ti mancava qualcosa, che c'era una manchevolezza, e invece è sempre stato un dono! Questo è essere addormentati. Come io ero la madre addormentata di una dislessica. Mia figlia era addormentata: anche lei pensava di dover riuscire a leggere! E non poteva. Così *lei* ci credeva, *io* ci credevo; eravamo entrambi disabili. Poi iniziammo a indagare la nostra mente. Lei è *molto* intelligente, quando ho bisogno di aiuto mi rivolgo a lei. È *così* brillante! Vede cose che io non riesco a vedere.

PETER: Sì. Possiamo. Possiamo.

KATIE: Ringraziamo il cielo per la dislessia nel mondo. E se ti superi, tutti ne traiamo beneficio. Il modo per superarti è iniziare a indagare quello che ti hanno insegnato a credere. La verità, puoi trovarla solo dentro di te. Quindi, [leggendo il foglio di Peter] *Sono arrabbiato con la mia disabilità di lettura e scrittura, con la mia dislessia, perché rende molto difficile scrivere, leggere, comunicare, navigare in Internet, le e-mail, il lavoro.*

PETER: Sì, rende difficile leggere e scrivere.

KATIE: Sì, se non ci riesci è difficile. [Il pubblico ride].

PETER: È come salire su una montagna sapendo che non arriverai mai in cima.

KATIE: Sì, ma solo per quarantatre anni. Adesso non è più così. Se ti dicono: "Puoi compilare un assegno?", "No". O se ci riesci: "Non puoi fare più in fretta?". La risposta è: "No, non posso. Sono dislessico". Vogliono solo sapere la verità. E se non sei *tu* a istruirci, chi lo farà? "Sono dislessico, non posso. È una tua capacità, non mia. Mi aiuteresti con questo assegno?".

PETER: È interessante in quanti modi ho imparato a compensare. Guarda il mio libretto degli assegni [lo porge a Katie].

KATIE [guardando il libretto]: Bellissimo, bellissimo! [Rivolta al pubblico] Ci sono scritti in lettere tutti i numeri da uno a mille. Così gli basta copiarli. "Uno, due, tre, quattro, cinque, sei... dieci, venti, trenta, quaranta... sedici, diciassette, centomila". Se tra voi c'è qualche dislessico, parli con Peter, qui c'è tutto. E non ha avuto bisogno di scrivere tutti i numeri da uno a mille, sono tre righe più altre due sotto. E c'è tutto. Davvero brillante, incredibile. Io avrei dovuto scrivere tutti i numeri da uno a mille, è il mio handicap. Avrei dovuto scriverli uno per uno!

PETER: Anche scrivere sul foglio di Lavoro è molto difficile, perché scrivere è una faccenda fonetica, e se ho un pensiero e devo fermarmi per pensare come si scrive una parola, perdo il filo del pensiero e così si interrompe l'abilità di essere sciolto nel compilare un foglio di Lavoro. Per questo ho chiesto a un altro di scrivere questo foglio di Lavoro per me. E di scrivere in modo leggibile.

KATIE: Sai, è davvero bello chiedere a tuo figlio di farlo per te. Gli dà molto. E di sicuro dà molto a te. Così, chiedi a qualcuno di scrivere per te oppure usi un registratore.

PETER: Ci ho giocato per un po' con quello.

KATIE: Bene. La cosa più importante è catturare il concetto a cui credi. Non occorre riempire tutto il foglio di Lavoro. Se hai il pensiero: "Sono handicappato", di' soltanto questo. Nota come tutte le altre cose che pensi cercheranno di sovrapporsi a questo pensiero per un po', e tu trattienilo. Poi inizia a indagarlo. [Leggendo dal foglio di Peter]. *Rende molto difficile scrivere, leggere, comunicare, navigare in Internet, le e-mail, il lavoro.* "Per te sono difficili Internet, le e-mail e il lavoro": **è vero?**

PETER: Sì.

KATIE: Chiedi ad altre persone di farlo per te?

PETER: Sì, a mio figlio di dieci anni.

KATIE: "È difficile per te comunicare, Internet, le e-mail e lavorare": **è vero?**

PETER: Sì, quando non ho nessuno vicino.

KATIE: Quando *hai* qualcuno vicino, è difficile?

PETER: Hm... no.

KATIE: Bene. Quindi, *a volte* non è difficile. Quando chiedi a qualcun altro di farlo per te, o paghi qualcuno per farlo, lo *fai* personalmente, e non è difficile. Rigiriamolo e vediamo com'è. "È difficile per me comunicare via Internet, le e-mail e lavorare": **rigira**. "Non è difficile...".

PETER: Non *è difficile per me comunicare via Internet, le e-mail e lavorare.*

60

KATIE: Come ti fa sentire?

PETER: Devo vincere il mio orgoglio.

KATIE: No, non *devi*. Potresti soffrire.

PETER: Io... io vincerò il mio orgoglio.

KATIE: Tesoro, non ne hai il tempo! Ci sono Internet, le e-mail, il lavoro, tutte queste cose da fare. L'orgoglio ha un prezzo alto. E non è nemmeno piacevole. Ci sei stato a lungo, quindi sii molto gentile con te stesso, concediti tempo e fai Il Lavoro su tutto ciò che ti impedisce di chiedere a un altro essere umano di aiutarti. Fai Il Lavoro su tutto ciò che si mette tra te e me, chiunque io sia. Fai Il Lavoro su ogni pensiero che ti impedisce di chiedere aiuto.

PETER: D'accordo.

KATIE: Perché è questo che ti blocca. Tutto ciò che credi che ti impedisca di chiedere agli altri, su quello lavori. "Penseranno che sono stupido", "Diranno di no". E tu gli chiedi: "Pensi che io sia stupido?". Prova e stai a vedere. Stai pagando il prezzo dell'orgoglio. E l'orgoglio è doloroso. Il costo di tutto ciò è il tuo dolore.

PETER: D'accordo, non vedo l'ora di liberarmene.

KATIE: Sì, bene. Superati. Grazie, tesoro.

PETER: Grazie a te, Katie.

14

Senza divisioni, ineffabile,
esso ritorna al reame del nulla.

In sostanza, ciò che è reale non può essere visto o udito o pensato o afferrato. Tu stai semplicemente vedendo i tuoi stessi occhi, ascoltando le tue stesse orecchie, reagendo al mondo della tua immaginazione. Tutto è creato in primo luogo dalla tua mente. Tu gli dai un nome, lo crei, gli dai significato su significato su significato. Tu aggiungi alla realtà il che cosa, e poi vi aggiungi il perché. È tutto te. L'originario è annientato dall'ondata del nuovo, che è già vecchio. Il pensiero cancella tutto al di fuori di se stesso.

La mente è così potente che potrebbe prendere un pugno immaginato, batterlo contro un muro e credere realmente che tu sei la persona a cui appartiene il pugno. Poiché la mente nella sua ignoranza è così pronta a tenere assieme il suo mondo immaginato, ha creato il tempo e lo spazio, e tutto quanto in esso. L'abilità della mente di creare è una cosa meravigliosa, a meno che, da terrorista quale spesso è, non abbia creato un mondo spaventoso o cattivo. Se l'ha fatto, suggerirei di indagare l'incubo. Non importa in che punto la mente inizia a indagare se stessa. "È un albero": è vero? O "Io sono": è vero? Il mondo che la mente ha creato può essere de-creato altrettanto facilmente. In ogni caso, esso ritorna da dove proviene. Il tuo attaccamento a esso è l'unica sofferenza.

La mente non può comprendere il "niente", l'assoluto, ciò da cui tutto fluisce, il non-mondo originario. Chiamarlo "niente" lo rende non vero. Non è "niente", perché è precedente alle parole. "Niente" non è solo spaventoso per il mondo del pensiero riflesso, è incomprensibile. La mente è spaventata quando riflette di essere ciò da cui è nata, perché *quello* non può essere mai controllato né conosciuto. Senza identificazione con un corpo, la mente è lasciata morire, e la morte non arriva mai. Ciò che non è mai vissuto non può mai morire.

Alla fine, la mente scopre di essere libera, di essere infinitamente al di là del controllo e infinitamente gioiosa. Alla fine, si innamora dell'ignoto. Lì può riposare. E dato che non crede più a ciò che pensa, rimane in pace, ovunque sia o non sia.

15

Hai la pazienza di attendere
finché il fango si deposita e l'acqua
si rischiara?
Puoi rimanere immobile
finché la giusta azione sorge da sola?

Il Maestro non può cercare il completamento. Lei è già piena fino all'orlo; non c'è spazio per un'altra goccia. Quando hai ciò che vuoi, quando *sei* ciò che vuoi, non c'è impulso a cercare qualcosa al di fuori di te. Cercare è il movimento che ti allontana dalla consapevolezza che la tua vita è già completa esattamente così com'è. Anche nei momenti di apparente dolore, non c'è mai niente di sbagliato o di mancante. La realtà è sempre benevola: ciò che accade è la cosa migliore che possa accadere. Non può essere nient'altro, e se indaghi lo comprenderai molto chiaramente.

Ho un amico la cui moglie si innamorò di un altro uomo. Faceva Il Lavoro da qualche tempo e, invece di abbandonarsi al panico e alla tristezza, indagò i suoi pensieri. "Mia moglie dovrebbe stare con me: è vero? Non posso saperlo. Come reagisco, cosa avviene, quando credo a quel pensiero? Terribilmente turbato. Chi sarei senza quel pensiero? La amerei e vorrei solo il meglio per lei". Quest'uomo voleva davvero scoprire la verità. Indagando i suoi pensieri aveva scoperto qualcosa di estremamente prezioso. "Alla fine", mi disse, "sono riuscito a vedere la situazione come qualcosa che *doveva* accadere, dato che era accaduta. Quando mia moglie me ne parlò, non fu costretta a censurare niente per proteggermi. Fu straordinario sentirla parlare di com'era per lei senza prendere niente sul personale. È stata l'esperienza più liberante che abbia mai vissuto". Sua moglie andò a vivere con l'altro e per lui andava bene, perché non voleva che lei restasse se non voleva. Alcuni mesi dopo, lei entrò in crisi con il nuovo compagno e sentì il bisogno di qualcuno con cui parlare. Si rivolse al suo migliore amico: suo marito. Discussero con calma le varie opzioni. Lei decise di andare a vivere da sola per riflettere e alla fine, dopo molti alti e bassi, ritornò con il marito.

Durante tutto quel dramma, ogni volta che il mio amico si scopriva mentalmente in guerra con la realtà e provava dolore o paura, indagava il pensiero a cui credeva in quel momento e ritornava a uno stato mentale calmo e sereno. Comprese da solo che l'unico problema che poteva avere era il suo pensiero non indagato. Sua moglie gli aveva dato tutto ciò di cui aveva bisogno per la sua libertà.

Dico spesso che, se avessi una preghiera, sarebbe questa: *Dio, risparmiami il desiderio di amore, approvazione e apprezzamento. Amen.* Naturalmente non ho una preghiera, perché non voglio niente se non quello che ho. Conosco la benevolenza della vita. Perché dovrei pregare per qualcosa di diverso, che sarebbe sempre meno di quello che viene? *Dio* è un altro nome per realtà. La realtà è completa, è perfetta, mi colma di suprema gioia. Il pensiero di chiedere qualcosa che non c'è, non sorge mai.

Ma, se credessi ancora ai miei pensieri, pregherei soprattutto per una cosa: di essere risparmiata dal desiderio di amore. Questo desiderio causa soltanto confusione e infelicità. Impedisce la consapevolezza di ciò che hai già nella realtà. È doloroso cercare ciò che non puoi mai avere all'esterno di te. Dico "non puoi mai avere", perché ovviamente non capisci che cosa stai cercando. Se lo capissi, la ricerca finirebbe. Dato che pensi di sapere com'è l'amore, che cosa dovrebbe o non dovrebbe essere, diventa invisibile per te. È la cieca ricerca di ciò che non esiste. Preghi, supplichi, ti pieghi all'indietro e fai ogni tipo di acrobazia emozionale in questa infinita ricerca di un finale felice. Solo cercando la verità dentro di te troverai l'amore che non potrai mai perdere. E quando lo trovi, la tua risposta naturale è l'apprezzamento.

Questa sarebbe la mia unica preghiera, perché la risposta ad essa porta la fine del tempo e dello spazio. Porta l'energia della pura mente illimitata, liberata in tutto il suo potere e la sua bontà. Quando smetti di cercare l'amore, non ti resta nient'altro da fare, ti lascia con l'esperienza di essere "fatto", in un fare che è al di là di te. È assolutamente privo di sforzo. E in ciò moltissimo viene fatto, più di quanto pensi potrebbe mai essere stato fatto.

Quando non cerco approvazione all'esterno, io sono approvazione. E attraverso l'indagine sono arrivata a vedere che voglio che tu approvi quello che approvi, perché ti amo. Ciò che approvi è ciò che voglio. Questo è amore, non cambierebbe niente. Ha già tutto ciò che vuole. È già tutto ciò che vuole, esattamente nel modo in cui lo vuole.

16

Immerso nella meraviglia del Tao,
puoi affrontare tutto ciò
che la vita ti porta;
e quando la morte giunge,
sei pronto.

Non puoi svuotare la mente dai pensieri. Sarebbe come cercare di svuotare l'oceano della sua acqua. I pensieri continuano a tornare, sembra. È così.

Ma i pensieri non sono un problema se vengono accolti con comprensione. Perché vorresti *svuotare* la mente, se non sei in guerra con la realtà? Io amo i miei pensieri. E se mai avessi un pensiero stressante, so come indagarlo e darmi pace. Potrebbe arrivare anche il più stressante dei pensieri e io sarei soltanto divertita. Puoi avere diecimila pensieri al minuto, e se non ci credi il tuo cuore rimane in pace.

Il pensiero stressante originario è il pensiero di un io. Prima di quel pensiero c'era pace. Un pensiero nasce dal nulla e immediatamente ritorna da dove è venuto. Se guardi prima, tra e dopo i tuoi pensieri vedrai che c'è solo una vasta apertura. È lo spazio del non-so. È chi siamo veramente. È la fonte di tutto, contiene tutto: vita e morte; inizio, metà e fine.

Finché non capiamo che la morte è buona come la vita, e che viene sempre al momento giusto, continueremo ad assumerci il ruolo di Dio senza averne consapevolezza, e farà sempre male. Ogni volta che ti opponi mentalmente a ciò che è, sperimenterai tristezza e apparente separazione. Non c'è tristezza senza una storia. Ciò che è, è. Tu *sei* quello.

Ho un'amica che, dopo avere indagato con sincerità per molti anni, giunse a capire che il mondo è un riflesso della mente. Era sposata a un uomo che era l'amore della sua vita e un giorno, mentre erano seduti sul divano, lui ebbe un infarto e morì tra le sue braccia. Dopo il primo shock e le lacrime, iniziò a cercare dentro di sé il dolore, ma non c'era. Per settimane continuò a cercare il dolore, perché i suoi amici le dicevano che il dolore è un elemento indispensabile al processo di guarigione. L'unica cosa che sentiva era una completezza: non c'era niente di lui che aveva avuto quando lui era fisicamente con lei che ora non avesse più.

Mi disse che, ogni volta che appariva un pensiero triste su di lui, si chiedeva immediatamente: "È vero?". Poi vedeva il rigiro, che portava via la tristezza e la sostituiva con ciò che era più vero. "Era il mio migliore amico, adesso non ho più nessuno con cui parlare", diventava: "Io sono il mio migliore amico, adesso ho me con cui parlare". "Mi manca la sua saggezza", diventava: "Non mi manca la sua saggezza". Non poteva mancarle in nessun modo, perché lei *era* quella saggezza. Tutto ciò che pensava di avere avuto in lui, lo trovava in se stessa; non c'era nessuna differenza. Ed essendo venuto fuori che lui era lei, lui non poteva morire. Senza la storia della vita e della morte, c'era soltanto amore. Lui era sempre con lei.

17

Il Maestro non parla, agisce.
Quando il lavoro è compiuto,
la gente dice: "Meraviglioso!
L'abbiamo fatto, tutto da soli!".

Amo essere invisibile. Lì non c'è responsabilità, nessuno da salvare, nessuno a cui insegnare. Sono sempre lo studente: aperta, eccitata, nuova. Sono sempre colma di ciò che è bello; sono il contenitore privo di fondo che ha sempre spazio per altro. Se avessi una responsabilità, sarebbe quella di aiutarti a realizzare la tua verità. La vedi, la esprimi, proviene dal tuo interno, e io sono il testimone. Il mio dito ti indica di ritornare a te stesso. Tu sei tutto ciò che rimane della mia esistenza, finché credi di esistere.

Una mia amica ha avuto un'esperienza di quelle definite di pre-morte. Stava per entrare in paradiso, ha detto, ma all'ultimo momento è stata richiamata ed è ritornata nel mondo per salvarci. Non ha salvato prima se stessa e *poi* è tornata indietro per noi, come sarebbe nel giusto ordine delle cose. La cosa più attraente del Buddha è che ha salvato un'unica persona: se stesso. È come le istruzioni per i cali di pressione sull'aereo: prendete la maschera, mettetela prima a voi e poi mettetela a vostro figlio.

So che cos'è entrare in paradiso e non guardare indietro, e conosco l'arroganza di pensare che le persone abbiano bisogno di essere salvate. Se io posso camminare nella luce, lo puoi anche tu. Non puoi aiutarci con le tue parole: "Ecco, è là, seguitemi". No. Prima fallo *tu*, poi noi ti seguiremo. Questa faccenda del salvatore è letale.

Non mi vedo mai come un "maestro spirituale". Ovviamente puoi usarmi per farmi una domanda. Io ti rispondo, tu senti quello che pensi che io dica e ti liberi (oppure no). Io sono la tua proiezione. Per te, io non sono niente di più e niente di meno della tua storia su di me. Tu racconti la storia di come sono meravigliosa o di quanto sono orribile; tu mi vedi come un essere illuminato e fai di me un guru onnisciente o una fata madrina, oppure mi vedi come una specie di stravagante Pollyanna new age, o semplicemente come una buona amica. Tu mi prendi o mi rifiuti.

Tutto ciò che ho da offrire sono le quattro domande e il rigiro. Te le offro affinché tu possa smontare la tua identità. La gente dice: "Io sono così e così, io sono solido, io sono reale", e benché lo rispetti non posso crederci. Io so che cosa sono, so che cosa non sono, e posso soltanto proiettarlo come qualunque altra cosa. Rispondendo alle domande, le persone iniziano a smontare tutto quello che pensano di essere, tutte le cose spaventose della loro esistenza a cui credono, e nel processo, mentre smontano l'incubo, iniziano a notare che anche il sogno di ciò che è bello non è vero. Finché al termine non rimane altro che la nostra natura: brillante, infinita, libera.

La gente può portare l'indagine a casa con sé, può prenderla a colazione ogni giorno. Questo cancella me come potere e mi lascia come qualcosa di più potente: una uguale, una uguale possibilità di pace, lo studente che siede assieme allo studente. Questo è lo scenario più salutare, lo scenario che cancella l'insegnante. E non sono gli insegnanti meravigliosi finché vengono visti con chiarezza dalla mente matura?

Amo che il mio lavoro venga cancellato! Perché dovrei voler essere vista come saggia o santa? Che cosa ci guadagnerei se non una storia? Qualunque realizzazione io abbia avuto, è per me; non c'è modo di darla a te. E anche se *potessi* darti la mia realizzazione, quel mio stesso atto direbbe: "Tu non puoi farlo. Lo farò io per te". Insegnerei la dipendenza e ti direi che le risposte sono al di fuori di te. Per te non ho altro che le domande.

18

Quando il grande Tao è dimenticato,
la bontà e la pietà appaiono.

Il motivo per cui amo le regole, i programmi e le religioni è che al loro interno le persone si sentono temporaneamente al sicuro. Personalmente, non ho nessuna regola. Non ne ho bisogno. C'è un senso di ordine sempre presente mentre le cose si muovono e cambiano, e io sono quell'armonia, e lo sei anche tu. Non sapere è l'unico modo per comprendere. È così che scopro qual è il prossimo luogo in cui devo andare, la mia direzione, come vita vissuta. Perché dovrei fare resistenza a ciò che è spontaneamente bello cercando di sovrapporvi un ordine artificiale?

Significati, regole, tutto il mondo del giusto e dello sbagliato, sono nel migliore dei casi cose secondarie. Capisco che alcune persone pensino di aver bisogno di vivere in base a regole. Senza di esse, pensano, non c'è controllo; se non ci fossero regole, pensano, tutti diventerebbero assassini. Ai miei occhi, le persone rigidamente pie stanno facendo il meglio che possono. È spaventoso per loro guardare il mondo che si dispiega in un apparente caos e non capire che il caos stesso è Dio nella sua infinita intelligenza. Pensano che il mondo, la mente, debba essere rinchiuso in una struttura. E io amo che quella struttura funzioni per loro (se funziona).

Avevo l'abitudine di passare molto tempo nel deserto. Camminavo semplicemente, senza destinazione. Andavo sempre diritto, anche se la strada girava a destra o a sinistra, perché capivo che non c'era nessuna strada da perdere. Spesso non sapevo dove mi trovavo o come ritornare in un punto conosciuto. Ma vivevo con la certezza che ovunque fossi era lì che dovevo essere in quel momento. Non è una teoria, è la verità letterale. Se penso che dovrei fare qualcosa di diverso da quello che sto facendo in questo momento, sono matta.

Una volta, mentre camminavo nel deserto assieme ad alcuni amici, ci imbattemmo in un serpente a sonagli *Mojave green*, molto raro in quell'area. Era arrotolato davanti a noi, un po' sulla nostra destra: grande, grasso e meraviglioso. Tutto quello che disse fu: "Guardate: io sono". Ricordo di averlo indicato e di aver detto ai miei amici: "Giriamogli attorno". Reagirono con terrore, perché erano imprigionati in una storia e non vedevano la bellezza. Il serpente si allontanò saggiamente, il più velocemente possibile. Avrebbe potuto essere la sabbia, un arbusto del deserto, le acque nascoste. La terra è come una madre: tranquilla, stabile, inflessibile nella sua sincerità e gentilezza.

Essere da soli nel deserto ci fa comprendere l'assolutezza della solitudine, la natura positiva del vuoto. Durante il giorno, nessun rumore: solo miglia e miglia di una cosa tutta uguale. L'immaginazione non ha nessun appiglio nella vastità del deserto in cui sei da solo. E di notte, nel mondo senza luna, tra gli odori e il silenzio, ti stendi e non sai sopra che cosa ti sei steso. Un serpente? Un cactus? Ti stendi e aspetti, guardi in alto le stelle e accogli il suolo, il freddo della sabbia, abbandonando l'idea che la mente possa capire che cos'è quella protuberanza sotto la gamba o sotto la spalla. E poi il pensiero del tempo. Sarà mezzanotte? Sono passati cinque giorni, cinque anni? E che cosa sono io che mi chiedo che cosa sono? E il sorriso che deriva dal sapere che non puoi sapere e che in realtà non ti importa, che la risposta a quella domanda appassirebbe nella delizia di questo momento. Nessuna cosa della vita immaginata può competere con la bellezza del niente, con la sua vastità, con l'insondabile oscurità.

Questa meravigliosa terra deserta è stata la mia migliore maestra. Non si discosta da ciò che è. Siedo su di lei e non c'è movimento, nessuna discussione, nessuna lagnanza. La terra dà e basta, senza condizioni, senza farsi notare, e questa è la prova dell'amore. Non rifiuta mai. Non viene a compromessi. Parla attraverso il vento e la pioggia, la sabbia, le rocce, i suoni delle sue creature. Canta semplicemente il suo canto senza significato, continuando a dare senza nessuna aspettativa di qualcosa in cambio. Ti sorreggerà per tutta la vita, e se le getti addosso una lattina o scarichi veleni nel suo sistema circolatorio o le scagli contro una bomba, c'è sempre amore totale, incondizionato. Continua a dare e a dare. È me risvegliata. È te.

19

Getta via santità e saggezza,
e la gente sarà cento volte più felice.

Tu sei la saggezza che stai cercando, e l'indagine è un modo
per rendere questa saggezza disponibile ogni volta che vuoi.
La mia esperienza è che non c'è nessuno con più o con meno
saggezza. Tutti l'abbiamo in modo uguale. Questa è la libertà
di cui godo. Se pensi di avere un problema, sei confuso.
   La volontà di Dio e la tua volontà sono la stessa cosa, che
tu lo noti o no. Non c'è nessun errore nell'universo. Non è
possibile avere il concetto di "errore" a meno che tu non para-
goni ciò che è a ciò che non è. Senza la storia nella tua mente,
è tutto perfetto. Nessun errore. Degli stranieri che avevano sentito parlare di me bussavano alla mia porta (questo accadeva
nel 1986) e alcuni di loro giungevano le mani e si inchinavano
e dicevano: "Namaste". Non l'avevo mai sentito prima, la gente
non dice "Namaste" a Barstow, la piccola cittadina nel deserto
in cui vivevo. E così credevo che dicessero: "No mistake". [In
inglese, *namaste* potrebbe suonare come *no mistake*, "nessun
errore" – *N.d.T.*]. Ero eccitata dal fatto che la gente che bussa-
va alla mia porta fosse così saggia. "Nessun errore. Nessun
errore".
   Qui c'è un ordine perfetto. "Santità" e "saggezza" sono
soltanto concetti che ci separano da noi stessi. Pensiamo che
esista un ideale per cui dobbiamo sforzarci, come se Gesù fosse più santo o il Buddha fosse più saggio di quello che siamo
noi in questo momento. Chi saresti senza la tua storia di te

stesso? È stressante avere degli ideali che potrai realizzare solo in futuro, un futuro che non arriva mai. Quando non credi più al pensiero di dover raggiungere qualcosa, il mondo diventa un posto molto più gentile.

Anche il peccato è un concetto. Pensa alla cosa peggiore che hai fatto. Vacci dentro più profondamente che puoi, dal punto di vista della persona che eri in quel momento. Con la limitata comprensione che avevi, non stavi forse facendo il meglio che potevi? Come avresti potuto agire diversamente, credendo a quello in cui credevi? Se entri davvero in questo esercizio, vedrai che niente di diverso è possibile. La possibilità che sarebbe potuto accadere qualcosa di diverso è soltanto un pensiero che hai adesso rispetto a un allora, un passato immaginato che metti a confronto con il passato reale, che è altrettanto immaginato. Tutti facciamo il meglio che possiamo. Se pensi di avere ferito qualcuno, fai ammenda e ringrazia l'esperienza che ti ha fatto vedere come non vivere. Nessuno ferirebbe mai un altro essere umano se non fosse confuso. La confusione è l'unica sofferenza su questo pianeta.

Una volta camminavo per le strade di Dublino assieme a un sacerdote cattolico che apprezzava Il Lavoro e lo faceva regolarmente. Arrivammo davanti a una cattedrale, mi invitò ad entrare, facemmo un giro all'interno, poi mi indicò una specie di cabina e disse: "Questo è un confessionale. Entriamo?". Sembrava importante per lui. Dissi: "Sì". Lui entrò nel suo cubicolo, io entrai nel mio e pensai: *Hm, che cos'ho da confessare?* Cercai e cercai, e non arrivò niente. Poi, attraverso la finestrella, qualcosa arrivò: lui cominciò a confessarsi *a me*. Usciti dalla cattedrale, applicammo le quattro domande a ogni peccato immaginato e facemmo il rigiro, e mi disse che gli era stato tolto un grosso peso.

Ognuno fa il suo lavoro. Nessuno è più prezioso di un altro. Le cose del mondo che pensiamo così terribili sono in realtà grandi insegnanti. Non c'è nessun errore e non c'è niente che manca. Riceveremo sempre ciò di cui abbiamo bisogno, non ciò che *pensiamo* di avere bisogno. Allora vediamo che ciò di cui abbiamo bisogno non solo è ciò che abbiamo, è ciò che vogliamo. Allora arriviamo a volere solo ciò che è. In questo modo abbiamo sempre successo, qualunque cosa accada.

20

Io solo non possiedo nulla.

Non puoi avere un su senza un giù. Non puoi avere una sinistra senza una destra. Questa è dualità. Se hai un problema, devi avere già la soluzione. La domanda è: vuoi davvero la soluzione o vuoi perpetuare il problema? La soluzione è sempre lì. Il Lavoro può aiutarti a trovarla. Scrivi il problema, indagalo, rigira e hai la soluzione.

Qualunque pensiero è già finito. Questa è grazia. Nessun pensiero, nessun problema. Non è possibile avere un problema se non si crede a un pensiero precedente. Notare questa semplice verità è l'inizio della pace.

Noto anche che non possiedo nulla. Stephen mi infila al dito la fede matrimoniale e sussurra: "Prova a tenerla per un mese". È il suo piccolo scherzo. Ha fatto l'esperienza di farmi un regalo, uno molto costoso, che il giorno dopo non c'era più perché qualcuno l'aveva ammirato e io sapevo che era suo. Sa che quello che simboleggia la fede è mio per sempre e che l'anello in se stesso non può appartenermi, che lo porterò soltanto finché non se ne andrà. Due anni fa lo diedi a un caro amico che non era sposato e che entrambi amiamo, ma lui me lo restituì. Perciò eccolo qui, ancora al mio anulare sinistro, cinque anni dopo: un miracolo inaspettato, agli occhi di Stephen. Come potrei possedere qualcosa? Le cose mi arrivano solo quando ne ho bisogno e solo per il periodo in cui ne ho bisogno, e il modo per sapere che ne ho bisogno è che le ho.

Quando qualcosa è finito, è finito. Tutti sappiamo quando arriva quel momento, e possiamo onorarlo o ignorarlo. Quando la mia mano si allunga per prendere una tazza di tè, mi consegno a tutta la tazza, anche se non so se ne berrò un sorso, tre sorsi, dieci sorsi o l'intera tazza. Quando un amico mi fa un regalo, il regalo è nel ricevere. Finisce lì, e in seguito noto che do via l'oggetto o che lo tengo per un po'.

Una volta dimenticai la borsetta in un ristorante di New York. Divento molto eccitata quando accadono cose come questa. Pensavo alla borsetta, la mia preferita, e pensavo che qualcuno avrebbe trovato il portafoglio e il denaro e i biglietti da visita e il taccuino e la crema per le mani e le penne e il rossetto e il filo dentale e il collirio e il bellissimo cellulare nuovo e le barrette energetiche e le foto dei miei nipoti. È eccitante dare a un perfetto sconosciuto quello che hai, e sapere che dare è uguale ad avere, e che dare è una forma di avere. (Ciò non significa che non bloccai le mie carte di credito). Ma era chiaro che la borsetta doveva appartenere a qualcun altro. Come sapevo che lei ne avesse bisogno? Perché adesso ce l'aveva lei. Non ci sono casi fortuiti nel mio mondo. Quando sei un amante di ciò che è, la tua sofferenza è finita.

21

*Il Maestro tiene la mente
sempre unita al Tao.*

Ho una parola per Dio: *realtà*. Chiamo la realtà "Dio" perché regna. È ciò che è, ed è così fisico: è un tavolo, una sedia, è la scarpa al tuo piede, è i tuoi capelli. Amo Dio. È così chiaro, così solido; è totalmente affidabile. Non hai diritto di voto in ciò che fa, e non aspetta la tua opinione o il tuo permesso. Puoi fidarti completamente.

Puoi sapere che la realtà è buona esattamente così com'è perché, se sei in conflitto con essa, sperimenti ansia e frustrazione. Qualunque pensiero che causa stress è un opporsi alla realtà. Tutti questi pensieri sono variazioni su un tema: "Le cose dovrebbero essere diverse da come sono". "Io voglio...", "Io ho bisogno...", "Lui dovrebbe...", "Lei non dovrebbe...". Fa sempre male opporsi a ciò che è.

"Ciò che è" è una storia del passato. Il passato è passato. È accaduto e non puoi farci niente. Prova a opporti! L'alternativa sana è chiedere: "Che cosa posso fare partendo da qui?". Il passato è un maestro, è benevolo, è finito. Ma, finché le persone vivono con un passato non indagato, stanno vivendo *nel* passato. E in primo luogo è un passato che non è mai accaduto. Stanno vivendo nella loro *storia* del passato. Si perdono ciò che è presente in questo momento, che è il vero futuro. Io non so mai che cosa accadrà. Tutto ciò che so è che è una cosa buona.

La gente passa la vita a cercare di cambiare il passato. Non si può fare. Pensare che il passato sarebbe dovuto essere diverso è irrealizzabile e masochista. "Mia madre avrebbe dovuto amarmi", "Mio figlio non doveva morire", "L'olocausto non sarebbe dovuto accadere". Paragonare ciò che è accaduto a ciò che pensi sarebbe dovuto accadere è la guerra con Dio. (È molto difficile da ascoltare se sei attaccato ai concetti di giusto e sbagliato). Alcune persone pensano persino che la tristezza sia un atto di lealtà, che sarebbe un tradimento delle persone che amano se non soffrissero assieme a loro. È folle.

Se mia figlia è morta, questo è il modo in cui le cose sono. Qualunque opposizione a questo crea l'inferno interiore. "È morta troppo presto", "Non l'ho vista crescere", "Avrei potuto fare qualcosa per salvarla", "Sono stata una cattiva madre", "Dio è ingiusto". Ma la sua morte è la realtà. Nessuna opposizione al mondo può fare la minima differenza in ciò che è già accaduto. Le preghiere non possono cambiarlo, supplicare e implorare non può cambiarlo, punirti non può cambiarlo, la tua volontà non ha nessun potere. Hai invece il potere di indagare il tuo pensiero, rigirarlo e trovare tre ragioni sincere al fatto che la morte di tua figlia è uguale al suo non morire, o persino a lungo termine migliore, per lei e per te. Ciò richiede una mente radicalmente aperta, e niente di meno di una mente aperta è abbastanza creativa per liberarti dal dolore di opporsi a ciò che è. Una mente aperta è l'unica via alla pace. Finché penserai di sapere che cosa dovrebbe e non dovrebbe accadere, stai cercando di manipolare Dio. Questa è la ricetta dell'infelicità.

La realtà - il modo in cui le cose sono, esattamente così come sono, in ogni istante - è sempre gentile. È la nostra *storia* sulla realtà che annebbia la nostra visione, oscura ciò che è vero, e ci porta a credere che ci sia ingiustizia nel mondo. A volte dico che ti allontani totalmente dalla realtà quando credi che ci sia un motivo legittimo per soffrire. Quando credi che una qualunque sofferenza sia legittima, diventi il campione

della sofferenza, il suo perpetuatore dentro di te. È folle credere che la sofferenza sia causata da qualcosa di esterno alla
mente. Una mente chiara non soffre. Non è possibile. Anche
se sei in un grande dolore fisico, anche se il tuo amatissimo
figlio muore, anche se tu e la tua famiglia venite deportati ad
Auschwitz, non puoi soffrire a meno di non credere a un pensiero non vero. Io sono un'amante della realtà. Amo ciò che è,
in qualunque modo si presenti. E in qualunque modo venga a
me, le mie braccia sono aperte.

Ciò non significa che le persone non dovrebbero soffrire.
Dovrebbero soffrire, dato che lo fanno. Se ti senti triste o im-
paurito o ansioso o depresso, è così che dovresti sentirti. Pensare altrimenti è opporsi alla realtà. Ma, quando ad esempio ti
senti triste, nota semplicemente che la tua tristezza è l'effetto
di credere a un pensiero precedente. Individua il pensiero,
mettilo su carta e indagalo per amore della verità, poi fai il
rigiro. Sei stato tu a renderti triste, nessun altro, e sei tu che
puoi liberarti. Questa è la splendida notizia.

22

Se vuoi diventare pieno,
lasciati essere vuoto.

Essere vuoto, arrenderti, lasciarti vivere dal Tao, non è un elevato obiettivo che si può ottenere solo dopo anni di pratica spirituale. Quando vai realmente dentro te stesso per amore della verità, e indaghi anche solo un concetto stressante, la mente diventa un po' più sana, un po' più aperta. E tu inizi a vedere che non c'è un mondo oggettivo esterno. È tutto proiettato. Stavi vivendo nella tua *storia* del mondo.

Vogliamo essere persone magnifiche e generose, ma quando non va come vorremmo ci trasformiamo in qualcos'altro; in nome del bene, ovviamente. Quando lavoriamo sulla mente, il proiettore, alla fine cominciamo a vivere in uno stato di chiarezza e gentilezza. È possibile essere gentili tutto il tempo, non solo quando le cose vanno come vogliamo. Ciò ci lascia un sacco di energia per servire gli altri.

Finché crederai a qualunque concetto negativo su una persona ("È un egoista", "È un'arrogante", "Non dovrebbe farlo", "Dovrebbe essere in quel certo modo"), lo proietterai su chiunque: tuo marito, tua moglie, i tuoi genitori, i tuoi figli. Prima o poi, quando non ottieni da loro quello che vuoi, o quando minacciano le tue sacre credenze, imporrai questo concetto su di loro, finché non l'avrai accolto con comprensione. Non è una probabilità. È quello che facciamo. Non siamo attaccati alle persone, siamo attaccati ai concetti sulle persone.

Quando ami davvero te stesso, non è possibile proiettare

che gli altri non ti amino. Mi piace dire: "Quando entro in una sala, so che tutti i presenti mi amano. Semplicemente non mi aspetto che lo sappiano". Questo provoca una grande risata nel pubblico. Le persone sono deliziate da quanto sia facile sentirsi completamente amati e vedono, anche solo per un momento, che non dipende da nessuno fuori di noi.

Se dici di amare tuo marito, che cosa ha a che fare questo con lui? Gli stai semplicemente dicendo chi sei tu. Tu racconti la storia di quanto lui sia bello, affascinante e sexy, e ami la tua storia su di lui. Proietti che lui è la tua storia. Poi, quando non ti dà ciò che vuoi, forse racconti la storia di quanto è meschino, dispotico, egoista; ma che cosa ha a che fare *questo* con lui? Se mio marito dice: "Ti adoro", io penso: *Bene. Amo che lui pensi che sono il suo dolce sogno. Quanto deve farlo felice!* Ma se un giorno venisse a dirmi: "Il giorno più infelice della mia vita è stato quello in cui ti ho sposata", anche questo che cosa ha a che fare con me? Questa volta lui sarebbe in un sogno triste, e io potrei pensare: *Oh, povero piccolo, sta avendo un incubo. Spero che si svegli presto.* Non è personale. Come potrebbe avere qualcosa a che fare con me? Io lo amo e, se quello che dice di me non è vero nella mia esperienza, gli chiederei se posso fare qualcosa per lui. Se posso farlo lo farò, ma se per me non è una cosa sincera non la farò. Rimarrà con la sua storia.

Nessuno ti capirà mai. Realizzare questo è libertà. Nessuno ti capirà mai, né una volta né sempre. Anche al massimo della nostra comprensione, possiamo solo capire la nostra storia su di te. Non c'è nessuna comprensione se non la tua.

Se non ami un'altra persona, fa male, perché l'amore è il tuo vero sé. Non puoi *forzarti* a farlo. Ma quando arrivi ad amare te stesso, ami automaticamente l'altra persona. Così come non puoi forzarti ad amarci, non puoi forzarti a *non* amarci. È tutta una tua proiezione.

Quando ami davvero qualcuno, un pensiero come "Dovresti amarmi" fa soltanto ridere il tuo cuore. Riesci a sentire l'arroganza di questo pensiero? "Non mi importa chi vuoi amare. Tu dovresti amare *me*, e cercherò, anche con l'inganno, di convincerti a farlo". È il contrario dell'amore. Se penso che mio marito dovrebbe amarmi, sono matta. Chi lui ama, è affare di chi? Suo, naturalmente. I rigiri sono tutto ciò che devo conoscere: *Io* dovrei amare me e io dovrei amare *lui*. Che lui ami chi vuole, tanto lo farà comunque. La storia di chi un altro dovrebbe amare mi allontana dalla consapevolezza che io sono quello che sto cercando. Non è compito suo amarmi: è mio.

Non c'è niente che tu possa fare con l'amore. Tutto ciò che puoi fare è sperimentarlo. È intimo come non potrai mai essere con un altro essere umano. Puoi abbracciarlo, puoi baciarlo, puoi metterlo in valigia, portarlo a casa, cullarlo, nutrirlo, dargli il tuo denaro, dargli la tua vita: e non è esso. L'amore non è qualcosa che puoi dimostrare o provare. È ciò che sei. Non è un fare, non può essere "fatto", è troppo grande per farne qualcosa. Aprendoti all'esperienza dell'amore, esso ucciderà colui che pensi di essere. Non avrà nessun altro. Ucciderà tutto quello che incontra sulla sua strada.

Una volta che ti doni all'amore, perdi tutto il tuo mondo come lo percepivi. L'amore non lascia altro che se stesso. È totalmente avido; deve includere tutto; non lascerà fuori nemmeno un'ombra di se stesso. E tutto il resto si stacca e sei come un albero che perde le foglie in autunno, così meravigliosamente. Il nostro dolore è nel negare l'amore. Un confine è un atto di egoismo. Non c'è nulla che non daresti a un altro, se non avessi paura. Naturalmente, non puoi essere generoso prima del tempo. Ma quando accogli i tuoi pensieri con comprensione, scopri che non c'è niente da perdere. Quindi, alla fine non c'è nessun attentato alla protezione. Dare tutto ciò che hai diventa un privilegio.

L'unica vera storia d'amore è quella con te stesso. Io sono sposata con me stessa ed è questo che proietto su chiunque. Ti amo con tutto il mio cuore; tu non devi nemmeno partecipare, perciò non c'è nessun motivo nel "Ti amo". Non è magnifico? Posso amarti completamente e tu non hai niente a che farci. Non c'è niente che tu possa fare per tenermi lontana dall'intimità che sperimento con te.

Quando dico "Ti amo", è amore di me stessa. Non è una personalità che parla: parlo solo a me stessa. L'amore è così assorbito in se stesso che non lascia spazio per nient'altro. Si consuma da sé, sempre. Non c'è una molecola separata da se stesso. Nell'apparente mondo della dualità, le persone lo vedono come un tu e un me, ma in realtà c'è solo uno. E nemmeno questo è vero.

La voce interiore è ciò a cui sono sposata. Tutti i matrimoni sono una metafora di questo matrimonio. Quando prendo un impegno, è la mia verità, e non ce n'è una più alta o più bassa. "Vuoi prendere quest'uomo come marito?". "Lo voglio, e posso cambiare la mia decisione". È il meglio che ci sia. Io sono sposata solo con Dio: la realtà. Qui è il mio impegno. Non può essere una persona particolare. E mio marito non vorrebbe che fosse in un altro modo.

Se non sposi la realtà, non c'è vero matrimonio. Sposa te stesso e avrai sposato noi. Noi siamo te. Questo è lo scherzo cosmico.

23

Apriti al Tao,
poi abbi fiducia
nelle tue risposte naturali;
e tutto andrà a posto.

Non ho avuto un insegnante spirituale. Ovviamente ho avuto molti insegnanti, da mia madre ai miei ex mariti, dai miei figli agli sconosciuti vestiti di stracci in un angolo di strada a Santa Monica. Il privilegio di non avere un insegnante ufficiale è che non c'è nessuna tradizione, quindi non c'è niente a cui aspirare o a cui essere fedele. Questo qualcuno che accade che io sia non deve assomigliare a nient'altro che a quello che è. Può permettersi di essere un folle, che non conosce nient'altro che amore. È Dio deliziato. Coglie mistero e importanza in tutto. Prende la spinta e il tempo da esso.

Guardo la mia nipotina Marley, di undici mesi, mentre canto assieme al suo giocattolo musicale: "...Un due tre quattro cinque sei sette otto nove dieci...". Mi guarda stupita e deliziata, poi inizia a danzare. La danza avviene al di là del suo controllo, il sederino avvolto nel pannolino si dimena, lei va su e giù, e le braccia volano in aria. Sto assistendo all'invenzione della danza. È nel suo stato originario, sta avvenendo per la primissima volta, e non posso non unirmi a lei. Anche lei è una mia insegnante. Danziamo assieme agli albori della specie umana, come se questa fosse la prima danza mai danzata nella storia del mondo. Lei non sta cercando di farlo nel modo giusto o di impressionare qualcuno. È pura natura. E io sono la stessa cosa, al di là del controllo, inizio a muovermi nello stesso modo, salto su e giù, e le mie braccia volano in aria. Le risate sgorgano da me. Mi sento così eccitata, è l'eccitazione della danza naturale, viene da lei, da me, da lei. La canzoncina finisce, lei mi guarda, poi guarda il giocattolo musicale. Preme il pulsante per far ricominciare la canzoncina. Non succede niente. Sta cercando di capire come riprodurre il miracolo. La guardo mentre preme il pulsante due, tre volte, e alla fine con forza sufficiente da far esistere la musica. Al suono della prima nota mi guarda, il suo visino si illumina, il suo corpo comincia a muoversi, e la danza inizia di nuovo.

Il mio vecchio e caro pastore tedesco bianco, Kerman, una femmina, è stato un altro dei miei insegnanti, uno dei miei più grandi insegnanti dopo che ebbi un barlume nel 1986. Non c'erano condizioni al suo amore. Verso la fine della sua vita, le zampe posteriori non la sostenevano e non poteva più camminare, e quando la chiamavano si trascinava sul pavimento per avvicinarsi. Mentre stava per morire, iniziò a sanguinare dalla bocca. Chiamai tutti e tre i miei figli e dissi: "Se non avete un motivo per non farlo, la farò sopprimere". Quando videro le sue condizioni disperate, concordarono che era la cosa migliore. Le demmo il suo cibo preferito, organizzammo una grande festa con tutte le persone che amava, e non la trattammo in modo troppo delicato. I bambini lottavano con lei, la chiamavano e lei strisciava verso di loro con un sorriso da cucciolo sul muso. Strisciava attraverso la stanza, apparentemente felice. Non sembrava conoscere il dolore. Non sembrava conoscere niente salvo dare.

Quando arrivò il momento di portarla dal veterinario, andammo tutti; nove o dieci persone, i suoi amici e la sua famiglia. Ci raccogliemmo attorno a lei e mio figlio Ross si piegò giù verso il tavolo, guardandola negli occhi. Il veterinario le fece l'iniezione, passò qualche istante, lei non si mosse, e quando Ross disse: "Se n'è andata", tutti lo sapevamo già. Era stata qui e ora non c'era più. Non era rimasta nessuna "lei". Non c'era nessuna "lei" a cui dire addio. Fu molto dolce.

Ho anche imparato dagli alberi, camminando nella foresta di sequoie dove i cervi non scappavano da me. Vedevo alberi abbattuti dal vento o dai fulmini. Sembravano morti, eppure c'era un mondo intero su di loro e dentro di loro: muschio, insetti e ogni tipo di vita nascosta. Anche nella morte, creavano e donavano quello che rimaneva.

La natura non trattiene niente per sé, finché non ha più niente da dare. È come il mio pastore tedesco bianco con un sorriso sul muso e quando la chiamavo veniva trascinandosi sulle zampe posteriori, con il sangue che le colava dalla bocca. È quello che facciamo tutti, che lo sappiamo o no. Mi hanno visto strisciare quando il corpo è apparentemente esausto. Non *devo* farlo, né questo né nient'altro. Lo faccio perché mi delizia. Salgo su un aereo e provo solo libertà. Questa consapevolezza è la mia gioia. Può non sembrare così, ma è con la gioia interiore che io viaggio, non con l'apparente fatica. E non do più di nessun altro. Il pastore tedesco bianco non dava di più, e nemmeno la sequoia. Tutti diamo ugualmente. Senza le nostre storie, siamo tutti puro amore.

24

Colui che definisce se stesso
non può sapere chi è davvero.

La realtà è molto chiara quando la tua mente è chiara. Non potrebbe essere più semplice, anche se la gente pensa che debba esserci qualcosa nascosto dietro di essa. È di facile uso: quello che vedi è quello che c'è. Qualunque cosa accada è buona, e se non la pensi così puoi indagare la tua mente. Io vedo le persone e le cose senza una storia; così, quando mi viene da avvicinarmi o da allontanarmi dalle persone lo faccio senza discutere. Non so perché non dovrei fare così. Il movimento è sempre perfetto e io non ho niente a che fare con esso.

Quindi, dato che non c'è niente di nascosto, la realtà suona così: donna seduta su sedia con tazza di tè. È dolce come voglio che sia, perché è ciò che è. Quando ami ciò che è, vivere nel mondo diventa semplicissimo perché capisci che tutto è esattamente come dovrebbe essere.

Per me è normale parlare dalla posizione di una personalità, anche se non ci credo; dalla posizione dell'umanità, dalla posizione della terra, dalla posizione di Dio, dalla posizione di un sasso. Se mai queste cose esistono, io sono la loro origine. E chiamo me stessa "esso", perché non ho nessun punto di riferimento per la separazione. Io sono tutte queste cose e non ho nessun concetto di non esserle. Ho semplicemente imparato a parlare in un modo che non aliena le persone. Ciò fa di me un luogo benevolo, invisibile, ignoto e comodo per le persone. Parlo loro dalla posizione di un'amica, e se le persone hanno fiducia in me è perché le accolgo a qualunque punto esse siano. Io sono innamorata. È una storia d'amore con se stesso. Quando la mente ama se stessa, ama tutto ciò che proietta. Accogliere le persone nel punto in cui sono, senza condizioni, è accogliere il mio stesso sé senza condizioni. Io sono innamorata di tutto. È totale vanità. Bacerei la terra su cui cammino: è tutto me.

Mi piace parlare come un essere umano. Lo chiamo il mio travestimento. La prima cosa che feci quando mi risvegliai alla realtà fu innamorarmi della forma. Mi innamorai degli occhi e del pavimento e del soffitto. Io sono quello. Io sono quello. È tutto e niente. Niente di esso è separato. Semplicemente nascere in questa bontà, in questo momento, con gli occhi aperti, è sufficiente.

Mentre guardo il cielo in questo giorno perfetto, non so nemmeno che è il cielo finché la mia mente non lo denomina. In quel momento viene alla luce. Non c'è nessun mondo da vedere finché la mente dice di me "io" e inizia a produrre nomi che, a una mente non indagata, separerebbero la realtà in questo, questo, questo e questo. Amo che la mia mente non creda alla mia mente. Senza significato, come può esistere la separazione? Io appaio come il vecchio e il nuovo, l'inizio e la fine, io sono te, io sono tutto: questa pulsazione estatica, questa gioia senza nome, questo danzare senza movimento, questo brillante elettrizzante nulla.

25

C'era qualcosa privo di forma
e perfetto
prima della nascita dell'universo.

All'inizio c'era la parola. Essa avviene quando ti svegli al mattino. La parola è tua. Così il mondo viene creato.

Prima dell'inizio c'è solo realtà, priva di forma e perfetta, solitaria, infinita, libera. Non c'è nome per definirla e non ci sono increspature di un nome. Il nome *è* l'increspatura. Nell'increspatura sorge l'intero lago. Niente increspatura, niente lago.

Ciò che è reale è senza nome. Non cambia, non scorre, non se ne va e non ritorna, non esiste neppure, è al di là di esistenza o non-esistenza. Se lo chiami un qualcosa, non hai nulla. Quindi, chiamalo "il Tao" se vuoi; è un nome buono come qualunque altro. In qualunque modo lo chiami, non è questo. Ed è sempre un inizio.

26

*Il Maestro viaggia tutto il giorno
senza andar via di casa.
Per quanto splendidi i panorami,
rimane serenamente dentro di sé.*

La pace è la nostra condizione naturale. Solo credendo a un pensiero non vero è possibile passare dalla pace a emozioni come tristezza e rabbia. Senza la spinta delle credenze, la mente rimane serena in se stessa ed è disponibile a tutto ciò che avviene.

Chi saresti alla presenza degli altri senza ad esempio la storia che tutti dovrebbero prendersi cura di te? Saresti l'amore stesso. Quando credi al mito che le persone dovrebbero prendersi cura, sei troppo bisognoso per prenderti cura degli altri o di te stesso. L'esperienza dell'amore non può venire da nessun altro; può venire soltanto da dentro di te.

Una volta stavo camminando nel deserto assieme a un amico che ebbe un principio di infarto. Ci sedemmo e lui disse: "Dio mio, sto morendo, *fai* qualcosa". Riusciva a parlare solo con un angolo della bocca, perché l'altro lato era paralizzato. Ciò che feci fu semplicemente stargli vicino amandolo e guardandolo negli occhi, sapendo che eravamo lontani chilometri da un telefono e dall'auto. "Non ti preoccupi, vero?", disse. "No", risposi. E tra le lacrime si mise a ridere, e risi anch'io. Si riprese poco dopo. L'infarto era venuto per passare, non per rimanere. Questo è il potere dell'amore. Non l'avrei lasciato per andare a cercare aiuto.

Se qualcuno venisse accoltellato davanti a me, che forma

assumerebbe la compassione? Farei tutto ciò che è in mio potere per dare aiuto, ovviamente, ma pensare che non dovrebbe accadere sarebbe opporsi alla realtà. Non è efficiente. Se mi preoccupassi, non potrei essere l'intimità che io sono. Preoccuparmi mi allontanerebbe dal reale, mi separerebbe da chi viene accoltellato e da chi tiene il coltello, e io sono tutto. Escludere qualcosa che compare nel tuo universo non è amore. L'amore si unisce a tutto. Non esclude il mostro. Non evita l'incubo; se lo augura perché, ti piaccia o no, può accadere, anche se soltanto nella tua mente. In nessun modo permetterei che la preoccupazione interferisca con ciò che sperimento come il mio stesso sé. Esso deve includere ogni cellula, ogni atomo. È ogni cellula e ogni atomo. Non c'è nessun "anche".

Quando una cosa mi sembra giusta, la faccio; è *questa* la premura da cui vivo. È così che contribuisco alla vita: raccogliendo un rifiuto dal marciapiede, riciclando, stando con i senza tetto, stando con i ricchi, aiutando le persone profondamente confuse a indagare i loro pensieri. Amo ciò che è e come cambia nelle mie mani e nelle tue. È meraviglioso essere così disponibile a cambiare ciò che posso, e come ciò sia privo di sforzo, sempre.

Alcuni pensano che compassione significhi sentire il dolore di un altro. È un non senso. Non è possibile sentire il dolore di un'altra persona. Immagini quello che sentiresti se tu fossi nei panni di quella persona, e percepisci la tua proiezione. Chi saresti senza la tua storia? Libero dal dolore, felice e totalmente disponibile se qualcuno ha bisogno di te: uno che ascolta, un maestro in casa, un Buddha in casa, qualcuno che vive tutto questo. Finché pensi che ci sia un tu e un me, è chiaro che ci siano corpi. Quello che amo dei corpi separati è che, quando tu hai male, io non ce l'ho: non è il mio turno. E quando ho male io, non hai male tu. Puoi essere lì per me senza mettere tra di noi la tua sofferenza? La tua sofferenza non può indicarmi la via. La sofferenza può insegnare solo sofferenza.

I buddhisti dicono che è importante riconoscere la sofferenza nel mondo, e questo naturalmente è vero. Ma se guardi più in profondità, anche questa è una storia. È una storia dire che c'è sofferenza nel mondo. La sofferenza è immaginata, perché non abbiamo indagato adeguatamente i nostri pensieri. Io posso essere presente a persone in condizioni di grande tormento senza vedere la loro sofferenza come reale. Sono nella posizione di essere totalmente disponibile ad aiutarle a vedere quello che vedo io, se è quello che vogliono. Loro sono i soli che possono cambiare, ma io sono presente con parole gentili e con il potere dell'indagine.

È stupefacente quante persone credano che soffrire sia una prova d'amore. *Se non soffro quando tu soffri*, pensano, *significa che non ti amo.* Come potrebbe essere vero? L'amore è sereno, è privo di paura. Se sei occupato a proiettare come deve essere il dolore di qualcuno, come puoi essere pienamente presente a lei? Come puoi tenerle la mano e amarla con tutto il cuore mentre lei attraversa la sua esperienza di dolore? Perché lei dovrebbe volere che soffra anche tu? Non ti preferisce presente e disponibile? Non puoi essere presente per gli altri se credi di star sentendo il loro dolore. Se un'automobile investe qualcuno e tu proietti quello che deve sentire, rimani paralizzato. Ma a volte, in una crisi come questa, la mente perde i suoi riferimenti, non riesce più a proiettare, tu non pensi, agisci soltanto, ti precipiti a sollevare l'auto prima di avere il tempo di pensare: *Questa è una cosa impossibile.* Accade in una frazione di secondo. Chi saresti senza la tua storia? E l'auto è sollevata in aria.

La tristezza è sempre un segno che stai credendo a un pensiero stressante che non è vero per te. È una costrizione e fa star male. La saggezza convenzionale dice una cosa diversa, ma la verità è che la tristezza non è razionale, non è una risposta naturale e non può mai aiutarti. Segnala semplicemente la perdita della realtà, la perdita della consapevolezza dell'amore. La tristezza è la guerra con ciò che è. È fare le bizze. La sperimenti solo se ti stai opponendo a Dio. Quando la mente è chiara, non c'è nessuna tristezza. Non può esserci.

Se entri in situazioni di perdita in uno spirito di resa a ciò che è, tutto ciò che sperimenti è una profonda dolcezza e un'eccitazione riguardo a ciò che può nascere dall'apparente perdita. E una volta che hai indagato la mente, una volta vista la storia stressante per quello che è, non c'è niente che puoi fare perché ti faccia male. Vedi che la più grande perdita che hai sperimentato è il più grande dono che puoi avere. Quando la storia ricomincia - "Non doveva morire" o "Non doveva lasciarmi" - è sperimentata con un po' di umorismo, con una piccola gioia. La vita è gioia e, se comprendi l'illusione quando sorge, capisci che sei tu che sorgi come gioia.

Che forma prende la compassione? A un funerale, mangia la torta. Non devi sapere che cosa devi fare. Ti verrà rivelato. Qualcuno ti cade tra le braccia e parole gentili escono da sole; non sei tu a farlo. La compassione non è un fare. Che tu soffra o non soffra per la loro sofferenza, o stai in piedi o sei seduto. In un modo stai comodo, nell'altro modo no.

Non devi star male per agire gentilmente. Al contrario: meno soffri, più diventi gentile naturalmente. E se la compassione significa volere che gli altri siano liberi dalla sofferenza, come potresti volere per gli altri ciò che non daresti a te stesso?

Ho letto un'intervista a un noto insegnante buddhista in cui diceva come si era sentito inorridito e devastato vedendo gli aerei colpire le torri del World Trade Center l'11 settembre 2001. Anche se è una reazione comune, non è la reazione di una mente e di un cuore aperti. Non ha niente a che fare con la compassione. Deriva dal credere a pensieri non indagati. Ad esempio, credeva: "Questo non dovrebbe accadere", o "È una cosa terribile". Erano pensieri come questi che lo facevano soffrire, non l'evento in sé. Stava devastando *se stesso* con i suoi pensieri non indagati. La sua sofferenza non aveva niente a che fare con i terroristi o con le persone morte. Riesci a recepirlo? Qui c'era un uomo votato alla via del Buddha - la fine della sofferenza - che in quel momento terrorizzava la sua mente, causando il suo stesso dolore. Ho provato compassione per le persone che hanno proiettato significati pieni di paura sulla scena di un aereo che colpiva un edificio, che hanno ucciso se stesse con i loro pensieri non indagati e si sono allontanate dal loro stato di grazia.

La fine della sofferenza accade in questo stesso momento, che tu stia assistendo a un attacco terroristico o stia lavando i piatti. La compassione inizia a casa. Dato che non credo ai miei pensieri, la tristezza non può esistere. È così che vado in profondità nella sofferenza di chiunque, se loro mi invitano, e posso prenderli per mano e camminare con loro nella luce del sole della realtà. Io stessa ho fatto questo cammino.

Ho sentito delle persone dire che si aggrappano ai loro pensieri dolorosi perché hanno paura che, senza di essi, non potrebbero essere attivisti per la pace. "Se mi sentissi completamente in pace", dicono, "perché dovrei preoccuparmi di fare qualcosa?". La mia risposta è: "Perché è ciò che fa l'amore". Pensare di avere bisogno della tristezza o dell'indignazione per motivarci a fare ciò che è giusto, è folle. Come se diventare più chiari e più felici significhi diventare meno gentili. Come se, dopo avere trovato la libertà, lei passasse tutto il giorno seduta a grattarsi il mento. La mia esperienza è l'opposto. L'amore è azione. È chiaro, è gentile, è privo di sforzo ed è irresistibile.

27

Che cos'è un uomo buono, se non il maestro di un uomo cattivo?
Che cos'è un uomo cattivo, se non il lavoro di un uomo buono?
Se non lo capisci sei perduto, per quanto intelligente tu sia.
Questo è il grande segreto.

Come potrei non essere disponibile per chiunque viene a chiedere il mio aiuto? Io amo le persone esattamente così come sono, che si vedano come santi o come peccatori. So che ognuno di noi è al di là delle categorie, imperscrutabile. Non è possibile rifiutare le persone a meno che tu non creda alle tue storie su di loro. In realtà, io non accetto né rifiuto: accolgo tutti a braccia aperte.

Ciò non significa che io condoni il male che le persone fanno, o qualunque forma di mancanza di gentilezza. Ma nessuno è cattivo per natura. Quando qualcuno danneggia un altro essere umano, è perché è confuso. Ciò è vero per le persone comuni quanto per gli assassini e gli stupratori con cui lavoro nelle carceri. Hanno difeso, fino alla morte, i sacri pensieri stressanti in cui credevano.

Se ad esempio vedo una madre che picchia il suo bambino, non rimango da parte lasciando che la cosa accada, e non mi metto a farle la predica. Sta mettendo in atto innocentemente un sistema di credenze che non ha indagato. Credendo ai suoi pensieri stressanti "Mio figlio è disobbediente", "Non mi ascolta", "Non dovrebbe rispondermi", "Non doveva fare quello che ha fatto", "Devo costringerlo a obbedire", è costretta a usare la forza. È molto doloroso essere confusi. Perciò, quando vedo una madre, che è me, picchiare un bambino, che è me, mi rivolgo alla madre, che è la causa del problema. Posso avvicinarmi e dire: "Posso aiutarla?", o forse "So quanto faccia male picchiare i figli. L'ho fatto anch'io. Possiamo parlarne?". L'amore non sta a guardare, si muove alla velocità della chiarezza. Include sia la madre che il figlio. Aiutare la madre a lavorare ai suoi pensieri è aiutare anche il figlio. E so che in fondo non lo faccio per nessuno di loro, lo faccio per me stessa, per il mio senso di giustizia. In questo modo l'attivismo diventa molto personale e, nella mia esperienza, è più efficace con una mente chiara e nessun programma.

Lo stesso vale per qualunque impegno. Mantengo i miei impegni con le persone perché esse sono impegni per me. Sono affari *miei*: non ha niente a che fare con l'altra persona. Diversi anni fa, quando ero a Colonia, un amico tedesco mi chiese di andare a trovarlo all'hospice il più in fretta possibile. Stava morendo e disse che il suo più profondo desiderio era che gli tenessi la mano e lo guardassi negli occhi mentre moriva. "Certo", dissi, "vengo immediatamente". L'hospice era in un'altra città, a circa un'ora di macchina. Un altro amico tedesco si offrì di farmi da autista. Senza dirmelo, aveva in mente di fare delle commissioni in quella città mentre io ero con il morente.

Quando arrivammo vicino all'hospice, iniziò a chiedere ai passanti le indicazioni per i luoghi in cui doveva andare. Gli ricordai che avevo un impegno da mantenere. Non mi badò e continuò a chiedere informazioni. Gli battei sulla spalla, lo guardai diritto negli occhi e gli dissi con chiarezza: "Per favore, metti in moto. Devo andare subito all'hospice". Non mi prestò attenzione. Dopo altri cinque minuti, dopo avere raccolto le sue informazioni, continuò a guidare e mi lasciò davanti all'hospice. Mi precipitai alla porta e bussai. Aprirono due suore con un'espressione seria. Dissi chi ero e risposero che era troppo tardi: Gerhard era appena spirato.

Ebbi il pensiero: "Sono arrivata troppo tardi", e simultane-amente sorse ad accoglierlo un silenzioso: *È vero?* Sentii un caldo sorriso interiore. Se avessi creduto di essere arrivata trop-po tardi mi sarei sentita triste, delusa e arrabbiata con il mio autista, arrabbiata con me stessa per avergli dato fiducia, e devastata per avere abbandonato Gerhard al momento della sua morte. Ma sono sempre sicura che il tempismo della realtà è migliore del mio. Avevo fatto del mio meglio, e quello era stato ovviamente il momento perfetto per il mio arrivo, né trop-po presto né troppo tardi.

Dissi alle suore che volevo vedere Gerhard e mi accompa-gnarono nella sua stanza. Mi sedetti accanto a lui. I suoi occhi erano spalancati, sembrava sorpreso. Gli presi la mano, rimasi con lui, e fu una meravigliosa visita silenziosa. Amo mantene-re i miei impegni.

28

Conosci il maschile,
eppure attieniti al femminile:
ricevi il mondo tra le tue braccia.

Senza una storia, io non sono personale né impersonale, né maschio né femmina. Non c'è una parola per ciò che sono. Chiamarlo niente è non vero come chiamarlo qualcosa. Chi ha bisogno di dargli un nome, nel mezzo della vita e della morte? Fa ciò che fa: mangia, dorme, cucina, pulisce, parla con un amico e segue la sua strada, deliziato.

Amo ciò che penso e non sono mai tentata di crederci. I pensieri sono come il vento o le foglie sugli alberi o le gocce di pioggia che cadono. Non sono personali, non ci appartengono, semplicemente vengono e se ne vanno. Quando sono accolti con comprensione, sono amici. Io amo le mie storie. Amo essere una donna, anche se non lo sono. Amo il modo in cui il mio corpo sessantatreenne scorre e si apre. Amo i simboli femminili, i bei vestiti e i bei tessuti, gli orecchini, come scintillano e oscillano, le collane, i colori, la fragranza dei profumi, la sensazione degli shampoo e dei saponi. Amo la morbidezza vellutata della mia pelle. (A volte accarezzo la mano di Stephen per dieci minuti prima di scoprire che è la mia mano). Amo la generosità della pelle, l'efficienza con cui lavorano i miei organi, l'eleganza delle mie gambe. A volte, alzando il braccio per prendere una maglia, mi capita di vedere i miei seni, e il piacere che sperimento è immenso. *Com'è possibile proiettare un corpo così magnifico?*, penso. *Com'è bello e strano!*

Quando Stephen mi tocca, ogni volta è uno shock e una sorpresa. Non lo interrompo pensando alla fine, non mi do internamente nessuna spiegazione di ciò che sta accadendo, che cosa significa il contatto: ne sento semplicemente il potere e il calore, la forza interiore con ogni ondata di sensazioni. È l'esperienza di aprirsi all'amato; è tutto; è l'ignoto, l'incensurato, l'infinito, ciò a cui non si sopravvive, che si apre senza paura alla prossima ondata e alla prossima ancora. Ogni risposta che appare in reazione al contatto, al toccare l'altro, è un mistero. E proprio quando penso che non può aprirsi più, si apre di nuovo. Io non so che cos'è o che cosa sto toccando o che cosa mi sta toccando; so solo che è sempre nuovo e buono al di là di qualunque spiegazione, e amo le consistenze, le forme, la morbidezza, gli odori, i sapori, il naturale essere adatto e scorrere di ogni parte, la reazione dell'altro, la sua forza nel ricevere; è tutto un'unica intensità e il corpo diventa come un filo in cui passa la corrente, un vivente filo elettrico senza guaina protettiva, e non so né mi preoccupo di dove il corpo - il mio corpo, il suo - andrà o di ciò che sta accadendo o di ciò che accadrà. La consapevolezza è sempre viva, sveglia nell'immobile, non toccato, sempre presente notare, focalizzarsi, guardare *in quanto* quel cambiamento senza tempo, in quanto il suo stesso miracolo.

29

Il mondo è sacro.
Non si può migliorare.
Se interferisci, lo rovinerai.
Se lo tratti come un oggetto,
lo perderai.

Il mondo è perfetto. Mentre indaghi la tua mente, diventa sempre più evidente. La mente cambia e di conseguenza il mondo cambia. Una mente chiara guarisce tutto ciò che ha bisogno di essere guarito. Non può mai essere spinta con l'inganno a credere che vi sia anche un solo granello fuori posto.

Ma alcuni prendono l'intuizione che il mondo è perfetto e ne fanno un concetto, e così concludono che non c'è nessun bisogno di impegnarsi nella politica o nell'azione sociale. Questa è separazione. Se qualcuno venisse a dirti: "Sto soffrendo, aiutami per favore", risponderesti: "Sei perfetto esattamente così come sei" e gli volteresti le spalle? Il nostro cuore risponde naturalmente alle persone e agli animali in bisogno.

La realizzazione non ha nessun valore finché non viene vissuta. Andrei in capo al mondo per aiutare una persona che sta soffrendo. Le persone disperate, prive di speranza, sono le cellule non illuminate del mio corpo. È del mio corpo che si tratta: il corpo del mondo è il *mio* corpo. Mi lascerei annegare in un'acqua che non esiste? Mi lascerei morire in una stanza delle torture immaginaria? *Mio Dio*, penso, *là c'è qualcuno che crede davvero che ci sia un problema.* Ricordo quando pensavo anch'io che ci fosse un problema. Come posso dire di no quando una persona chiede aiuto? Sarebbe come dire no a me stessa. Così dico sì e vado, se posso. È un privilegio. Anzi, è molto di più: è amore di sé.

Le persone *sono* perfette esattamente nel modo in cui sono, per quanto intensamente possano soffrire, ma non lo sanno ancora. Perciò, quando incontro qualcuno che soffre, non dico: "Oh, non c'è problema, è tutto perfetto". Anche se vedo che non c'è mai un problema, e sono disponibile ad aiutare a vederlo, dire quello che vedo non sarebbe gentile. Quella parte del mio corpo sta soffrendo, per quella persona *non* è tutto perfetto, perché crede che non lo sia. Anch'io sono stata imprigionata nella stanza delle torture della mente. Sento che cosa pensa di avere bisogno, ascolto la sua tristezza o disperazione, e sono disponibile. È attivismo in pieno. Alla presenza di qualcuno che non vede un problema, il problema scompare: il che dimostra che non c'è un problema.

La gente mi chiede: "Come fai ad ascoltare tutti questi problemi giorno dopo giorno, anno dopo anno? Non prosciuga tutta la tua energia?". No, non lo fa. Ho indagato i miei pensieri stressanti e ho visto che ognuno di essi è falso. Ogni pensiero che sembrava un serpente velenoso è in realtà una corda. Potrei imbattermi in quella corda per mille anni e non farmi mai più spaventare. Vedo chiaramente ciò che alcuni non vedono ancora. Tutte le persone del mondo potrebbero imbattersi in quella corda e scappare urlando, e io non avrei paura per loro, non mi spiacerebbe per loro e non sarei affatto preoccupata per loro, perché so che non sono mai in pericolo, so che non si faranno assolutamente del male. Mentre loro urlano "serpente", io vedo solo una corda.

Se hai un problema con le persone o con la condizione del mondo, ti invito a mettere i tuoi pensieri stressanti su carta e a indagarli, e a farlo per amore della verità, non per salvare il mondo. Rigira: salva il tuo mondo. Non è soprattutto per questo che vuoi salvare il mondo? Per poter essere felice? Bene, salta gli intermediari e sii felice ora! Tu sei proprio quello. In questo rigiro tu rimani attivo, ma non c'è paura, non c'è guerra interna. Ciò mette fine all'essere guerra cercando di insegnare la pace. La guerra non può insegnare la pace. Solo la pace può farlo.

Io non tento di cambiare il mondo, mai. Il mondo cambia da solo e io sono parte di quel cambiamento. Io sono assolutamente, totalmente un'amante di ciò che è. Quando le persone mi chiedono aiuto, io dico sì. Indaghiamo e loro iniziano a mettere fine alla loro sofferenza, e in questo modo iniziano a mettere fine alla sofferenza del mondo.

Io sto nella mia verità e non presumo di sapere che cos'è la cosa migliore per il pianeta. Sapere che il mondo è perfetto non significa non fare niente o smettere di fare ciò che sai che per te è giusto fare. Se ad esempio sei preoccupato per l'ambiente, esponici tutti i fatti. Fai uno studio esauriente, se occorre vai all'università, aiutaci a tirarci fuori. Se ci parli con chiarezza, senza un'agenda e senza investimento nei risultati, possiamo ascoltarti, perché sei al nostro livello. Non stai parlando da una posizione superiore, da una posizione di io-so. Se sai che siamo tutti uguali, che tutti stiamo facendo del nostro meglio, puoi essere il più potente attivista del pianeta.

L'amore è il potere. Conosco un unico modo di essere un attivista che può davvero farsi strada nell'umanità, ed è quello di esporre i fatti, di raccontare onestamente la tua esperienza e di amare senza condizioni. Non puoi convincere il mondo di niente, anche se è per il bene stesso del mondo, perché alla fine la tua presunta rettitudine verrà smascherata quando, dibattendo in pubblico con un rappresentante dell'inquinamento industriale, gli punterai contro il dito con indignazione. È questo che nascondi quando credi: "Io so che cos'è meglio per il pianeta".

Se attacchi un rappresentante dell'industria accusandolo di distruggere l'atmosfera, per quanto valida sia la tua informazione, pensi che sarà aperto a quello che dici? Con il tuo atteggiamento lo stai minacciando, e i fatti possono andare perduti perché stai agendo a partire dalla paura e da un'indignazione che credi legittima. Tutto ciò che sentirà è che tu pensi che lui stia sbagliando, che è colpa sua, e quindi negherà e farà resistenza. Ma se gli parli senza stress, con totale fiducia nel fatto che tutto è esattamente come deve essere in questo momento, potrai esprimerti con gentilezza, con efficacia, e senza paura riguardo al futuro.

La violenza insegna solo violenza. Lo stress insegna stress. Se ripulisci il tuo ambiente mentale, noi ripuliremo il nostro ambiente fisico molto più rapidamente. È così che funziona. E se lo fai sinceramente, senza violenza nel tuo cuore, senza rabbia, senza indicare nell'industria il nemico, la gente inizierà a notare. Inizieremo a darti ascolto e a vedere che il cambiamento attraverso la pace è possibile. Deve iniziare da una persona. Se non tu, chi?

Il mondo ti metterà alla prova in tutti i modi affinché tu possa vedere quell'ultimo, piccolo pezzo dentro di te che è ancora incompleto. È una situazione perfetta. Scacco matto.

30

*Comprende che l'universo
è sempre fuori controllo
e che cercare di dominare gli eventi
va contro il flusso del Tao.*

Come rispondiamo a un mondo che sembra fuori controllo? Il mondo sembra essere in questo modo perché *è* fuori controllo: il sole sorge che lo vogliamo o no, il tostapane si rompe, qualcuno ti blocca mentre vai al lavoro. Non abbiamo mai avuto il controllo. Abbiamo l'*illusione* del controllo quando le cose vanno nel modo in cui pensiamo che debbano andare. E quando non lo fanno diciamo di avere perso il controllo e aneliamo a un qualche stato illuminato al di là di tutto ciò, in cui immaginiamo che avremo di nuovo il controllo. Ma ciò che vogliamo davvero è la pace. Pensiamo che avendo il controllo o diventando "illuminati" (e nessuno sa che cosa significhi) troveremo la pace.

Prima di risvegliarmi alla realtà nel 1986, avevo un simbolo per questo: le calze dei miei figli. Ogni mattina le calze erano sul pavimento e ogni mattina avevo il pensiero: "I miei figli dovrebbero raccogliere le loro calze". Era la mia religione. Si potrebbe dire che il mio mondo era sempre più fuori controllo: nella mia mente c'erano calze ovunque. Ed ero piena di rabbia e di depressione perché credevo che quelle calze non appartenessero al pavimento (anche se, un mattino dopo l'altro, erano lì) e che fosse compito dei miei figli raccoglierle (anche se, un mattino dopo l'altro non lo facevano). Uso il simbolo delle calze, ma tu puoi scoprire che gli stessi pensieri si applicano all'ambiente o alla politica o al denaro. Pensiamo che queste cose dovrebbero essere diverse da come sono esattamente in questo momento e soffriamo perché crediamo ai nostri pensieri.

A quarantatre anni, dopo dieci anni di profonda depressione e disperazione, iniziò la mia vera vita. Ciò che ero arrivata a vedere era che la mia sofferenza non era il risultato di non avere il controllo: era il risultato dell'oppormi alla realtà. Scoprii che, quando credevo ai miei pensieri, soffrivo, ma quando non ci credevo non soffrivo, e questo è vero per ogni essere umano. La libertà è davvero così semplice. Scoprii che soffrire è un optional. Ho trovato in me una gioia che non è mai più scomparsa, nemmeno per un istante. Questa gioia è in tutti, sempre. Quando indaghi la tua mente per amore della verità, la tua vita diventa sempre più felice e più gentile.

L'indagine aiuta la mente sofferente a smettere di opporsi alla realtà. Ci aiuta ad allinearci al continuo cambiamento. Dopo tutto, il cambiamento avviene comunque, che ci piaccia o no. Tutto cambia. Ma quando siamo attaccati ai nostri pensieri su come le cose dovrebbero cambiare, non avere il controllo ci fa sentire a disagio.

Attraverso l'indagine entriamo in un'area in cui abbiamo il controllo: il nostro pensiero. Indaghiamo i nostri pensieri su come, ad esempio, il mondo sembra essere impazzito. E arriviamo a vedere che la pazzia non è mai stata nel mondo, ma in noi. Il mondo è una proiezione del nostro pensiero. Quando comprendiamo il nostro pensiero comprendiamo il mondo, e iniziamo ad amarlo. In ciò c'è pace. Chi sarei senza il pensiero che il mondo ha bisogno di essere migliorato? Felice dove sono in questo momento: la donna seduta su una sedia al sole. Molto semplice.

Adesso i miei figli raccolgono le calze, mi dicono. Ora capiscono, mi amano senza condizioni, perché quando divenni quieta poterono udire se stessi. Tutto ciò che io disfo, devono disfarlo anche loro; essi sono me, e vivono ciò che credevo. Il mondo apparente è come un'eco. L'eco è uscita da me per quarantatre anni e ora mi sta ritornando. È come un respiro, come un lago in cui getti un sasso: le onde si sono allontanate per tutti questi anni e ora stanno tornando indietro. Io ho disfatto la confusione e anche i miei figli la stanno perdendo. Stanno perdendo l'attaccamento a tanti concetti che proprio io gli avevo insegnato, stanno diventando tranquilli. Questo è ciò che Il Lavoro fa per tutti. È questo che intendo con ritornare a se stesso.

L'apparente follia del mondo, come qualunque altra cosa, è un dono che possiamo utilizzare per rendere la nostra mente libera. Ogni pensiero stressante che hai ad esempio riguardo al pianeta, ti fa vedere dove sei bloccato, dove la tua energia si esaurisce perché non accoglie la vita così com'è, senza condizioni. Non puoi liberarti trovando un cosiddetto stato illuminato al di fuori della tua mente. Quando indaghi ciò che credi, alla fine arrivi a vedere che tu sei l'illuminazione che stavi cercando. Finché non riuscirai ad amare ciò che è - tutto, inclusa l'apparente violenza e follia - sei separato dal mondo e lo vedrai pericoloso e spaventoso. Invito tutti a mettere questi pensieri di paura su carta, a indagarli e diventare liberi. Quando la mente non è in guerra con se stessa, in essa non c'è separazione. Io ho sessantatre anni e sono illimitata. Se avessi un nome, sarebbe Servizio. Se avessi un nome, sarebbe Gratitudine.

Potresti scoprire che non hai bisogno di navigare in nessun futuro, che ciò che appare ora è tutto ciò che hai e che anche questo se ne va sempre immediatamente. E quando smetti di muovere guerra alla realtà, tu *sei* ciò che cambia, totalmente senza controllo. Questo stato di continuo cambiamento è creazione priva di limiti: efficiente, libera e bella al di là di ogni descrizione.

31

*Le armi sono gli strumenti
della paura.*

La difesa è il primo atto di guerra. Quando la gente mi dice-va: "Katie, non stai ascoltando", io scattavo subito e dicevo: "Certo che ascolto! Come osi dire questo? Chi credi di esse-re? Io ascolto!". Non capivo che ero *io* che facevo la guerra difendendo me stessa. Ed ero io che potevo farla finire. Non occorrono due persone per mettere fine alla guerra, ne basta una sola.

La personalità odia le critiche e ama l'accordo. Di fatto, per la personalità, l'amore non *è* nulla di più che un accordo. Un rapporto è due persone che concordano reciprocamente con le storie dell'altro. Io sono d'accordo con te, tu mi ami. E nel momento in cui non sono d'accordo con te, nel momento in cui metto in dubbio le tue sacre credenze, divento il tuo nemi-co; divorzi da me nella tua mente. Poi inizi a cercare tutti i motivi per i quali hai ragione e rimani focalizzato fuori di te. Quando sei focalizzato all'esterno e credi che il tuo problema sia causato da qualcun altro, invece che dal tuo attaccamento alla storia a cui credi nel momento, sei la tua stessa vittima e la situazione sembra essere senza speranza.

Il tuo partner è il tuo specchio. Salvo che per il modo in cui lo percepisci, non esiste nemmeno per te. È chi tu vedi che sia, e in definitiva sei di nuovo solo tu, che pensi. Sei soltanto tu, sempre, sempre e sempre, e in questo modo rimani cieco a te stesso e ti senti giustificato e perduto. Pensare che il tuo partner non sia altro che un tuo specchio è doloroso. Quindi, quando lo vedi difettoso in qualunque modo, puoi essere sicuro che lì c'è il tuo difetto. Il difetto deve essere nel tuo pensiero, perché sei tu quello che lo proietta. Tu sei sempre ciò che giudichi che noi siamo nel momento. Non ci sono eccezioni. Tu sei la tua stessa sofferenza, tu sei la tua stessa felicità.

Non c'è altro modo per unirti realmente al tuo partner che quello di liberarti della tua credenza di aver bisogno di qualcosa da lui che lui non ti dà. Niente può costarti qualcuno che ami. Non c'è niente che tuo marito possa fare per impedirti di amarlo. L'unico modo in cui puoi perderlo è credere a quello che pensi. Sei una con tuo marito finché non credi che lui debba essere in un certo modo, che debba darti qualcosa, che debba essere qualcos'altro rispetto a quello che è. È così che divorzi da lui. Proprio qui e adesso hai perduto il tuo matrimonio.

Naturalmente, a volte è meglio andarsene fisicamente. Se tuo marito abusa di te, indaga i tuoi pensieri sul perché rimani. Illuminandoti a ciò che è vero, puoi arrivare a vedere che l'unica scelta salutare è lasciarlo. Puoi amarlo con tutto il cuore e semplicemente sapere di non vivere con lui. Non dobbiamo essere impauriti, amareggiati o arrabbiati per mettere fine a un matrimonio. Oppure, se non sei pronta ad andartene, puoi rimanere nel matrimonio, ma con una maggiore consapevolezza di come stai abusando di te stessa permettendo all'altro di abusare di te. È come un cortile con un grande cartello sul cancello: CANE CHE MORDE. Se entri una volta nel cortile e vieni morsa, il cane ti ha morso. Se entri nel cortile una seconda volta e vieni morsa, sei stata tu a morderti. Questa consapevolezza può cambiare tutto. Indagando la tua mente, inizi a comprendere che in definitiva nessuno può farti del male: solo tu puoi fartelo. Vedi che sei responsabile al cento per cento della tua felicità. Questa è una bellissima notizia.

Se mio marito avesse una relazione e se a me non andasse bene, direi: "Tesoro, so che hai una relazione e mi accorgo che, quando fai così, qualcosa dentro di me tende ad allontanarsi da te. Non so cosa sia, so soltanto che è così; rispecchia il tuo allontanamento da me e voglio che tu lo sappia". Poi, se continuasse la sua relazione, se preferisse passare il suo tempo con un'altra donna, potrei accorgermi di allontanarmi, ma non per questo dovrei lasciarlo con rabbia. Non c'è nulla che possa fare per rimanere con lui e non c'è nulla che possa fare per divorziare da lui. Non sono io che dirigo questo spettacolo. Potrei rimanere con lui o divorziare rimanendo in uno stato di totale amore, e pensare: *è affascinante, ci siamo promessi di vivere assieme per sempre e adesso sto divorziando da lui*, e probabilmente mi metterei a ridere, sarei felice che lui abbia quello che vuole e passerei ad altro, perché in me non c'è guerra. Un'altra potrebbe divorziare da suo marito pensando: "Non avrebbe dovuto avere quella relazione", "Mi ha fatto soffrire", "Non mi merita", "Non ha mantenuto le promesse", "È senza cuore". In entrambi i casi, il movimento è lo stesso. L'unica differenza è la storia. Quel viaggio lo farai comunque, in entrambi i casi. La domanda è: urlerai e strepiterai, oppure te ne andrai con dignità, generosità e pace? Non puoi importelo, non puoi fingere, non puoi costringerti a essere spirituale o amorevole. Sii semplicemente onesta e indaga i tuoi pensieri. E quando ti diranno: "Che cosa terribile questo divorzio!", potresti rispondere: "Capisco che la vediate così, e non è affatto la mia esperienza".

Non occorrono due persone per mettere fine a un matrimonio, ne basta una sola. E se sono state due a mettervi fine, la vita può essere due volte meravigliosa.

Torno dal lavoro e apro il frigorifero. Il mio snack preferito è lì che mi aspetta. So il punto esatto in cui l'ho messo: sul ripiano più in alto, a destra... Non c'è! L'ha mangiato lui! Sento che ridacchio dentro di me. Non ci sono pensieri stressanti, come "È privo di riguardi, sapeva che era mio, ero così ansiosa di mangiarlo, e lui ha rovinato tutto". Non un attacco di snack: un attacco di pensiero! Se avessi questi pensieri e ci credessi, inizierei a sentirmi irritata da Stephen, forse addirittura arrabbiata e risentita. La realtà è che capisco istantaneamente che è meglio per me che lui abbia mangiato il mio snack. Anzi, sono contenta che l'abbia mangiato. Non riesco a non sorridere. Anche se in quel momento non ne ero consapevole, viene fuori che l'ho comprato per *lui*. Sono felice sapendo di essere stata così premurosa. Sono anche premurosa verso me stessa vedendo le cose in questo modo.

Quando Stephen torna a casa, glielo dico. Ridiamo entrambi. Dice che non aveva capito che avevo comprato lo snack per me. Gli dico quanto sono felice che l'abbia mangiato lui e gli chiedo inoltre di verificare con me la prossima volta, per vedere se è davvero per lui. È d'accordo. Capisco che potrà ricordarselo oppure no. Sono eccitata che quello che avevo pianificato non è corrisposto alla realtà. Avevo immaginato di mangiare io lo snack, ed è accaduto qualcosa di ancora più dolce.

32

Se uomini e donne di potere
rimanessero centrati nel Tao,
tutte le cose sarebbero in armonia.

Quando perdi il filtro che io chiamo una storia, inizi a vedere la realtà così com'è: semplice, brillante e più gentile di quanto avessi potuto immaginare. C'è una risonanza che non lascia mai il centro. Arrivi a onorarla, perché realizzi che non hai nessuna vita autentica al di fuori di essa.

Ovunque tu sia, sei al centro dell'universo. Non c'è grande o piccolo. Galassie ed elettroni esistono soltanto nella tua percezione. Tutto ruota attorno a te. Tutto esce da te e ritorna a te.

Può sembrare egoismo. Ma è l'opposto dell'egoismo: è totale generosità. È amore per tutti e tutto ciò che incontri, perché ti sei illuminato a te stesso. Non c'è niente di più gentile che sapere Chi sei. La consapevolezza del tuo sé - l'unico sé che è mai esistito o che esisterà mai - ti lascia automaticamente centrato. Diventi la tua stessa storia d'amore. Sei auto-stupito, auto-deliziato. Sei solo, per sempre. Non ti piace? *Guarda il tuo meraviglioso sé!*

Ero abituata a credere che ci fossero un tu e un me. Poi ho scoperto che non c'è nessun tu, che di fatto tu sei me. Non ci sono due di cui prendersi cura, o tre, o quattro, o un miliardo. C'è solo uno. Che sollievo! È enorme! "Vuoi dire che non c'è niente da fare? Che se io sto bene, tutto va bene?". Sì, esattamente questo. È auto-realizzazione. Tutto ti cade dolcemente, senza sforzo, in grembo.

Tu non sei solo il centro, sei la circonferenza. Sei l'intero cerchio e sei anche qualunque cosa al di fuori della circonferenza. Niente può limitarti o circoscriverti. Tu sei tutto. Sei tutto ciò che puoi immaginare: dentro, fuori, in alto, in basso. Niente esiste che non esca da te. Capisci? Se non esce da te, non può esistere. Che cosa stai manifestando? Stelle? Universi? Un albero? Un uccello? Una pietra? Allora, chi è il pensatore? Osserva: esisteva qualcosa prima che tu lo pensassi? Quando dormi e non stai sognando, dov'è il mondo?

Quando realizzai per la prima volta che c'ero solo io, mi misi a ridere e la risata corse in profondità. Preferivo la realtà alla negazione. E quella fu la fine della sofferenza.

33

*Se rimani nel centro
e abbracci la morte
con tutto il cuore,
perdurerai per sempre.*

Una volta un medico prese un campione del mio sangue e ritornò con una faccia seria. Disse che aveva brutte notizie; gli spiaceva molto, ma avevo un cancro. Brutte notizie? Non riuscii a non ridere. Quando lo guardai, vidi che era decisamente sconcertato. Non tutti capiscono questo tipo di risata. In seguito risultò che non avevo il cancro, e anche quella fu una buona notizia.

La verità è che finché non amiamo il cancro non possiamo amare Dio. Non importa quale simbolo usiamo - povertà, solitudine, perdita - è il concetto di buono e cattivo che vi attribuiamo che ci fa soffrire. Una volta ero seduta accanto a un'amica con un brutto tumore, e i medici le avevano dato solo poche settimane di vita. Quando mi alzai dal letto per andarmene, disse: "Ti amo", e io dissi: "No, non è vero. Non puoi amarmi se non ami il tuo tumore. Qualunque concetto proietti sul tuo tumore, prima o poi lo proietterai su di me. La prima volta che non ti darò quello che vuoi, o che minaccerò quello in cui credi, proietterai quel concetto su di me". Potrebbe sembrare duro, ma la mia amica mi aveva chiesto di dirle sempre la verità. Le lacrime nei suoi occhi erano lacrime di gratitudine, disse.

Nessuno sa che cos'è bene e che cos'è male. Nessuno sa che cos'è la morte. Forse non è un qualcosa, forse non è nemmeno un niente. È il puro ignoto, e io amo che sia così. Immaginiamo che la morte sia uno stato dell'essere o uno stato del nulla, e ci spaventiamo da soli con i nostri concetti. Io sono un'amante di ciò che è: amo la malattia e la salute, l'andare e il venire, la vita e la morte. Vedo vita e morte come uguali. La realtà è buona; quindi la morte deve essere buona, qualunque cosa sia, se è qualcosa.

Alcuni mesi fa mi trovavo a Needles, una cittadina nel deserto della California meridionale dove vive mia figlia Roxann. Ero in drogheria assieme a lei, quando alcuni vecchi amici di famiglia che non incontravo da decenni mi videro. "Katie!", mi chiamarono, e mi vennero incontro raggianti. Mi abbracciarono, mi chiesero come stavo, glielo dissi e poi chiesero: "E come sta la tua cara mamma?". "Sta benissimo", risposi. "È morta". Silenzio. Improvvisamente i sorrisi erano spariti. Vidi che avevano un problema, ma non capivo quale. Uscite dal negozio, Roxann mi disse: "Mamma, non puoi parlare così alle persone. Non capiscono". Non ci avevo pensato. Avevo detto semplicemente la verità.

Finché la tua esperienza della morte non è un dono, il tuo lavoro non è finito. Se ti fa paura, ti indica qual è la prossima domanda. Non c'è nient'altro da fare; o credi a queste storie infantili o le indaghi: non c'è altra scelta. Che cosa c'è che non va bene nel morire? Chiudi gli occhi ogni notte e ti addormenti. La gente non vede l'ora; di fatto, qualcuno preferisce questa parte. E questo è il peggio che può accadere, salvo per la tua credenza che dice che c'è qualcos'altro. Prima di un pensiero non c'è nessuno, niente: solo pace che non si riconosce nemmeno come pace.

Quello che so sul morire è che quando non c'è via di fuga, quando sai che nessuno verrà a salvarti, non c'è paura. Semplicemente non ti preoccupi. La cosa peggiore che può accadere sul tuo letto di morte è una credenza. Niente di peggio di ciò è mai accaduto. Quindi, se giaci sul tuo letto di morte e il medico dice che per te è finita e tu ci credi, tutta la confusione finisce. Non hai più niente da perdere. E in quella pace ci sei soltanto tu.

Le persone che sanno che non c'è speranza sono libere; le decisioni sono al di fuori della loro portata. È sempre stato così, ma alcuni devono morire fisicamente per scoprirlo. Non stupisce che sorridano sul loro letto di morte. Morire è tutto ciò che hanno cercato nella vita: hanno abbandonato l'illusione di avere il controllo. Quando non c'è scelta, non c'è paura. Iniziano a comprendere che niente è mai nato salvo un sogno, e che niente morirà mai salvo un sogno.

Quando hai chiarezza sulla morte, puoi essere totalmente presente per qualcuno che sta morendo, e qualunque tipo di dolore sembra sperimentare, non influisce sulla tua felicità. Sei libero di amarla semplicemente, di tenerla e averne cura, perché è la tua natura a farlo. Arrivare da quella persona con la paura è insegnare la paura: lei ti guarda negli occhi e riceve il messaggio che è in una brutta situazione. Ma se arrivi in pace, senza paura, guarda nei tuoi occhi e vede che tutto ciò che accade è buono.

Morire è proprio come vivere. Ha il suo modo e tu non puoi controllarlo. La gente pensa: *Quando muoio voglio essere cosciente*. È irrealizzabile. Anche voler essere cosciente di qui a dieci minuti è irrealizzabile. Puoi essere cosciente soltanto adesso. Tutto ciò che vuoi è qui in questo momento.

Mi piace raccontare una storia di un amico che aspettava una rivelazione al momento della morte, conservando le sue energie e tentando di essere perfettamente cosciente. Alla fine spalancò gli occhi, ansimò e disse: "Katie, siamo larve". Profonda consapevolezza sul suo letto di morte. Io dissi: "Tesoro, è vero?". E il riso semplicemente sgorgò da lui. La rivelazione era che *non* c'era alcuna rivelazione. Le cose sono perfette così come sono; solo un concetto può togliercelo. Pochi giorni dopo morì, con un sorriso sul volto.

Avevo un altro amico che stava morendo ed era sicuro di

sapere quando il suo ultimo istante sarebbe arrivato. Ma noi moriamo esattamente nel momento giusto, nemmeno un istante troppo presto o troppo tardi. Quell'uomo era impegnato a seguire il *Libro tibetano dei morti*, e i suoi amici gli avevano promesso che sarebbero andati a fare i riti descritti nel libro. Quando li chiamò vennero, celebrarono i riti, e lui non morì. Tornarono a casa e qualche giorno dopo era di nuovo sicuro di sapere che il suo ultimo momento stava per arrivare; gli amici arrivarono, fecero di nuovo tutti i riti, e di nuovo non morì. La stessa cosa accadde altre due o tre volte, e alla fine tutti pensavano: *Quando ce la farà?* Erano stati chiamati così tante volte! Era come il bambino che gridò al lupo, al lupo. Mi chiese se potevo andarlo a trovare un certo giorno per un numero preciso di ore, e dissi: "Se posso, verrò certamente". Ma, mentre stava davvero morendo, le persone che aveva incaricato non si preoccuparono di chiamarmi. Non era il modo che aveva in mente lui; invece, era perfetto.

Oh, le storie! Io le amo. Che cos'altro *c'è*?

34

Il grande Tao scorre ovunque.

La mente sembra scorrere ovunque, ma è l'immobile, ciò che non si è mai mosso. Appare come tutte le cose. Alla fine vede che nessun luogo è dove essa è.

Il suo lavoro incessante è l'auto-realizzazione. Si sente umile, perché vede che ciò che non è stato creato non può essere reclamato. Lo splendore dell'umiltà è tutto ciò che le rimane. Rimane in uno stato di gratitudine per tutto: per se stessa.

Mentre la mente realizza un mondo dopo l'altro, realizza la non-esistenza, e quindi non si può aggrappare a niente. Non c'è niente da afferrare, e questa è la sua libertà. Inizia continuamente di nuovo, negli infiniti non-mondi del sé: ordinaria, equilibrata, centrata, l'inizio, la fine.

35

Chi è centrato nel Tao
può andare dove vuole senza pericolo.
Percepisce l'armonia universale
anche in mezzo a grande dolore,
perché ha trovato la pace nel suo cuore.

Non devi pensare per essere "a posto". Non siamo noi che creiamo il pensiero: veniamo pensati. Non c'è niente da sapere, quindi non devi pretendere di sapere qualcosa. Sei assolutamente al sicuro. Non c'è niente che puoi fare per vivere e niente che puoi fare per morire.

Se sei centrato nella realtà, puoi andare dove desideri senza pericolo. Non è un atto di coraggio. Non contiene nessun rischio, perché il pericolo avviene solo nel futuro e il futuro non può mai arrivare. Fondamentalmente niente è reale; perciò, quando la gente parla di violenza, io noto che è proprio la violenza che stanno usando, in questo momento, contro la realtà. Perché dovresti avere paura della realtà? La realtà è benevola per coloro che vedono con chiarezza.

Una volta, non molto dopo il mio risveglio nel 1986, un sacerdote cristiano mi disse: "Tu sei troppo aperta. Non hai confini né resistenze, e questo è pericoloso. Entità maligne potrebbero venire a impossessarti di te, perché tutte le tue porte sono aperte, e potrebbero fare un terribile danno a te e a tutti noi". In quei giorni ero come un bambino: credevo quasi sempre a tutti. Ma quando quell'uomo parlò del maligno, sapevo che quello che stava dicendo non era possibile. Gli credetti quando diceva che ci sono delle cose chiamate entità, perché a quel punto non avevo nessun motivo per non farlo. Ma, per me, "maligno" voleva dire "confuso". Chiunque creda che il male esista è spaventato, e quindi è confuso. E io sapevo che tutto è benvenuto qui, tutto. Questo corpo non è mio, e tutto ciò che ha bisogno di entrare è benvenuto. Questo mi delizia. Che cosa potrebbe entrare ed essere in grado di sopravvivere alla verità? La verità è il potere che ci rende liberi e non c'è nient'altro che possiamo fare al riguardo. Non *c'è* niente di terribile nel mondo. Il male è soltanto un'altra storia che ci impedisce di aprirci all'amore. Ciò che so è che Dio è tutto e Dio è buono.

Posso andare ovunque, perché per me tutto è una metafora; è tutto interno. L'esterno è il mio interno. Non c'è modo per cui io non possa vivere una vita priva di paura. Sono radicata nella realtà. La amo e non posso proiettare nient'altro che amore.

Gerusalemme: sono stata invitata a Gaza da un palestinese che ha appena partecipato a uno dei miei eventi. Sì, è ovvio che ci andrò, non vedo perché no. I miei amici ebrei ortodossi israeliani dicono: "No, no, non puoi, è molto pericoloso, la povertà è spaventosa, è gente disperata e violenta, non gli piacerà che tu insegni agli ebrei, potrebbero non lasciarti tornare in Israele". Sono molto attaccati alle loro storie e pensano di star tentando di salvarmi. Non capiscono che le loro storie sono tutte su un futuro che non esiste. Nessuna di queste storie è valida per me. Ascolto con mente aperta e, poiché non credo a quello a cui credono loro, continuo a prendere accordi per incontrare il mio nuovo amico arabo dall'altra parte del muro.

E, oh, che muro e che posto di controllo! Entro a Gaza e le fogne corrono a cielo aperto, ci sono venti o trenta persone che vivono in un appartamento di due stanze, alcuni edifici hanno grandi voragini, e va tutto bene. Cammino ovunque. Bambini a piedi nudi mi corrono incontro con grandi sorrisi, mi invitano nelle case, mangio cibi buonissimi per strada, parlo alla gente mentre il mio amico traduce, facciamo Il Lavoro. Un uomo dice di avere sette fori di pallottole nel corpo; me ne mostra qualcuno e dice che gli hanno sparato perché tirava pietre contro i soldati israeliani. Quando parla di politica, ribolle di confusione e disperazione. Crede ancora che tirare pietre sia il modo per cambiare le cose. Le pallottole non l'hanno convinto a pensare diversamente. Questo è il potere del credere ai nostri pensieri insensati.

Sono libera di andare ovunque nel mondo, con chiunque, in qualunque momento. Non posso proiettare pericolo. Non ci sono limiti rispetto a dove andare. Amo andare, perché amo ciò con cui viaggio. La salute mentale non soffre, mai. Una mente chiara è bella e vede solo il suo stesso riflesso. Si inchina umilmente a se stessa, cade ai propri piedi. Non aggiunge niente e non toglie niente; conosce semplicemente la differenza tra ciò che è reale e ciò che non lo è. E, di conseguenza, il pericolo non è una possibilità.

Un amante di ciò che è non vede l'ora per tutto: vita, morte, malattia, perdita, terremoti, bombe, qualunque cosa che la mente potrebbe essere tentata di definire "cattivo". La vita ci dà tutto ciò di cui abbiamo bisogno per farci vedere quello che non abbiamo ancora disfatto. Niente al nostro esterno può farci soffrire. A parte i nostri pensieri non indagati, ogni luogo è il paradiso.

"I miei figli non dovrebbero soffrire"

SARAH: *Ho bisogno di proteggere i miei figli, altrimenti potrebbe accadergli qualcosa di brutto.*

KATIE: "Hai bisogno di proteggere i tuoi figli": **è vero?**

SARAH: Ovviamente, so che è ridicolo, perché sono tutti grandi, hanno la loro vita e sono adulti in gamba, con dei figli a loro volta. Ma è come una pulsione istintuale. Sento il bisogno di proteggerli.

KATIE: Sì, tesoro, e la tua risposta è sì o no?

SARAH: È sì. Ma non *voglio* più farlo, né nei confronti di me stessa né dei miei figli. È difficile.

KATIE: Sento che *vuoi* proteggere i tuoi figli.

SARAH: Sì. Giusto.

KATIE: Bene, stiamo arrivando a quello che è vero per te. "Non voglio più prendermi cura di loro. Loro non vogliono che io lo faccia, sono stanca, non voglio farlo più": **è vero?** No. [Il pubblico ride]

SARAH: No.

KATIE: "Hai bisogno di proteggere i tuoi figli": **puoi sapere con assoluta certezza che è vero?**

SARAH [dopo una pausa]: No, non posso saperlo. Non posso sapere se è quello di cui ho davvero bisogno.

KATIE: Bene, tesoro. È di primaria importanza. È una cosa di primaria importanza che devi capire da sola. **Come reagisci, cosa avviene, quando credi a quel pensiero?** Come reagisci quando credi di aver bisogno di proteggere i tuoi figli, e in realtà loro stanno perfettamente bene senza la tua protezione? Questa è la prova. Osserva la tua mente che pensa: "Sì, ma...". Come reagisci quando credi al pensiero "Ho bisogno di proteggere i miei figli" e loro non vogliono il tuo aiuto o non puoi andare da loro o non puoi aiutarli quando pensi che abbiano bisogno di te?

SARAH: Mi chiudo. Mi preoccupo continuamente per loro.

KATIE: E quando ti chiudi e ti preoccupi, come tratti i tuoi figli? Esamina a fondo.

SARAH: Suppongo di essere iperprotettiva.

KATIE: Io lascerei stare il "suppongo". [Il pubblico ride] Che cosa fai esattamente?

SARAH: Gli do continuamente consigli. Cerco di convincerli a essere prudenti, a non correre rischi. Quando se la passano bene, io sono un passo oltre e mi preoccupo per quello che potrebbe accadere dopo. Cerco di controllare la loro vita. A volte non sono così gradevole.

KATIE: Oh, tesoro! **Chi saresti senza quel pensiero?** Chi saresti se non potessi pensare il pensiero "Ho bisogno di proteggerli?".

SARAH [dopo una pausa]: Sarei molto meno ansiosa. Sarei una donna che vive la sua vita lasciando che i figli vivano la loro. Sarei qualcuno che non pensa di avere bisogno di controllare il mondo perché i suoi figli siano al sicuro. Sarei felice.

KATIE: Ora rigira il pensiero. "Hai bisogno di proteggere i tuoi figli": **rigira.**

SARAH: *Non* ho bisogno di proteggere i miei figli.

KATIE: È altrettanto vero o più vero?

SARAH: È più vero. Lo vedo. Ma, Katie, non voglio che soffrano. È una cosa che sento nel profondo.

KATIE: Non vuoi che soffrano. Perché no?

SARAH: Non è quello che sente ogni madre? Voglio soltanto che siano felici.

KATIE: Perché non vuoi che soffrano? Quando soffrono, che cosa accade a *te*?

SARAH: Soffro anch'io.

KATIE: *Tu* soffri. Non è per questo che non vuoi che *loro* soffrano? È importante vederlo con chiarezza.

SARAH: Per me *non* è chiaro. Vedere uno dei miei figli soffrire è peggio che soffrire io.

KATIE: Deve essere peggio, perché stai proiettando quello che loro stanno sentendo. Stai proiettando su di loro le tue sensazioni. Sono le tue sensazioni che ti fanno star male, non il loro dolore.

SARAH [dopo una pausa]: È vero.

KATIE: E quando lo fai, chi è che ci sta passando? Chi sta soffrendo? Sei tu.

SARAH: Hm...

KATIE: Guardi la loro sofferenza e proietti che è, diciamo, sei o sette su una scala da uno a dieci; e per quello che sai sarebbe solo uno, ma la tua sofferenza per la loro sofferenza è sette.

SARAH: Sì, potrebbe essere.

KATIE: Ecco una cosa che dico spesso: quello che amo dei corpi separati è che, se tu hai male, io no. Non è il mio turno. E quando ho male, sarò sincera. Ho male. Guarda le lacrime nei miei occhi: questo è il mio dolore, non il tuo. In questo momento tu sei libera dal dolore, e anche libera di aiutarmi, se puoi. Se proietti il mio dolore e lo sperimenti come se fosse tuo, come potresti essere disponibile ad aiutare? E quando stai male *tu*, non devo stare male io.

SARAH: Come riesci a non farlo?

KATIE: Ho fatto Il Lavoro. Ho indagato la mia mente. Ero stanca del dolore e mi affascina come la mente può essere libera. Più sei libera e più ami te stessa. L'amore di sé ama tutto ciò che vede. È tutto ciò che ha da proiettare sul mondo. "Ama il prossimo tuo come te stesso". Era sempre: mi odio, ti odio. Oggi mi amo e non c'è niente che posso fare per non amarti. È così che funziona. Ora pensa al momento peggiore della tua vita, la cosa peggiore di cui hai sofferto.

SARAH: Fatto.

KATIE: L'hai superata, no?

SARAH: Certo. È stata dura, ma l'ho superata.

KATIE: Bene. Quindi, chi pensi di essere per credere che *loro* non possano farcela? Se tu ci riesci, perché dovresti credere che loro non possano superare qualunque difficoltà la vita gli presenti?

SARAH: Capisco.

KATIE: Sì, tesoro. Tu hai superato le tue difficoltà, perciò che cosa ti fa credere che loro non siano capaci e coraggiosi almeno quanto te? Che cosa ti fa credere che abbiamo meno strumenti per sopravvivere dei tuoi?

SARAH: Quello che mi viene in mente in questo momento è che

da piccoli non li avevano.

KATIE: Davvero? Questa è buona. "Da piccoli non avevano questi strumenti per sopravvivere". **Rigira**: "Io non avevo...".

SARAH: Giusto. Io non avevo strumenti per sopravvivere...

KATIE: "...quando loro...".

SARAH: Quando loro erano piccoli.

KATIE: Sì. Il "tu" creativo privo di paura non è sopravvissuto. Ho osservato i bambini, ho visto come sono privi di paura finché noi non gli insegniamo la paura. Sto ancora imparando degli strumenti di sopravvivenza da loro. Quando vanno a sbattere contro una porta, non si guardano attorno per vedere se qualcuno li ha visti. [Il pubblico ride]. Sto imparando degli strumenti di sopravvivenza dai miei nipoti che hanno due e tre anni. E imparo anche dai miei figli grandi. Guardo come superano i problemi nella loro vita, sorprendentemente - riesci a crederci? - senza il mio aiuto. Ma questo perché mi sono fatta da parte e ho guardato. Voglio conoscere i miei figli. Se invece sono lì a tentare di mettere tutto a posto, non posso sapere che hanno degli strumenti di sopravvivenza, perché mi metto sempre in mezzo prima di poterlo scoprire. E loro non hanno bisogno di strumenti perché io sono sempre lì! È questo che insegniamo quando ci mettiamo in mezzo prima che ci venga richiesto.

SARAH: Sì, capisco.

KATIE: Quindi, il motivo per cui non vuoi che i tuoi figli soffrano è perché tu soffri se loro soffrono. Riguarda solo te. Ora, che cosa accadrebbe se questi figli non fossero lì, se gli accadesse qualcosa? Supponiamo che siano in una condizione di continuo dolore e i medici dicano: "Non c'è più niente da fare", e l'eutanasia non è legale.

SARAH: Questo è il peggiore dei miei incubi.

KATIE: Sì, è qui che va la mente non indagata. "I miei figli soffriranno sempre e non c'è niente che io possa fare". E così rimani con te stessa e la tua sofferenza, perché è fuori del tuo controllo. E ci sei solo tu ad affrontare la cosa. Per questo mi piace affrontarla *prima* che la vita accada. In questo modo sono preparata alla vita e posso essere di molto più aiuto. È molto più efficiente. Sono qui per fare quello che posso, non quello che non posso e che non è necessario.

SARAH: Sì, posso capirlo.

KATIE: Quando un'altra persona soffre, non c'è niente che io possa fare al riguardo, salvo forse abbracciarla o portarle una tazza di tè e farle sapere che sono totalmente disponibile. Ma lì è dove deve finire. Il resto sta alla persona. E dato che io ce l'ho fatta, so che anche lei può farcela. Io *non* sono speciale.

SARAH: È così profondo...

KATIE: La vita ti metterà alla prova. Quindi, quando loro soffriranno e l'eutanasia non è legale e non vuoi andare in prigione per omicidio e il medico dice che avranno dolore per il resto della loro vita, diciamo per altri vent'anni o per altri cinquanta, non c'è niente che tu possa fare. Tutti i medici dicono che non si può fare niente, che le cose stanno così, che soffrono terribilmente. "Non saresti capace di sopportarlo": **è vero?**

SARAH: Ragazzi, sembra davvero vero.

KATIE: E io ti chiedo di guardare più in profondità. Verifichiamo una piccola realtà! "Non saresti capace di sopportarlo": **puoi sapere con assoluta certezza che è vero?**

SARAH [dopo una lunga pausa]: No, non posso saperlo con assoluta certezza. Per quanto ne so, forse *sarei* capace di sopportarlo.

KATIE: Certo che lo saresti! Nessuno in questa sala non sarebbe capace di sopportarlo. È così. Saresti là a soffrire per la loro sofferenza, poi sentirai il bisogno di andare in bagno. Ritornando dal bagno, vedresti qualcosa o sentiresti un odore e per quell'istante dimenticherai che i tuoi figli stanno soffrendo. Poi ti verrà fame. Mangerai e forse il cibo ti piacerà e forse ti sentirai in colpa perché il cibo ti è piaciuto. Poi ti annoierai di stare nella stanza dell'ospedale. "Ho bisogno di un po' d'aria fresca!". Troverai una scusa per uscire e penserai di essere una madre orribile perché esci... mentre muori dalla voglia di uscire. Poi pensi che il lettino nella stanza d'ospedale non è comodo come il letto a casa tua, e così andrai a casa e ti metterai a letto. In un modo o nell'altro, lo sopporteresti.

SARAH: Sì, è vero. Nella mia esperienza è vero.

KATIE: **Come reagisci, cosa avviene, quando credi al pensiero** "Non riuscirei a sopportarlo?". Come reagisci quando credi a questa menzogna? E la definisco una menzogna perché sei stata tu stessa a dire che non è vero, che non puoi sapere se è vero.

SARAH: Mi si stringe la gola, sento un peso nel petto e nella pancia. E fantastico sulle cose ancora più terribili che potranno accadere in seguito.

KATIE: Esattamente. La tua mente va nel futuro e crea l'inferno, crea ancora più sofferenza del problema apparente che stai affrontando, come se questo non bastasse. E allora come tratti... supponiamo che sia tua figlia. Come tratti tua figlia, che sperimenta quel terribile dolore? Come tratti tua figlia quando credi al pensiero "Non riesco a sopportarlo?".

SARAH: Sono terrificata e schiacciata. Mi allontano da lei. Il mio dolore mi sembra così intollerabile che non posso essere realmente lì per lei.

KATIE: Come tratti la vita quando credi al pensiero "Non riesco a sopportarlo?". Ci separiamo dalla vita, no? "Non riesco a sopportarlo! Non posso sopportare di vederla così!". È tua figlia. **Chi saresti senza quel pensiero?**

SARAH: Sarei molto più tranquilla. Sarei fiduciosa. Riuscirei a guardarla negli occhi e a tenerle la mano, per quanto terribilmente stia soffrendo.

KATIE: Sì, tesoro, questo sarebbe più vero per la tua natura. **Rigira.**

SARAH: Io *riuscirei* a sopportarlo.

KATIE: Sì. Riuscirei a sopportare di vederla così. Qui non sono io che ho dolore! È lei. Tu sei confusa. Riguarda soltanto te. Me, me, me, me, io, io, me, io. E ancora me, io, io, io, me. "*Io* non riesco a sopportarlo", mentre tua figlia sta morendo. E il tuo cuore è chiuso. E ci chiediamo perché siamo così separati dalla vita. È perché crediamo a pensieri come "Non riesco a sopportarlo", mentre invece possiamo sempre.

SARAH: Oh, Dio mio! È stupefacente. Non l'avevo mai capito prima di questo momento.

KATIE: Risvegliarti alla realtà è stupirti, essere stupita dalla tua forza, dal tuo amore, dalla tua devozione. **Chi saresti** alla presenza di quel figlio **senza il pensiero** "Non riesco a sopportarlo"?

SARAH: Sarei vigile e presente, credo.

KATIE: Lo credo anch'io. E sono stata messa alla prova. So che cos'è essere pienamente presente per un figlio che soffre o per una madre che muore. Non c'è separazione, perché non credo al pensiero "Non riesco a sopportarlo". Sono così intima con loro. Se moriranno, non voglio perdere un solo momento con loro. Ma il pensiero "Non riesco a sopportarlo" ci tiene separati. Nella nostra mente sono già morti, e invece sono ancora vivi.

SARAH: Io *riesco* a sopportarlo.

KATIE: È bello venire a contatto con la realtà. Il contatto di una madre con la realtà è una cosa meravigliosa.

SARAH: Tantissime grazie, Katie. Non so dirti quanto questo sia utile.

KATIE: Grazie a te. Amo che tu abbia capito che puoi sopportare qualunque cosa la vita ti presenti. Dà un momento di sollievo ai tuoi figli. E certamente lo dà a te. E ti offre un chiaro esempio del potere dell'amore.

36

*Se vuoi liberarti di qualcosa,
prima devi lasciare che fiorisca.*

Sono giunta a vedere che non esistono le critiche, esistono solo osservazioni. E non c'è osservazione che non mi illumini, se la mia mente è aperta. Che cosa mi si potrebbe dire su cui potrei non essere d'accordo? Se qualcuno mi dice che sono una persona orribile, vado dentro me stessa e in due secondi posso scoprire dove, nella mia vita, sono stata una persona orribile; non occorre una grande ricerca. E se qualcuno dice che sono una persona meravigliosa, posso trovare facilmente anche questo. Si tratta di auto-realizzazione, non di giusto o sbagliato. Si tratta di libertà.

Quando, ad esempio, qualcuno mi dice che ho mentito, vado dentro per vedere se ha ragione. Se non lo trovo nella situazione che la persona ha menzionato, posso facilmente trovarlo in qualche altra situazione, forse decenni fa. Non lo dico a voce alta. Ma dentro di me c'è una risonanza. E allora posso dire: "Io *sono* una bugiarda. Vedo dove tu hai ragione su di me". E siamo d'accordo. Quella persona comprende chi ero io una volta, la stessa cosa che ho iniziato a capire vent'anni fa. Mi innamoro delle persone che sono arrabbiate con me. Sono come persone che soffrono sul letto di morte: non le scrolliamo dicendo "Tirati su". È lo stesso quando qualcuno è arrabbiato e ti attacca. È un essere umano confuso. Se io sono chiara, dov'è che non potrei incontrarlo? Sono i momenti più felici, quando ci diamo senza condizioni.

Ho un bel po' di pratica su questo punto. Paul, il mio ex marito, gridava molto contro di me, soprattutto dopo che ebbi un po' di chiarezza nel 1986. Non era contento del mio cambiamento. Si lamentava per tutta la casa, urlando: "Ma chi sei, maledizione? Dov'è la donna che ho sposato? Che cosa ne hai fatto di lei? Tu non mi ami. Se mi amassi, rimarresti a casa e non viaggeresti. Tu ami chiunque altro quanto ami me". E ovviamente aveva ragione, dal suo punto di vista. Equiparava l'amarlo con fare quello che voleva lui, e la sua storia veniva ogni volta prima della realtà. Quando mi urlava contro, il suo petto e il suo volto si allargavano, si gonfiava come un pallone, diventava rosso e rumoroso, e agitava continuamente le braccia. Tutto ciò che io vedevo era un caro uomo che aveva paura di perdermi e che faceva il meglio che poteva. Urlava contro se stesso, pensando di farlo contro di me. E io lo amavo e lo apprezzavo e ascoltavo la musica delle sue recriminazioni, mentre la sua immaginazione creava la moglie che non si curava di lui e si allontanava sempre più dalla realtà, così lontano che la distanza sembrava incolmabile. Alla fine, ferito e arrabbiato, si allontanava da me come se io non esistessi. E infatti non esistevo.

Se una critica ti ferisce, significa che ti stai difendendo da quella critica. Il tuo corpo ti fa sapere con grande chiarezza quanto ti senti ferito o sulla difensiva. Se non fai attenzione, il sentimento cresce e diventa rabbia e attacco, sotto forma di difesa o di giustificazione. Non è giusto o sbagliato; semplicemente, non è intelligente. La guerra non è intelligente. Non funziona. Se sei davvero interessato alla tua pace mentale, diventerai sempre più consapevole di questo senso di volerti difendere dalle critiche. E alla fine sarai affascinato dallo scoprire le parti dimenticate di te stesso che la critica ti sta utilmente indicando, e chiederai a quella persona di dirti dell'altro, per poterti illuminare ancora di più.

Le critiche sono un dono immenso per coloro che sono interessati all'auto-realizzazione. Per coloro che non lo sono, benvenuti all'inferno, benvenuti all'essere in guerra con il vostro partner, i vostri vicini, i vostri figli, il vostro capo. Quando apri le braccia alle critiche, sei il tuo stesso sentiero diretto verso la libertà, perché non puoi cambiarci o cambiare quello che pensiamo di te. Sei il tuo unico modo di porti con un amico come un amico, anche quando l'altro ti percepisce come un nemico. E finché non riuscirai a essere intimo con noi, per quanto male noi pensiamo di te, il tuo Lavoro non è finito.

Dopo aver svolto l'indagine per un po' di tempo, puoi ascoltare qualunque critica senza difese o giustificazioni, apertamente, gioiosamente. È la fine del tentativo di controllare ciò che non può essere mai controllato: la percezione delle altre persone. La mente riposa e la vita diventa più gentile, e poi totalmente gentile, anche in mezzo all'apparente scompiglio. Quando sei consapevole di essere uno studente, chiunque al mondo diventa il tuo insegnante. In assenza di atteggiamento di difesa, la gratitudine è tutto ciò che rimane.

37

Il Tao non fa mai nulla,
eppure attraverso di esso tutto è fatto.

Prova a non fare niente. Non puoi. Sei respirato, sei pensato, sei mosso, sei vissuto. Non c'è niente che puoi fare per non mangiare quando è il momento di mangiare, o per non dormire quando è il momento di dormire. Se osservi semplicemente, lasciando venire tutto ciò che viene e lasciando andare tutto ciò che va, puoi realizzare in ogni momento che non hai bisogno di niente se non di quello che hai.

Dove sono adesso le tue mani? Chi le ha messe lì? L'hai fatto *tu*? E poi, indipendentemente da quello che pensi, tu - esso - viene mosso di nuovo. Forse ha mosso il tuo piede. Forse ha deglutito o ha strizzato i tuoi occhi. Nota semplicemente. È così che entri nel non-fare, dove tutto va dolcemente al suo posto.

La miracolosa vita del non-fare ha una sua intelligenza. Io realizzo che non sto facendo niente, e in questa consapevolezza la pienezza che è sempre presente viene riconosciuta. Posso scoprirmi a canticchiare o a sorridere mentre le cose vengono semplicemente fatte. E un opposto che è ugualmente bello deve rispecchiare la pienezza; Dio deve rispecchiare Dio. L'esperienza è gioia senza personalità o investimento, che guarda da occhi ignoti.

Non le mie parole, non la mia presenza, niente che mi riguardi ha valore per gli altri. Ciò che ha valore non può essere visto né udito. Io sono invisibile. Ma quello che le persone *possono* vedere attraverso l'indagine, è la loro verità. Lì è il valore; è quello che puoi sperimentare quando sei stanco di soffrire. Puoi allungare la mano e averlo, perché è tuo. Ogni volta che sembra personale, come se io fossi quella che ce l'ha, non può essere accettato, perché non c'è niente di personale e le persone lo sanno nel profondo. Puoi fare le quattro domande e trovare te stesso. Le domande sono la via che ti riporta al tuo sé. A loro non importa la storia. Aspettano soltanto che tu risponda.

38

Il Maestro non cerca di essere potente,
così è veramente potente.

Il Maestro non cerca di essere potente, perché comprende quanto non sia necessario. Il potere non ha bisogno di una pianificazione. Tutto gravita attorno ad esso. Ad ogni istante nascono nuove opzioni. È come un mortaretto del Quattro Luglio: lo accendi con un fiammifero e le scintille sprizzano. Ogni momento è così, una nuova opportunità da utilizzare. Se qualcuno dice di no, il Maestro vede le opzioni come le scintille che sprizzano dal suo centro. Il no apre la porta a qualcosa che non si poteva prevedere. Qui c'è una via e là c'è una via. Ogni via viene dall'apertura del Maestro alle possibilità. Vedendo la saggezza del no, lei tiene la porta aperta a qualcosa di meglio.

Io non ho mai la sensazione che qualcosa che non ho fatto non sia stato fatto. Vedo le cose che non vengono fatte come cose che hanno bisogno di una tempistica diversa; io e il mondo stiamo meglio senza di loro, per adesso. Ho centinaia di e-mail che mi aspettano sul mio computer, alcune da parte di persone che aspettano disperatamente la mia risposta, ma non mi sento mai frustrata per non avere tempo di rispondere. Faccio del mio meglio e so con chiarezza che la gente non ha bisogno di me; poiché proveniamo tutti dalla stessa saggezza, gli altri possono dare a se stessi ciò di cui hanno bisogno se io non sono disponibile. Ciò che importa realmente è sempre a disposizione di tutti. Niente viene prima del suo momento, e non è mai accaduto niente che non dovesse accadere.

Il mio lavoro è portare l'indagine alla gente. Oltre a ciò, non c'è niente da offrire. So che in definitiva le persone non hanno bisogno del mio aiuto. Giro il mondo aiutando le persone, così sembra, e sto soltanto aiutando egoisticamente me stessa. Quando dici: "Aiutami", lo capisco. Ci sono passata anch'io. Ma anche se potessi darti la libertà, non lo farei. Ti amo troppo per farlo. Lascio a te la tua libertà. Questo è il dono.

Il mio lavoro è quello di cancellarmi. Se ci fosse un adesivo per rappresentare la mia vita, la scritta direbbe: CTRL-ALT-CANC, www.thework.com. È lì che invito tutti a unirsi a me. Unisciti a me e cancella il tuo bellissimo io. È l'unico posto in cui *possiamo* incontrarci. Io lo chiamo amore.

39

Il Maestro guarda le parti
con compassione,
perché comprende il tutto.
L'umiltà è la sua pratica costante.

La voce interiore è ciò che onoro. È ciò a cui sono sposata. Questa vita non appartiene a me. La voce dice: "Lava i piatti": benissimo. Non ne conosco il motivo, lo faccio e basta. Se non eseguo l'ordine, benissimo lo stesso. Ma questo è un gioco su dove la vita mi porterà se eseguo. Non c'è niente di più eccitante di dire sì a una cosa così folle. Io non ho niente da perdere. Posso permettermi di essere matta.

Che divertimento sarebbe essere Dio se non potessi cogliere un barlume di me stessa allo specchio? E che mi piaccia o no, questo è ciò che sono. Sono vanità, totale vanità. Quando le persone sono attaccate al loro aspetto e alla loro salute, viene da una fonte sincera; è soltanto mal diretto. È pura innocenza.

L'ego - la mente proiettata come un corpo, come un tu - non è altro che un'immagine riflessa che pensa di essere Dio e che interpreta male il mondo. È l'immagine allo specchio che pensa di essere la fonte, prendendo erroneamente Esso per se stessa, invece che se stessa come un semplice riflesso di Esso. È sotto la dolorosa illusione di essere separata. Ma la verità è che l'ego va dove Dio va. Dio - la realtà - è tutto. L'ego non ha opzioni. Può protestare quanto vuole, ma se Dio si muove, *si* muove.

Quando qualcuno dice che il mondo è un luogo terribile,

diventa un campione della sofferenza, proiettando che qui c'è qualcosa di sbagliato, qualcosa di meno che bello. È l'immagine riflessa che non sa di essere solo un'immagine riflessa. Tu sei l'*è*, il riflesso, il movimento senza storia. Appena lo realizzi, ti unisci alla fonte; il riflesso si muove, senza discutere, in quanto fonte. E questa è semplice consapevolezza, la gioia di quello che la gente chiama il mondo e che io chiamo l'immagine di Dio stesso che danza.

L'umiltà è ciò che accade quanto ti scopri e ti smascheri a te stesso, e realizzi che non sei nessuno e hai sempre cercato di essere qualcuno. Allora muori e rimuori in questa verità. Muori in ciò che hai fatto e in chi sei stato, ed è una cosa molto dolce; in essa non c'è colpa né vergogna. Diventi totalmente vulnerabile, come un bambino piccolo. Difese e giustificazioni cadono continuamente, e muori nel fulgore di ciò che è reale.

Quando notai la scomparsa del sé e vidi che la sua costruzione era assolutamente non valida, ciò che rimase era reso umile dal riconoscimento. Tutto si dissolse, tutto quello che avevo immaginato di essere. Compresi che non ero nulla di tutto ciò, che tutto ciò che rappresentavo era inconsistente e ridicolo. E ciò che ne rimaneva continuava a crollare, finché alla fine non rimase niente per cui essere umile, non rimase nessuno per essere umile. Se ero qualcosa, ero gratitudine. Quando il cerchio si chiude in questo modo, è difficile dire se il sentimento è umiltà o gratitudine. I nomi non si applicano più.

La gratitudine, potremmo dire, è ciò che rimane dell'esperienza dell'umiltà. Questa è la mia posizione preferita. È un senso di baciare la terra, di *leccare* la terra per la sua pura squisitezza, baciare i piedi del maestro che è ogni cosa senza eccezione. C'è un tale senso di gratitudine per non essere più la persona che pensa di sapere e che deve vivere in base a quella mente limitata e claustrofobica. E naturalmente sono anche quella persona. Ricordo quando credevo a quei pensieri, perciò ho un punto di riferimento, capisco come vedono gli altri. Guardo la loro confusione con nient'altro che amore, perché sono bambini innocenti che sentono che qualcosa non va, eppure si muovono verso la polarità che non funziona mai, là dove vogliono vincere, farlo nel modo giusto, fare di più, avere di più, pianificare, difendere, proteggere, essere amati, essere ammirati e provare la vergogna di accontentarsi di meno del desiderio del loro cuore.

40

Ritornare è il movimento del Tao,
cedere è la via del Tao.

Non puoi averlo, perché lo *sei* già. Tu hai già ciò che vuoi, sei già ciò che vuoi. Questo è il meglio che ci sia. Appare così, ora: perfetto, senza difetti. Opporsi a esso è sperimentare una menzogna. Il Lavoro può darti questa meravigliosa consapevolezza: la consapevolezza della menzogna e del potere della verità, la bellezza di ciò che realmente è.

Le quattro domande disfano ogni storia e il rigiro riporta al narratore di storie, a te. Tu sei il narratore. Sei diventato le storie che ti sei raccontato. E tu sei ciò che vive prima di ogni storia. Ogni storia, ogni cosa, è Dio: la realtà. Emerge apparentemente da se stessa e appare come una vita. Vive continuamente dentro la storia, finché la storia finisce. Uscendo da me stessa, sono apparsa come la mia storia, finché le domande mi hanno riportata a casa. Amo che l'indagine sia così infallibile. Storia: sofferenza. Indagine: non storia (non sofferenza). La libertà è possibile in qualunque momento.

Quando dico cose come: "Finché non sarò libera di essere felice alla presenza del mio più grande nemico, il mio lavoro non è finito", la gente può sentirlo come un motivo per fare l'indagine. Non è così: è un'osservazione. Se fai Il Lavoro con qualunque tipo di motivo, anche il migliore dei motivi - far ritornare tuo marito o guarire il tuo corpo o salvare il mondo - non sarà sincero, perché stai cercando un certo tipo di risposta e non permetterai che le risposte più profonde vengano alla superficie. Solo quando non sai quello che cerchi puoi essere aperto alle risposte che cambieranno la tua vita. Qualunque motivo diverso dall'amore per la verità non funzionerà. È la verità che ti rende libero. Questa è un'affermazione accurata, non solo qualcosa scritto da qualche parte in una bibbia. E la verità di cui stiamo parlando non è la verità di qualcun altro: è la tua verità. Questa è l'unica verità che può renderti libero.

Cedere o arrendersi a essa così com'è, è facile quando la tua mente è chiara. Ciò che la gente chiama arrendersi è in realtà un notare. Noti che tutto scompare continuamente e lo celebri mentre ritorna al luogo da cui è venuto: non-esistenza, non-creato. E alla fine arrendersi smette di essere necessario. La parola implica che c'è qualcosa di esterno a te a cui arrenderti. Ma tu noti semplicemente ciò che non è, ciò che è andato, ciò che in primo luogo non puoi mai dimostrare che sia esistito: un suono, un nome, un'immagine, una voce. Continui a notare, finché alla fine non c'è niente a cui arrenderti.

La mente si arrende a se stessa. Quando non è in guerra con se stessa, sperimenta un mondo che è completamente gentile: la mente benevola proietta un mondo benevolo. Non può più convalidare la sofferenza su questa terra, perché ha messo fine alla sofferenza dentro di sé. Diventa totalmente priva di pietà, totalmente amorevole.

La gente mi chiede come faccio a vivere se niente ha significato e se io non sono nessuno. È semplice. Noi veniamo vissuti. Non siamo noi a farlo. Senza una storia, ci muoviamo senza sforzo, con fluidità, senza resistenza. Questa possibilità può essere spaventosa per coloro che pensano di avere il controllo. Quindi indaga i tuoi pensieri e vedi come la vita procede in modo molto più gentile senza un tu. Anche nell'apparente collasso del mondo, io vedo solo gioia.

Se tu sapessi quanto sei importante, ti frammenteresti in un miliardo di pezzi e saresti semplicemente luce. Qualunque concetto ti allontana dalla consapevolezza di ciò. Se sapessi davvero chi sei senza la tua storia, dovresti essere il privo di nome, l'illimitato, l'estatico: un folle, pazzo d'amore. È così doloroso vivere fuori dalla luce. Non so come la gente ci riesca. Era così doloroso che sono riuscita a farlo solo per quarantatre anni (quarantatre secoli).

41

La via diretta sembra lunga.

La via diretta può sembrare lunga, perché la mente ti parla di una distanza e ti ipnotizza con le sue prove. Quando credi a questo pensiero, senti la fatica che lo accompagna, la pesantezza, lo stress. Ma la via diretta non è lunga. In realtà, non esiste nessuna distanza. Dove potresti andare, se non dove sei già ora? Come potresti andare in qualche altro posto? La via diretta significa realizzare che l'inizio e la fine di ogni viaggio è dove sei sempre.

Non puoi prendere una decisione. Puoi solo sperimentare una storia su come l'hai presa. Le decisioni si prendono da sole; accadono; arrivano quando il momento è giusto. Mi piace chiedere: "Sei tu che decidi di respirare?". No? Bene, forse non sei neppure tu a pensare o a prendere decisioni. Forse la realtà non si muove finché non si muove, come un respiro, come il vento. E quando racconti la storia di come tu stai agendo, impedisci a te stesso la consapevolezza di essere natura che scorre perfettamente. Chi saresti senza la storia di dover prendere una decisione? Se è la tua integrità a prendere una decisione, prendila. E prova a indovinare? Cinque minuti dopo potresti cambiare idea e chiamarlo di nuovo "tu".

Io amo come la mente cambia. La guardo e rimango stabile in quella delizia. Amo il dolce movimento e il gusto della mente che cambia. Io mi muovo mentre si muove, senza un atomo di resistenza. Muta come il vento. Dico sì perché non c'è nessun motivo per dire no, e dico anche no altrettanto facilmente. Il no è privo di sforzo come il sì. Dico tutto ciò che so che è vero per me. A volte, questo confonde le persone; fraintendono, e ne fanno quello che devono farne. Mi è perfettamente chiaro che un no è amorevole quanto un sì, perché sto dicendo sempre sì alla mia integrità. E, quando viene dall'integrità, anche un no è un sì.

La mente cambia di continuo, sembra, e non cambia assolutamente mai. Io sono radicata in ciò che non può cambiare. Da qualunque luogo tu venga, io verrò da quella stessa posizione per incontrarti. Ecco perché alcune delle cose che dico sembrano contraddittorie. In momenti diversi vengo da direzioni diverse, e sono tutte vere. Ogni direzione è uguale. Può sembrare incoerente o un cane che cerca di mordersi la coda: sembra non andare da nessuna parte. Può suonare come qualcuno che parla per enigmi. Può confondere, e da un certo punto di osservazione non può essere seguito. Una persona che sta facendo Il Lavoro con me può non sentire nessuna contraddizione, perché in quel momento siamo intimamente uniti, mentre a una persona del pubblico può sembrare un non senso. Ma se ascolti senza pensare a quello che voglio dire, se ti immergi semplicemente nell'esperienza, andando dentro e rispondendo alle domande da solo, invece di aspettare che sia l'altro a rispondere, non lo sentirai come un non senso. Avrà perfettamente senso.

Quando lavoro con qualcuno, non penso al risultato. Non mi chiedo se lo capisci, o quanto è profonda la tua comprensione, o che cosa ne fai o quanto lontano ti porterà, o se stai facendo una totale resistenza o hai un importante risveglio. A me importa quello che a te importa. Se le tue risposte sono superficiali e limitate, per me va benissimo, perché vedo che questa è la profondità richiesta nel tuo mondo in questo momento. Se sembra che tu non faccia nessun progresso, capisco che l'illusione a cui ti aggrappi è preziosa per te, e se vuoi conservarla, è quello che voglio anch'io. Se, al contrario, il fondo si stacca mentre rispondi alle domande e tutto ciò che credevi di sapere se ne va, e cadi nell'abisso della realtà, amo che tu te lo stia donando; amo la polarità in cui sei entrato, la mente non-so, dove tutto è sorprendente, fresco e brillante, e sei come un bambino che scopre la vita per la prima volta. Ma questa non è la mia preferenza, a meno che non sia la tua. Perché dovrei volerti togliere il tuo mondo, anche se potessi? Niente arriva prima del suo momento.

Siamo tutti bambini, anche i più saggi tra noi. Siamo tutti bambini di cinque anni che stanno imparando a fare questa cosa chiamata vita. Quando qualcuno mi definisce saggia, rido al pensiero di vivere in modo così piccolo. La mente infinita salta sempre al di là di se stessa, lasciando il mondo nella polvere. Supera sempre il suo stesso genio. È un bambino ed è senza età. Vive nello sconosciuto, prospera nello sconosciuto. È il suo nutrimento e la sua delizia. È il luogo in cui il suo potere creativo è libero.

Un uomo con un ritardo mentale si avvicina mentre sto autografando i libri alla fine di una conferenza in una libreria. Ha un grande girovita e una testa piccola, un po' conica; la lingua gli penzola dalla bocca come quella di un cane, le mani e le braccia si agitano scompostamente, lo sguardo vaga di qua e di là. Non posso evitare di innamorarmi di lui, della sua autenticità, della bellezza di ciò. È chiaro che vuole che mi avvicini. Sono invitata nel suo mondo. "Ciao", dice. "Sono Bob". Parla molto lentamente, farfuglia le parole, sbava. Accetto il suo invito e mi avvicino, le nostre fronti si toccano. I suoi occhi incontrano i miei, poi sfrecciano di qua e di là; guardo fisso in quegli occhi e aspetto che ritornino. Dal nulla, le sue braccia mi avvolgono e attirano la mia guancia verso le sue labbra, e mi bacia con un leggero grugnito. Non ci sono parole per la sua generosità. Il momento perdura. Sembra sapere quello che io so: che è la luce della mia vita, il mio mondo, il mio tutto. Lo guardo negli occhi, poi dico: "Grazie per il bacio". E noto quanto il mio grazie sia giusto. L'esperienza dell'amore è vasta e consuma tutto; come potrebbe un semplice grazie essere abbastanza? Eppure lo è. Anche quando sei completamente consumato dall'amore, "Grazie" è tutto ciò che è necessario. Come farò a lasciare l'amore della mia vita? Mi sento dire: "Arrivederci, Bob. Ti amo". E noto la vita che entra dentro di me mentre mi allontano: la gente, le pareti, la porta. La vita continua a fluire dentro di me come quel caro uomo è fluito dentro di me. Ogni passo è dove sono, anche se sembra che mi stia muovendo. Che meraviglia non aver bisogno del mondo, non uscire verso di esso, ma permettergli sempre di incontrarmi e di entrare dentro di me. Scopro che in me c'è spazio per tutto, per tutti, per ogni situazione, per ogni aroma dell'essere. Amo l'apertura che io sono.

42

Le persone ordinarie
odiano essere sole.
Ma il Maestro abbraccia
la propria solitudine,
comprendendo di essere uno
con l'intero universo.

Siamo nati soli, moriamo soli e viviamo soli, ognuno sul suo pianeta percettivo. Nemmeno due persone si sono mai incontrate. Persino le persone che conosci meglio e che ami con tutto il cuore sono tue percezioni. Prima o poi, tu sei l'unico che rimane. Comprendi quanto sia meraviglioso? Dopo tutto, tu sei quello con cui vai a dormire e con cui ti svegli, sei quello che ordina il tuo piatto preferito e che ama la tua musica preferita. Sei sempre stato il tuo argomento preferito, il tuo *unico* argomento. Tutto riguarda te.

Non c'è niente di più dolce che essere con me stessa, assieme a me stessa. Il divertimento, la meraviglia dei pensieri! Sembrano così reali nella loro brillantezza, creano il mondo intero, la sua maestosità e il suo gioco, la vita dei sentimenti, le gioie che la mente produce come un nettare per se stessa. I pensieri appaiono dal nulla, si muovono come nuvole, cambiano, si dissolvono, sono spariti. Chi ha dato un nome al cielo? Come ha fatto a saperlo?

Siedo a occhi chiusi. Passano due ore e mi accorgo che non è apparso nemmeno un pensiero. Sento lacrime di gioia che scorrono sulle mie guance. Non le fermo, anche se la gioia sembra più grande di quella che posso contenere. Tutto ciò che è, tutto ciò che è stato e che potrebbe essere, è invitato a vivere con la sua massima forza, ora. Va benissimo se mi uccide; non importa, so non fermarlo. Divento così splendente, così priva di peso e vissuta, così accogliente senza paura, che la gioia può avere piena vita attraverso di me. E mentre tutto diventa visibile vedo la sua vera natura, che è amore. Tutto il resto viene bruciato mentre questa gioia si apre la strada dentro di me. Potrei baciare la terra, potrei fare l'amore con il fango, con il cemento, con le foglie, il suolo, la consistenza della realtà tra le dita che non possono afferrarla. Non c'è niente da afferrare, niente che può essere controllato. Noto che sto adorando non con le parole, ma con il palmo della mano contro la guancia. Dove finirà questo amore? Come potrei saperlo? Alla fine il singhiozzo diventa un delicato sospiro, un respiro, e poi nemmeno quello.

43

La cosa più gentile al mondo
vince la cosa più dura al mondo.

La cosa più gentile al mondo è una mente aperta. Poiché non crede a ciò che pensa, è flessibile, porosa, senza opposizione, senza difesa. Niente ha potere su di essa. Niente può resisterle. Nemmeno la cosa più dura al mondo, una mente chiusa, può resistere al potere dell'apertura. Alla fine la verità scorre in essa e attraverso di essa, come acqua attraverso una roccia.

Quando la mente diventa per la prima volta studente di se stessa, impara che niente al mondo può opporsi a essa: tutto è per essa, tutto la accresce, la illumina, la nutre, la rivela. Essa continua ad aprirsi perché è in uno stato privo di paura, privo di difese, ed è affamata di conoscenza. E, quando comprende di non essere niente, può penetrare in tutto, anche quando non c'è spazio per lei, non c'è spazio per riceverla.

Le persone hanno paura di non essere niente. Ma essere niente è solo un aspetto della cosa. Non solo il niente non deve far paura, ma è un motivo di festa. Senza la tua storia stressante non c'è stress, è ovvio! Quando non credi ai tuoi pensieri, ci sono solo risate e pace. Ci sono dei nomi per un luogo come quello. Io lo chiamo paradiso. E come la gente può sapere che cos'è il nulla finché continua a credere a quello che pensa? "Qualcosa è meglio di niente": puoi sapere con assoluta certezza che è vero?

La mente davvero aperta non ha altro scopo o obiettivo diverso dall'essere ciò che è. Non è attaccata a concetti di un sé e di altri. Comprende che in definitiva non ci sono esseri umani, non c'è mente. Quando la mente si apre, perdi tutto, con gratitudine. Sono seduta qui come una donna e nella prossima realizzazione sono una galassia o una formica. Non ha importanza. Perdi tutto, e poi c'è il rientro. In una giornata in cui ti senti splendidamente, non ti piace guardarti allo specchio? È la stessa cosa. Guardi nello specchio il nulla, deliziato. Quando non sei niente, è sempre una giornata meravigliosa.

Non so che cosa diventerà il mondo. Il mio corpo non è mai lo stesso due volte. È stanco, è riposato, è grande, poi è immediatamente sottile. Non riesco mai a riconoscerlo. Lo vedo vecchio, ed è piacevole. Poi cambia di nuovo sotto i miei occhi e diventa il corpo di una ragazzina. È come intravedere qualcosa, guardare di nuovo e non era affatto quella cosa. È assolutamente fantastico, poi si trasforma in qualcosa di imperscrutabile. Non so che cos'è o di chi è o perché è. E ciò che fa è affascinante. La sua stessa mano inizia a sfregare la sua stessa gamba, per nessun altro motivo che applicare una crema a una pelle che non ne ha bisogno. Poi terrà in mano una tazza di qualcosa e lo berrà, un liquido che chiamo tè, ad esempio, ma non posso sapere nemmeno questo. Il mio è un mondo di forme che cambiano continuamente. Non c'è nulla su cui posso fare affidamento, non la mia età, non il mio corpo, non chi è con me, non la mia identità, non il secolo, non il pianeta su cui vivo.

La mente appare, se appare, solo per mettere fine a se stessa. Prima viene il mondo proiettato, poi la mente che l'ha proiettato. Non ne rimane alcuna traccia. Il silenzio è tutto ciò che è possibile, l'apertura di non essere mai esistita in primo luogo. È qui che io vivo. Quando è finito, è finito. Non puoi crearlo o discrearlo. Non lo vorresti.

44

Quando comprendi
che niente è mancante,
il mondo intero ti appartiene.

Il successo è la storia di essere arrivato da qualche parte nel tuo percorso da un passato immaginato a un futuro immaginato. Io non ne ho nessuna idea. Per me, tutto ciò che faccio è un successo, il successo definitivo. Il mondo intero mi appartiene, perché vivo nella semplicità di ciò che è: donna seduta su sedia. Non c'è niente oltre a questo, nessun pensiero oltre a ciò. La stanza *è* il mondo intero. Sono un successo sedendo, sono un successo nel respirare. Se morissi in questo momento, sarei un successo nel *non* respirare. Come potrei fallire? Quando la mente è chiara, è impossibile commettere errori.

La realtà è gentile. La sua natura è gioia ininterrotta. Quando mi risvegliai dal sogno di Byron Katie, non rimase niente, e il niente era benevolo. È così benevolo che non riapparirebbe, non ricreerebbe se stesso. La cosa peggiore potrebbe accadere, la cosa più orribile che si può immaginare... l'intero pianeta potrebbe essere spazzato via, e lo vedrebbe come grazia, lo celebrerebbe, aprirebbe le braccia e canterebbe "Alleluia!". È così chiaro, così innamorato di ciò che è, che potrebbe sembrare crudele, persino disumano. Si prende cura totalmente e non si prende cura affatto, nemmeno un po', nemmeno se tutte le creature viventi dell'universo venissero cancellate in un istante. Come potrebbe reagire con qualcosa di diverso dalla gioia? È innamorato di ciò che è, qualunque forma prenda.

La realtà non è buona né cattiva. È più grande del buono e

del cattivo. Non ha un opposto, non c'è niente che non sia, non c'è niente che non sia come essa. La fine del dualismo non è la fine del mondo: è la fine della sofferenza. Il brillante, lo splendente: ecco ciò che chiamerei Dio, se dovessi dargli un nome. Ciò che non esiste, ciò che è al di là dell'esistenza, è più brillante del sole. Durante uno dei miei weekend intensivi, un uomo mi disse, con una bellissima luce sul volto: "Ho capito! È stupefacente, quello di cui parli è il paradiso sulla terra!". Dissi: "Hai davvero capito. Infatti, sto parlando *dal* paradiso alla terra" (Amo i miei piccoli giochi di parole). Quando inizi a risvegliarti dai tuoi sogni di inferno o purgatorio, il paradiso albeggia su di te in un modo che l'immaginazione non può comprendere. Poi, continuando a indagare le tue credenze, realizzi che anche il paradiso è soltanto un inizio. C'è qualcosa di meglio del paradiso. È l'eternamente infinitamente creativo, senza senso. Non può fermarsi per il tempo o lo spazio e nemmeno per la gioia. È così splendente che ti libererà di ciò che è rimasto di te nelle profondità della meraviglia che tutto consuma.

Non riesco a trovare niente oltre al fulgore. È ovunque, ed è già andato via prima ancora di accadere. È così che la forma sembra avvenire. E nel momento in cui la forma appare, la causa originaria è già scomparsa; così un gusto, un odore o una visione scompaiono appena sembra che stiano accadendo, e la mente è così deliziata che non sperimenta mai gli effetti. Non saresti deliziato anche tu se conoscessi il segreto della vita, lo scherzo cosmico che è continuamente in atto? Lo scherzo è che non esiste niente. Vedi che tutti i pensieri stressanti sono già scomparsi, comprendi che non hanno nessuna sostanza e provi un'intensa delizia. Allora vedi che tutte le cose belle, tutte le cose che ami, la grande arte e la musica e la letteratura, tutte le persone che ami più profondamente, la nostra intera civiltà, questa amata terra, tutto l'infinito universo, sono scomparsi, e tu sorridi con triplice delizia, perché realizzi che non solo essi non sono reali, ma che nemmeno tu sei reale.

45

La vera perfezione sembra imperfetta,
eppure è perfettamente se stessa.

Perfezione è un altro nome per realtà. L'unico modo per vedere qualunque cosa come imperfetta è credere al tuo pensiero al riguardo. "È inadeguato, è brutto, è ingiusto, è difettoso": è vero? Questa tazzina da caffè scheggiata sul tavolino: com'è bella se la guardi semplicemente, senza nessun pensiero su come dovrebbe essere. O il senzatetto che si trascina davanti a te sul marciapiede, con delle grandi chiazze scure sulle gambe dei jeans. O le guerre e le uccisioni e i bombardamenti di cui leggi sulla prima pagina del giornale. Quando vedi che la realtà è perfetta esattamente così com'è, puoi solo provare un timore reverenziale per il suo modo scintillante, ininterrotto, inesorabile.

Le mie gambe sono sul tavolino da caffè, con i piedi accavallati. Qualcuno potrebbe pensare: *Com'è poco femminile*, e un altro: *Com'è comodo*. Ma, con o senza questi pensieri, le mie gambe sono nella posizione perfetta. Poi noto che si disincrociano e poi che si accavallano di nuovo, mentre guardo il film della vita, fotogramma per fotogramma: perfezione, perfezione, perfezione, perfezione. Non c'è fotogramma che potresti fermare e osservare che non sia nel suo perfetto modo di essere. Solo la mente che crede a ciò che pensa è capace di creare imperfezione.

Che cosa potrebbe accadere che non sia buono? Le mie gambe si accavallano, si disincrociano, si tendono, si piegano.

In genere stanno comode: a volte sono così agitate che devono alzarsi in piedi e muoversi. Va tutto bene. Tutto ciò che accade è la volontà di Dio. Quando lo comprendi, sei al sicuro.

Sono completamente aperta al disagio, alla cecità, all'infortunio, alla morte. Proprio questa mattina ho mancato uno scalino perché non sono riuscita a vederlo, e sono quasi rotolata giù da una rampa di scale. Mi sono guardata recuperare l'equilibrio, affascinata. Era come andare sulle montagne russe con uno dei miei nipoti. Che viaggio! "Ho bisogno di vivere": posso sapere con assoluta certezza che è vero? Una volta, bevendo, l'acqua del bicchiere prese quella che la gente chiama "la strada sbagliata", cioè imboccò il canale giusto anche se si dice che è quello sbagliato. Respiravo acqua, non aria, e poiché non credevo alla storia che sarebbe dovuta essere aria, non c'era nessun problema. Dato che non avevo il concetto "Ho bisogno di respirare", per un paio di istanti fui un pesce. L'acqua scese, poi tornò su. Fu molto gentile, come se i miei polmoni fossero stati sciacquati. Ma se avessi creduto al concetto "Ho bisogno di respirare", sarebbe potuto essere stressante. Siamo davvero anfibi. Non possiamo respirare acqua a lungo, ma possiamo farlo quando occorre. Nessuna storia: nessuna resistenza. È alla storia che facciamo resistenza, non all'esperienza. Come faccio a sapere che l'acqua doveva scendere da quel canale? Perché era scesa lì.

La comprensione che tutto è volontà di Dio, per la maggior parte delle persone non è la fine del discorso, ma l'inizio. Anche le persone devote hanno dei problemi nel realizzare che qualunque cosa accada è una cosa buona. Pensano che sia un'iper-semplificazione. Ma come può la semplice verità essere *troppo* semplice? "Dio è tutto, Dio è buono" non è un'idea, è una realtà. Puoi arrivare a capire che è vero perché qualunque cosa vi si opponga fa male. Io la chiamo l'ultima storia. Tienila e vivi una vita meravigliosa. E se vuoi andare più in profondità, nemmeno questa storia è vera.

Essere vuota significa che non ci sono ostacoli nella mia mente che mi impediscono di amare ciò che è, qualunque cosa sia. La mente chiara è assolutamente tranquilla. Tutto ciò che arriva alla sua consapevolezza è una stortura che va raddrizzata. Cerca continuamente qualcosa in disordine, solo per vedere l'ordine. Dà significato a tutto e riposa nella sua incessante consapevolezza. In questo momento sto dettando a Stephen in una stanza d'albergo a Berlino Est. Lui ha appena staccato la mano destra dalla tastiera del portatile e si è grattato il naso. Sono sbalordita. Non ho modo di relazionarmi a quel gesto. Lo accolgo totalmente, aspetto, e vedo tutto ciò che non è: non è un naso, non è una faccia, non è un uomo, non è niente, e vedo la bellezza di quel gesto, il suo piacere, e come è uguale alle mani di nuovo sulla tastiera, e come entrambi i movimenti non siano niente, e da quello scorre l'amore. È un unico flusso ininterrotto. Non c'è me, non c'è lui, non c'è separazione. Non è possibile che questo venga interrotto. È stato scioccante vedere la sua mano sul suo naso, è scioccante vedere le sue mani che adesso si muovono sulla tastiera. È un modo così strano, è come geometria liquida, che scorre sempre nel giusto ordine. Qualunque cosa accada, l'amore fluisce, niente può interromperlo, né pianto né grido né risata; è sempre al lavoro, sempre riconoscente, presente, vigile, meticoloso. Se tu capissi come vedo questi due piedi sul tavolino da caffè in questo momento, scoppieresti a ridere e ti rotoleresti per terra. Il vedere ucciderebbe qualunque cosa, salvo la pura gioia di ciò che vede.

Che mondo stupefacente è la mente vuota! Tutto la riempie. Piedi, gambe, tavolino da caffè, naso, braccia, mani, computer portatile, pareti, pavimento, finestre, tende, tutto senza nome e che fluisce dentro e fuori da una cosa all'altra. Immagina di essere pieno di nulla, e la stranezza di questo, e come solo questo potrebbe aver senso. E immagina la sua natura produrre l'infinito flusso di pienezza e il contenitore che potrebbe trattenere assolutamente tutto. Non ha limiti. La realtà ci entra dentro ed è così che si espande, è così che manifesta la sua infinita abbondanza. Se la mente fosse un corpo, sarebbe come se la luce fosse sparata dentro, scintille di luce sfolgorante, che ti scorre dentro come un corpo e, invece di uscire da qualche orifizio, rimane contenuta; ad esempio, invece di schizzare via dalla punta delle dita, la luce si fermerebbe lì e le dita si espanderebbero alla stessa velocità con cui la luce riempie il corpo.

È pienezza senza limiti. Deve avere una via d'uscita, eppure rimane dentro. La realtà non è mai troppo grande per la mente aperta. È vasta come la vita, non è separata, e cerca continuamente qualcosa che sia apparentemente nuovo e lo include nella sua infinita espansione. È un contenitore illimitato che contiene tutto, e niente è troppo, non c'è niente che non venga accolto, niente che non voglia o che non possa includere.

C'è una perfezione al di là di ciò che la mente non indagata può conoscere. Puoi farvi affidamento per portarti ovunque tu abbia bisogno di essere, ogni volta che hai bisogno di essere lì, e sempre nel momento giusto. Quando la mente comprende di essere solo il riflesso dell'intelligenza priva di nome che ha creato l'intero apparente universo, si colma di delizia. Si delizia di essere tutto, si delizia di non essere niente, si delizia di essere brillantemente gentile e libera da qualunque identità; libera di essere la sua vita illimitata, inarrestabile, inimmaginabile, danza nella luce della comprensione che nulla è mai accaduto e che tutto ciò che è accaduto, tutto ciò che può mai accadere, è buono.

46

Non c'è illusione
più grande della paura.

Possiamo avere paura solo di ciò che crediamo di essere, di tutto ciò in noi che non abbiamo accolto con comprensione. Se ad esempio pensassi che tu potessi vedermi noiosa, ne avrei paura perché non ho indagato quel pensiero. Quindi, non sono gli altri che mi spaventano: sono io che mi spavento da me. Spaventarmi è compito mio, finché non indago questa paura. La cosa peggiore che può accadere è pensare che tu pensi di me quello che io penso di me. E così sono immersa in una pozza di me stessa.

Tutta la paura è così. È causata dal credere a quello che pensi, niente di più e niente di meno. È sempre la storia di un futuro. Se vuoi provare paura volontariamente, prepara un piano. La paura non è possibile quando hai indagato la tua mente; si può sperimentare soltanto quando la mente proietta la storia di un passato in un futuro. È la storia di un passato che ci permette di proiettare un futuro. Se non fossimo attaccati alla storia di un passato, il nostro futuro sarebbe così luminoso, così libero, che non ci preoccuperemmo di proiettare il tempo. Noteremmo che stiamo già vivendo nel futuro, e che è sempre adesso.

Un giorno, qualche anno fa, camminavo lungo quella che risultò essere una strada privata. Mi accorsi che non c'era uscita e in quel momento dei grossi cani corsero verso di me abbaiando. Il mio pensiero fu: "Chissà se mi morderanno". Non riuscivo a proiettare che l'avrebbero fatto, perciò non c'era nessuna paura. Si avvicinarono, ringhiando e scoprendo i denti, si fermarono, mi annusarono, io aspettavo e osservavo, e notai che la vita era così dolce, fino a quel momento. Poi mi accompagnarono all'inizio della strada. *Loro* erano contenti, *io* ero contenta... Fu un bellissimo incontro.

"Ma Katie", potrebbe dire qualcuno, "la paura non è biologica? Non è necessaria per la risposta di attacco o fuga? Posso capire di non aver paura di un cane che ringhia, ma se tu fossi su un aereo che sta precipitando, non saresti terrorizzata?". Ecco la mia risposta: "Il tuo corpo ha una risposta di attacco o fuga se vede una corda poco più avanti sulla strada? Assolutamente no, sarebbe folle. Solo se immagini che la corda è un serpente, il tuo cuore si mette a battere all'impazzata. Sono i tuoi *pensieri* che ti spaventano e innescano la risposta di attacco o fuga, non la realtà". Naturalmente, non posso sapere che cosa penserei o sentirei in una situazione ipotetica. Tutto ciò che posso dire è che è passato molto tempo dall'ultima volta che ho avuto paura. E mi sono trovata in situazioni molto interessanti.

Vivere senza paura è naturale quando hai indagato i tuoi pensieri. Le persone mi chiedono com'è oggi, e a volte racconto la storia della nascita della mia nipotina Marley. Quando Roxann entrò in travaglio, eravamo tutti in sala parto: io, Stephen, mio genero Scott e i genitori di Scott. Tutto stava andando bene, finché di colpo la bambina rimase bloccata nel canale uterino. Iniziò a retrocedere nell'utero e il cuore andò in difficoltà. Era un piccolo ospedale e a quell'ora, le tre di notte, c'era poco personale. Il medico non aveva un assistente qualificato e nella stanza c'era un'atmosfera di panico. Decise di fare il taglio cesareo, ci fece uscire bruscamente e Roxann venne portata in chirurgia. Urlava e nessuno ci dava spiegazioni, così avevamo tutte le ragioni per pensare che lei e la bambina avessero dei seri problemi. Poi le urla cessarono. Sentivamo degli ordini rabbiosi o impauriti alla fine del corridoio. Un assistente uscì dalla chirurgia d'emergenza e mi disse di fare un numero di telefono e dire alla persona che avrebbe risposto di venire immediatamente in ospedale, poi corse via senza altre spiegazioni. Dopo aver telefonato tornai dai genitori di Scott. Quando li raggiunsi, mi dissero: "Katie, vuoi pregare con noi?". La domanda mi sorprese. Non sapevo niente di preghiere. Guardai i loro cari occhi stanchi e spaventati, e pensai: *Non ho bisogno di chiedere niente. Io voglio quello che vuole Dio.* Ma ovviamente mi unii a loro. Presero le mie mani, chiusero gli occhi e pregarono, e io rimasi lì con loro, amandoli e sapendo quanto può essere doloroso aspettarsi un esito particolare.

Durante quell'esperienza non c'era nessuna resistenza interiore, nessuna paura. Per me, la realtà è Dio. Ho sempre fiducia in questo. Non devo indovinare qual è il volere di Dio. Tutto ciò che accade è volere di Dio, che mia figlia e mia nipote vivano o muoiano, e quindi è anche il mio volere. Perciò la mia preghiera è già stata esaudita. Amo Roxann con tutto il cuore, e avrei dato volentieri la mia vita per salvare la sua, ma non mi venne richiesto. Alla fine il cesareo andò bene, e sia Roxann che Marley stavano bene.

C'è un altro modo. Se avessi creduto a pensieri come "Per Roxann è meglio vivere che morire", "La mia nipotina dovrebbe nascere" o "Il medico avrebbe dovuto essere più competente", sarei stata molto sconvolta. Mi sarei potuta precipitare in chirurgia rendendo le cose ancora più difficili per lo staff. Avrebbe potuto esserci rabbia, frustrazione, terrore, preghiere (quelle che cercano di manipolare ciò che non può essere manipolato). Questi sono alcuni dei modi di reagire quando crediamo a quello che pensiamo. È così che appare spesso la guerra con la realtà, e non solo è folle, è anche inutile e molto doloroso. Ma, se indaghi la tua mente, i pensieri scorrono dentro e fuori, e non provocano nessuno stress, perché non gli credi. E realizzi immediatamente che anche i loro opposti potrebbero essere altrettanto veri. La realtà ti fa capire, in quella pace della mente, che non ci sono problemi, solo soluzioni. Sai, nel profondo, che tutto ciò che accade è ciò che dovrebbe accadere. Se perdo mia nipote o mia figlia, perdo ciò che in primo luogo non era mio. È una cosa buona. O lo è oppure Dio è un sadico, cosa che non corrisponde alla mia esperienza.

Io non do ordini a Dio. Non presumo di sapere se vivere o morire sia la cosa migliore per me e per le persone che amo. Come potrei saperlo? Tutto ciò che so è che Dio è tutto e che Dio è buono. Questa è la mia storia e me la tengo stretta.

47

Il Maestro arriva senza partire,
vede la luce senza guardare,
realizza senza fare nulla.

Sul mio comodino c'è una lampada che non accendo e una sveglia che non uso. Sto facendo un giro di promozione dei miei libri e questo è il modo della realtà, notte dopo notte, di soddisfare i miei bisogni al di là delle mie necessità.

Sono riconoscente agli hotel. Mi danno cuscini, materassi, lenzuola, tutto ciò che mi serve per una notte di riposo. Tutto riceve sempre cura, al di là di quello che penso di volere. Ci sono delle finestre. Ci sono i fazzolettini. C'è un blocco di fogli e una penna. C'è una Bibbia dei Gideon, così amata da tante persone, nel cassetto. Sul comodino c'è anche una bottiglia d'acqua per il mio tè mattutino. Preferisco l'acqua imbottigliata a quella del rubinetto. La compro nelle stazioni di servizio, in drogheria o nel negozietto dell'hotel. Guardo le marche delle bottiglie d'acqua, curiosa di vedere quale sceglierà la mia mano, e amando il fatto di non poterlo sapere finché non prende realmente la bottiglia. Mi piace il tragitto dal frigorifero alla cassa. Il cassiere è un uomo o una donna, giovane o vecchio, bianco o nero o asiatico. In genere scambiamo qualche parola. Non è una cosa da poco. Per tutta la vita ho atteso di incontrare questa persona. Sento un'ondata di gratitudine per le mie preferenze. Amo dove mi portano. Amo il mio tè mattutino.

48

*La vera maestria può essere ottenuta
lasciando che le cose seguano la loro via.*

Più da vicino guardo una cosa e più inizio a notare che in realtà non so che cosa sia. Appare un nome e con esso il silenzioso *È vero?*, circondato da e sprigionante la risata che deriva dal non sapere. "Sono Byron Katie: è vero?". E mentre la domanda dissolve ogni prova, io rimango come niente; in altre parole, come la donna seduta qui. Sono nata in questo momento, su questo divano in una stanza d'hotel, senza nessun passato salvo l'immaginazione. Com'è affascinante! Com'è assurdo!

Ogni cosa che vedo è infusa della luce della mente. E questa luce illumina quella seduta in questo momento sul divano, sveglia e ovunque e senza tempo. Dissolve tutto nel suo splendore, finché non c'è più nessuno sul divano. Che cosa può vivere se non questa infinita risata? Lasciamo che ci sia la luce, lasciamo che ci sia il mondo, perché il mondo, come io lo comprendo, nasce sempre ora e ora è dove sempre finisce.

Le cose seguono la loro dolce via, che tu lo consenta o no. La rosa sboccia senza la tua approvazione e muore senza il tuo consenso. Anche se non l'hai ordinato tu, il tram scampanella e il taxi si ferma per far salire un uomo in completo grigio. Il mondo gira perfettamente. Tutto è fatto senza di te. Tutto è fatto *per* te, che tu interferisca o no. Anche la tua interferenza è la vita che vive se stessa attraverso di te. La vita offre continuamente i suoi doni e vive se stessa nel suo dolce modo. Tutto ciò che devi fare è notare. Questa è vera maestria.

49

*Il Maestro non ha
una mente propria.
Lavora con la mente della gente.*

Libertà significa vivere nella gentilezza, *in quanto* gentilezza. Significa non avere mai un momento di paura, rabbia o tristezza; vivere totalmente esposti, come un dono. Non c'è niente di personale in essa.

Non hai bisogno di lasciar andare o di comprendere o di perdonare. Perdono è comprendere che quello che pensavi accaduto non lo era. Realizzi che non c'è mai stato niente da perdonare, e questo è ciò che Il Lavoro rende evidente. Tutto è stato una semplice incomprensione dentro di te. Quando lo vedi, qualcun altro deve dire: "Oh, come sei capace di perdonare!", perché tu non lo sai. Questo è vero perdono.

Amo aiutarti a vederlo. Si tratta soltanto di rendere l'ovvio ancora più ovvio. Io non faccio niente se non essere con te ogni volta che sei attaccato a una credenza, e l'unico motivo per cui faccio Il Lavoro con te è che tu pensi di averne bisogno. Io non ho questo pensiero, ti amo esattamente nel modo in cui sei. Tu sei la mia vita interiore, quindi la tua richiesta è la mia richiesta. Sono io che chiedo a me stessa la mia stessa libertà. È amore di sé. È perfettamente avido, vuole che tu abbia tutto. Sono così fusa in te che quando respiri è il mio respiro, quando ti siedi sono io che siedo. Dici qualcosa, e in quel momento io ci sono assolutamente. È come se io possedessi te e tu possedessi me. La tua voce è la mia voce, alla lettera. E non ha nessun significato per me; e così, senza pregiudizio o separazione, posso unirmi a te ovunque tu sia.

Il Maestro non ha una mente propria. Tutto ciò che lei ha per lavorare è la mente della gente. La mente della gente è la sua mente, perché è l'unica parte della mente con cui c'è ancora identificazione, che viene ancora creduta. La gente ha la sua vecchia mente, la mente a cui lei è sopravvissuta. Lei lavora soltanto con la sua illuminazione, l'incantesimo che lei stessa ha fatto e a cui ora è sveglia. Ha fatto l'incantesimo, si è risvegliata a esso e, mentre lavora con le persone, anche loro si risvegliano, come il suo stesso sé. La loro libertà è la sua. Lavorare con la mente delle persone è la sua gioia e la sua unica vita.

È buona con le persone buone, perché tutto ciò che vede è bontà; non ha nessun altro riferimento. Perciò è buona anche con le persone che in apparenza non sono buone. Le vede come bambini confusi che stanno attraversando un brutto momento. È doloroso essere meschini ed egoisti. Sa per esperienza come ci fa sentire, e quando è gentile con le persone che si rivolgono a lei, che siano state "buone" o "cattive", è con se stessa che è gentile. Agisce come gentilezza verso essa stessa. Per lei, è sempre bontà che incontra bontà; il costante, ininterrotto flusso della sua stessa natura.

Ha fiducia nelle persone inaffidabili, come ha fiducia nelle persone affidabili. Ha completa fiducia che facciano quello che fanno. E, dato che fanno esattamente così, non può mai sentirsi delusa. La gente fa ciò che fa: su questo, lei fa pieno affidamento. È bene che questa persona abbia detto la verità: guarda i doni che ne sono derivati. È bene che quella persona abbia mentito: guarda i doni che ne sono derivati. E poiché il Maestro comprende che questa fiducia è la chiave del suo stesso cuore, è felice quando qualcun altro lo comprende.

Un amico mi ha dato appuntamento al ristorante alle 19, e non c'è. Entro, mi siedo, attendo un quarto d'ora, poi ordino. Noto che i camerieri onorano il loro impegno: mi servono il cibo. Il cibo è ottimo. Non mi chiedo dove sia lui, perché so che ovunque sia è là che deve essere. Non c'è niente fuori posto. Non sono preoccupata per lui né irritata per il suo ritardo. Non sto pensando affatto a lui, non ho bisogno di preoccuparmi; tutti i miei pensieri ritornano alla fonte da cui sono venuti. Il cameriere è lento nel portarmi il conto, e così mi attardo abbastanza a lungo per vederlo precipitarsi verso il mio tavolo. Tempismo perfetto! Si siede accanto a me senza fiato e inizia a raccontarmi tutta la sua storia. Che cosa potrebbe essere meglio di un pasto? Due: uno per me e uno per lui. Bene che non abbia mantenuto la parola. Bene che non sia stato affidabile. Che cosa potrebbe essere più appagante di questo?

Ciò non significa che io sia uno zerbino. Quando qualcuno continua a non rispettare i suoi impegni, noto che rispecchio il loro comportamento allontanandomi. Non accetto un terzo invito a cena con qualcuno che le prime due volte non si è fatto vedere. Se qualcuno annulla due volte, ho fiducia che faccia quello che fa, e accettare un terzo appuntamento non è efficiente. Se mi invita per la terza volta, potrei dire: "Sento che *vuoi* venire, so che hai fatto del tuo meglio, capisco che la tua mente non può ricordare quando non ricorda, e dato che *adesso* siamo assieme usiamo bene questo tempo. Non voglio prendere un altro appuntamento con te, ma parliamone ora. Sono totalmente disponibile. Raccontami tutto".

Quando diventi un amante di ciò che è, la guerra è finita. Dato che non credo ai miei pensieri, non ho speranze, paure o aspettative; sono una donna senza un futuro. Vivo nello spazio aperto in cui tutto viene a me. La realtà è un magnifico posto in cui essere. E, indovina: ogni volta che indaghi la tua mente, scopri che è dove sei anche tu.

50

Non trattiene niente della vita:
perciò è pronta per la morte.

Come si potrebbe descrivere l'indescrivibile o portare in esistenza ciò che è solo un'immagine riflessa della realtà? Ci sono dei nomi: braccio, gamba, sole, luna, terra, sale, acqua, maglietta, capelli; nomi che possono soltanto riflettere l'invisibile, l'inconoscibile. Ci sono molti nomi per ciò che non può essere nominato. Quando ti opponi ad esso, quando sperimenti qualcosa come separato o inaccettabile, il risultato è la sofferenza, e l'indagine può riportarti alla pace che provavi prima di credere a quel pensiero. Può riportarti al mondo precedente a qualunque problema. Quando non c'è opposizione, i colori non stonano più, la musica diventa bella di nuovo, nessuna danza perde il ritmo e ogni parola è poesia.

La realtà è la base dell'esperienza, sempre stabile e mai deludente. Quando guardo ciò che è realmente, non riesco a trovare un me. Non avendo identità, non c'è nessuno che fa resistenza alla morte. Morte è tutto ciò che è stato mai sognato, incluso il sogno di me stessa, perciò ad ogni istante muoio a ciò che è stato e rinasco continuamente come consapevolezza nel momento, e a questo muoio e di nuovo rinasco. Il pensiero della morte mi eccita. Tutti amano un buon romanzo e si chiedono con ansia come finirà. Non è personale. Dopo la morte del corpo, che identificazione prenderà la mente? Il sogno è finito, sono stata perfezione assoluta, non avrei potuto avere una vita migliore. E qualunque cosa sono, nasce in questo momento come tutto il buono che sia mai vissuto.

So che non c'è mai niente da perdere, perciò mi è facile non trattenere niente della vita. E poiché do tutto quello che ho, la mia vita è completa in ogni momento. Non c'è mai nulla di non fatto. Non c'è un momento della mia vita in cui io non sia completa.

Quando vedo soltanto ciò che è reale, come potrebbe qualunque esperienza essere frustrante? Anche quando apparentemente fallisco, anche quando sono apparentemente sconfitta, dentro di me c'è continua gioia e apprezzamento. Com'è affascinante essere ad esempio sconcertata dalla tecnologia. Mi trovo in un appartamento di Amsterdam e sono in viaggio da almeno tre mesi, vivendo nelle camere d'albergo. Finalmente un appartamento per sei giorni interi di fila! È vicino al parco, e ha una cucina e un grande soggiorno che dà su una piazza tranquilla. E, meraviglia delle meraviglie, una lavatrice! Non potrebbe essere meglio di così. Hm... Con la distrofia di Fuchs, a volte vedo e a volte non vedo, e sono alcuni giorni che non vedo con chiarezza. Non riesco assolutamente a leggere i programmi della lavatrice. Così aspetto, pensando che forse in un paio d'ore i miei occhi vedranno meglio. Più tardi noto, con eccitazione, che riesco a vedere abbastanza bene per distinguere le parole. Ovviamente, le parole sono in olandese. Chiamo un'amica olandese che me le traduce. Indovino in che scomparto devo mettere il detersivo. Chi ha bisogno dell'ammorbidente? E, a proposito, spero che sia davvero detersivo e, se lo è, spero che sia per lavatrici. Ieri mi è stato spiegato dettagliatamente come far funzionare la lavatrice, quindi ho idea di che cosa fare, ma ho dimenticato alcune istruzioni essenziali. Non importa. Avvio la lavatrice e sono eccitata. Vestiti puliti!

Tre ore dopo, do un'occhiata furtiva. La lavatrice sta facendo ancora i suoi cicli e io ho perso di nuovo la vista. Finché la centrifuga e il ciclo non sono finiti, lo sportello non si apre. Giro la manopola sentendo il suono, con l'orecchio appiccicato, ascoltando i clic come se svaligiassi una cassaforte. Dopo che il ciclo è finito, lo sportello non si apre ancora. Non riesco a vedere i numeri, non conosco la lavatrice, non so che altro fare, chiamo Stephen e nemmeno *lui* lo sa, c'è un carico di vestiti bagnati nella lavatrice, lo sportello non si apre, non sono sicura se è detersivo quello che ho messo, se era lo scomparto giusto e se i vestiti sono puliti. E noto che sono tranquilla; anzi, stuzzicata mentre guardo la mente e il suo modo di essere. Non c'è niente di sbagliato, è tutto giusto. Il pensiero che la lavatrice debba funzionare o che i vestiti debbano pulirsi non si presenta mai. Osservo soltanto dove va la realtà nel momento successivo. È affascinante. Lo scopo è lavare i vestiti? Lo scopo è lavare i vestiti in questa lavatrice? Non si sa mai. Nel giro di un'ora o due, potremmo andare a vivere un'avventura alla lavanderia automatica giù in strada.

All'improvviso ricordo che il padrone di casa mi ha detto che la lavatrice ha un piccolo capriccio: bisogna girare la manopola su una certa posizione per completare il ciclo e far aprire lo sportello. La giro, lo sportello si apre e finalmente, cinque ore dopo, voilà!, il bucato è fatto.

51

Il Tao dà nascita a tutti gli esseri...
creando senza possedere,
agendo senza aspettative,
guidando senza interferire.

Tutto è uno, ma non lo stesso. Non ci sono due impronte digitali uguali, né due steli d'erba, né due fiocchi di neve, né due ciottoli. Tutte queste cose assieme ne costituiscono il modo di essere, perfetto e indiviso. Ogni apparente separazione è un micro-barlume del tutto, ogni parola pronunciata, ogni sillaba spezzata, ogni gesto di una mano o incrociare di gambe, ogni dentifricio spremuto sulle setole dello spazzolino. Ogni cosa è diversa, ogni cosa è necessaria. Qualcuno vive, qualcuno muore, qualcuno ride, qualcuno geme. Per adesso è il modo in cui è, finché non lo sarà più.

Alzo gli occhi e tu sei lì. Prima, non sei mai esistito. Ti incontro per la prima volta e sei il mio tutto. Amo che tu appaia ora. I pensieri potrebbero dire che ci siamo già incontrati, forse abbiamo cenato o lavorato assieme, ma per me sei completamente nuovo. Noto che vieni respirato e nutrito, che stai facendo bene nella tua felicità o nel tuo dolore, che sei completamente sorretto: la terra ti sorregge, la sedia ti sorregge, hai persino dei capelli. Tu sei il modo di essere del mio sé interiore, del mio sé che fluisce continuamente, creativo, che ama tutto.

Se mi chiedi di fare Il Lavoro con te, sono felice di unirmi a te. L'indagine è dove io posso essere compresa. Io sono te nelle risposte. Ci incontriamo nel centro. È l'unico modo in cui posso essere vista o compresa: nel centro, il cuore.

Ogni volta che mi inviti, salterò dentro il tuo sogno. Ti seguirò nel tunnel, nell'oscurità, nel buco più nero della sofferenza. Ti incontrerò lì, ti prenderò per mano, e ne usciremo andando assieme verso la luce. Non c'è luogo in cui non entrerò. Io sono tutto, sono ovunque. Ho sentito da molte persone: "Grazie per andare all'inferno e tornare indietro per me". Tu sei la mia eco, sei tutti i concetti a cui credevo quando ero confusa. Ogni sofferenza che sia stata mai provata, io ne sono un'insegnante. Ritorno per ciò che è rimasto di me stessa. Qui c'è totale libertà: ogni sofferenza è finita, per adesso. E poiché l'esterno si è rivelato *essere* l'interno, finché c'è una persona che soffre, è la mia sofferenza. Non la sperimento da qui, ma non c'è separazione. "Là" *è* qui. E ricordo l'illusione. L'amore ritorna per collegarsi a se stesso anche nel suo stato più puro. È quello che chiamo il rientro. Finché tu non sei libero, io non sono libera. Io *so* che tu sei libero. E se mi dici di non esserlo, capisco, perché anch'io lo credevo.

Io non ho davvero nessuna idea sul fatto che tu debba o non debba soffrire. Rispetto la tua via quanto rispetto la mia. Capisco che tu sia ipnotizzato dalla storia di chi sei e che tu non voglia mollarla, per ora. Se davvero *non* vuoi soffrire, sono lì per te. Attraverso l'indagine ti incontrerò alla profondità in cui vuoi andare. Qualunque cosa tu dica, la accoglierò; qualunque cosa tu chieda, te la darò. Ti amo perché sono completamente egoista. Amare te è semplicemente amore di sé.

Io non cambio, e vedo cambiamento in te solo se tu lo dici. Tu sei la mia vita interiore. Sei la voce del mio sé che mi informa continuamente della mia salute. Malattia o salute, per me è tutto perfetto. Sei triste, non sei triste; non capisci, capisci; sei in pace, sei turbato; sei questo, sei quello. Io sono ogni cellula che dà informazioni su se stessa. E, al di là di tutti i cambiamenti, so che ogni cellula è sempre in pace.

Al meglio che possa descriverlo a parole, io sono il tuo

cuore. Sono ciò a cui somigli dentro di te. Sono il dolcissimo luogo da cui provieni. Non sono nessuno. Sono uno specchio. Sono il volto allo specchio.

52

All'inizio era il Tao.
Tutte le cose ne provengono,
tutte le cose vi ritornano.

La gente è affascinata dall'origine delle cose. "Quando è iniziato l'universo?", vuole sapere. "Da dove vengo?". Le risposte a queste domande sono ovvie, una volta che si ha un po' di chiarezza. Quando è iniziato l'universo? Proprio adesso (se è iniziato). Una mente chiara vede che ogni passato è solo un pensiero. Non c'è nessuna prova della validità di un pensiero se non un altro pensiero, e anche *quel* pensiero è sparito, e poi il pensiero "Quel pensiero è sparito" è esso stesso sparito. C'è solo adesso, e persino "adesso" è un pensiero che appartiene al passato. In realtà, l'universo non ha inizio né fine. Inizia continuamente ed è sempre finito. Da dove vengo? Proprio da questo pensiero. Ops: adesso sono sparita.

Non c'è niente di mistico in tutto ciò. Se sembra difficile da afferrare, è perché è così semplice e chiaro che una mente complicata non riesce a vederlo. Ciò che la gente chiama "esperienze mistiche" può essere anch'esso molto chiaro, e per un po' una specie di grazia, ma alla fine queste esperienze non significano nulla. Non sono esperienze da invitare o da rifiutare: sono solo movimenti della mente. Puoi avere le rivelazioni più meravigliose, può venirti rivelata l'intera creazione materiale dall'inizio dei tempi sino alla fine dei tempi, come l'universo inizia con nulla, diventa tutto e, nel punto dell'infinito, si piega e ritorna a se stesso; che sia come una serie circolare di numeri, e ogni numero non è solo un numero, ma anche un'energia o una vibrazione della luce, del suono e del colore, tutto perfettamente coordinato, senza separazione; come ogni essere, ogni oggetto materiale, ogni atomo, è anche una vibrazione e un numero, da zero a infinito; come il fuoco è un numero, e l'aria e l'acqua e le stelle; come tutto se stesso ritorna a se stesso, con totale comprensione; tutto (matita, nuvola, galassia, formica, atomo) vibrando su un diverso numero e frequenza; come i numeri escono tutti e tutti rientrano, ritornando allo zero; come l'intero universo della forma, dall'inizio alla fine del tempo, e in ogni momento tra i due, avviene tutto assieme, in fuoco, acqua, ghiaccio, aria, pietra, argilla, umano, animale, silenzio, e tutto ciò equivale a nulla. Puoi vedere l'origine dell'universo e il significato ultimo della vita, tutto ciò che tutti hanno sempre desiderato vedere, e non significherà niente, perché in definitiva ogni cosa nell'universo è un niente immaginato come un qualcosa, e tu esisti prima di qualunque cosa tu pensi di essere. Anche se sperimenti tutti i livelli e le dimensioni all'interno di un pensiero, tutti i loro veli e i circuiti, nemmeno la più profonda conoscenza ha significato. Chiunque vi può entrare a qualunque livello, e sarebbe vero. Non c'è niente che non sia vero se ci credi, e niente che sia vero, che tu ci creda o no. Tu sei consapevolezza. Include tutto; niente rimane fuori, da nessuno degli stadi. Nessuna storia è lasciata fuori.

La verità è che tutto proviene dall'io. Se non c'è pensiero, non c'è mondo. Senza l'io che proietta se stesso, non c'è né origine né fine. E l'io appare semplicemente: non viene da nulla e non ritorna a nulla. In realtà, anche il "nulla" è nato dall'io, perché è anch'esso un concetto. Pensando che non c'è niente, continui a creare qualcosa.

L'io è l'origine dell'intero universo. Tutti i pensieri nascono da quel primo pensiero, e l'io non può esistere senza questi pensieri. Ogni storia di illuminazione è svanita. È soltanto una storia in più sul passato. Se è avvenuta cinque secondi fa, potrebbe trattarsi anche di un milione di anni. I pensieri sono ciò che permette all'io di credere di avere un'identità. Quando lo vedi, vedi che non c'è nessun io che deve illuminarsi. Smetti di credere a te stesso come un'identità, e diventi uguale a tutto. Quando la mente non ha nulla con cui identificarsi, sperimenti tutto nella sua bellezza come te stesso. Io ero solita vedere le mie mani e le dita come cose incredibilmente trasparenti. Mi meravigliavo della luce che rimbalzava sulle dita, dentro e attraverso le dita. Era come assistere alla nascita delle molecole, alla creazione di un corpo, tutto radiosità, e non era solo con le mie dita, era con tutto.

Ora, tutto è altrettanto bello; la differenza è che non ne sono più così sciocata. Mi sono abituata a qualunque universo possa apparire, tutto è accettabile. È sempre nuovo, ma adesso è più ordinario; ha raggiunto una maturità, si è stabilizzato. All'inizio, nel 1986, vivevo in uno stato di continuo rapimento, così ubriaca di gioia che mi sentivo come una lampadina che camminava. Ma c'era un senso di separazione in ciò; vedevo che ad alcune persone faceva paura, mentre altre mi mettevano su un piedestallo. La radiosità è continuata, ma alla fine la sua esperienza doveva apparire ordinaria. Finché non divenne ordinaria ed equilibrata, non serviva molto agli altri. Quindi, se qualcuno lo chiede, li incontrerà. È abbastanza matura per incontrarli semplicemente. Niente di speciale.

Le persone mi hanno insegnato gradualmente, attraverso il loro esempio, come comunicare. Un tempo, se qualcuno diceva: "Che bella giornata", ridacchiavo interiormente. Vedevo quell'affermazione come la battuta più bella che avessi mai sentito. "Ah ah! Questa è buona! Pensano che esista una giornata". Se qualcuno mi chiedeva come mi chiamavo, avrei potuto dire: "Non ho un nome". Loro chiedevano: "Chi sei?", io dicevo: "Non so". Loro dicevano: "Ti chiami Katie", e io dicevo: "No, non è vero". Loro dicevano: "Sei una donna", e io dicevo: "Questa non è la mia esperienza". Chiedevano: "Che cosa pensi?", e io dicevo: "Non penso". Volevano insegnarmi che io pensavo. Un paio di donne erano risolute. Volevano provare così disperatamente che pensavo, che cercarono di convincermi per due giorni interi. Dicevano: "Devi pensare, visto che parli". E io dicevo: "No, non penso". "Ma *devi* pensare". Dicevano che lo negavo, che mi stavo ingannando da sola. Alla fine capii. Dissi: "Oh, voi credete che se sorge un pensiero lo avete creato voi". Sentivo che credevano che fossi io a pensare. Ma la verità è che non sono io a pensare. I pensieri sorgono semplicemente. Anche se neppure questo è vero. E se lo fosse, non sono io che *creo* il pensiero: io sono pensata.

Poi esso divenne più maturo, più radicato. Doveva comprendere il mondo del suo vecchio sé interiore, doveva abituarsi alla sua stessa apparizione in quanto una personalità, doveva abituarsi alla sua stessa immagine riflessa, mentre le storie della gente gli davano un'identità. Era come mettere uno specchio davanti a una piccola bimba, che non dimostra nessun interesse perché non riconosce la propria immagine. Poi, un giorno le metti un vestitino nuovo, e se capisce che l'immagine è la sua è tutta contenta, e quando guarda nello specchio vede il mondo intero e tutte le galassie. Questo è il mio corpo. È il mio vestito e la mia nudità. Tutte le cose appaiono simultaneamente. Tutto è me, adesso.

Anno dopo anno, quello che chiamo il "grande imbroglio" diventa più irriconoscibile. Mi allontano dalla verità e dico: "È un albero. È un cielo. Io sono una Katie" solo per amore, per incontrare le persone là dove sono. Il suo linguaggio è diventato ordinario. Non appare più intelligente né più ottuso di quello di chiunque altro. Non appare come più o come meno. Semplicemente osserva e aspetta. Più si fa camaleonte e assume la somiglianza, più potente diventa, più viene creduto, e più profonda è la penetrazione. Allora dirò e farò soltanto cose naturali.

Adesso è maturo. Quando mi chiedono come mi chiamo,

dico "Katie". Dico: "Fa fresco questa sera", o "Tesoro, guarda che belle nuvole", o "Non hanno un profumo dolce le rose?". Se mi dici che è un albero, sono d'accordo con te. Così mi lasci entrare nel tuo cuore, e io penetro. E se non hai interesse per la verità, stiamo semplicemente assieme e passiamo dei bei momenti.

53

La grande Via è facile,
eppure la gente
preferisce i sentieri secondari.

La grande Via è facile. È ciò che si rivela proprio qui, proprio ora. "Lava i piatti". "Rispondi alle e-mail". "Non rispondere alle e-mail". È la grande Via perché è l'unica via. Tutto ciò che fai o non fai, è il tuo contributo alla realtà. Niente potrebbe essere più facile. Nient'altro è richiesto, non puoi sbagliare. I sentieri secondari sono i tuoi giudizi su quello che fai o che non fai. La vita diventa estremamente difficile quando definisci quello che fai "sbagliato", "stupido" o "inutile", quando lo minimizzi dopo che è stato fatto. Paragonare ciò che hai fatto a ciò che avresti dovuto fare, pensare di doverlo valutare in base a qualche parametro esterno, è un sentiero difficile. Ciò che è, è sempre come deve essere in questo momento, ed è sempre la storia di un passato. Puoi opporti quanto vuoi al passato, e anche dopo aver trovato le migliori, più persuasive e più umane ragioni del mondo per il fatto che sarebbe dovuto essere diverso, il passato è così com'è. Impara certamente dal passato, ma se provi colpa o vergogna nei suoi confronti, stai solo facendo violenza a te stesso, e la violenza non funziona. La via chiara, la grande Via, è cominciare adesso.

Non puoi cambiare il mondo proiettato, ma puoi cambiare la mente, il proiettore. Nota semplicemente quando le cose sono fuori equilibrio. Non devi capirlo; c'è un segnale incorporato che te lo farà sapere sempre: si chiama stress. I tuoi pensieri non indagati sulla vita ti portano a credere che c'è qualcosa che non va, e questo non può mai essere vero. Lo stress ti permette di sapere quando indagare. Giudica il prossimo, scrivilo, fai le quattro domande, rigira. In se stessa, la vita è priva di sforzo. Se pensi che ci sia un problema, indaga finché vedrai quanto è perfetto il modo in cui è.

54

Chiunque è piantato nel Tao
non può essere sradicato.

Facciamo solo tre cose nella vita: Stiamo seduti, stiamo in piedi e stiamo stesi in orizzontale. Questo è quanto. Tutto il resto è una storia. La vita non è difficile, è il tuo pensiero che la rende difficile. Di qui proviene la tua felicità o la tua infelicità. Ci sono due modi per stare seduti, in piedi o stesi in orizzontale: puoi farlo comodamente o farlo con stress. Se non ti piace dove sei, ti invito a indagare le tue credenze.

Ci vuole molto coraggio per andare dentro te stesso e trovare risposte sincere alle quattro domande del Lavoro. Quando lo fai, perdi tutte le tue storie sul mondo; perdi tutto il mondo così come pensavi che fosse. Indagando ciò che credi, inizi a vedere con chiarezza, perché la mente non è più in guerra con se stessa. Di fatto diventi eccitato nei riguardi della realtà, anche riguardo al peggio che potrebbe accadere. Apri le braccia alla realtà. Mostrami un problema che non derivi dal credere a un pensiero non vero.

Qualunque cosa accada, cerco sempre il dono che contiene. Non ho occhi per nient'altro. So che, se perdo qualcosa o qualcuno, sono stata risparmiata. Se mio marito mi lasciasse, penserei: *Come faccio a sapere che non ho bisogno di lui? Perché se n'è andato.* Se perdessi le gambe, penserei: *Come faccio a sapere che non ho bisogno delle gambe? Perché non le ho.* Naturalmente, libertà non significa lasciar accadere cose non gentili, non significa passività o masochismo. Se qualcuno ti dice che ti taglierà le gambe, scappa!

Come fai a sapere che hai bisogno del cancro? Perché ce l'hai. Ma accettare il cancro non significa rimanere sdraiato senza fare niente; questo è diniego. Consulti i migliori medici che puoi permetterti e cerchi la migliore cura disponibile. Pensi che il tuo corpo guarisca con maggiore efficienza se sei teso e pieno di paura, e se combatti il cancro come se fosse un nemico? Oppure se ami ciò che è e comprendi tutti i modi in cui la tua vita è effettivamente migliore perché hai il cancro, e da quel centro di calma fai tutto ciò che puoi per guarire? Non c'è niente che doni più vita della pace interiore.

L'unico momento in cui soffri è quando credi a un pensiero che si oppone alla realtà. Tu sei la causa della tua sofferenza, ma soltanto di tutta. Non c'è sofferenza nel mondo: c'è solo una storia non indagata che ti porta a crederlo. Non c'è nessuna sofferenza nel mondo che sia reale. Non è stupefacente?

Piacere e dolore sono entrambi proiezioni, e occorre una mente chiara per capirlo. Dopo l'indagine, l'esperienza del dolore cambia. La gioia che è sempre stata sotto la superficie del dolore, ora è in primo piano, e il dolore è al di sotto. Le persone che fanno Il Lavoro smettono di avere paura del dolore. Si rilassano in esso. Lo guardano andare e venire, e vedono che viene e se ne va sempre nel momento perfetto.

Questa mattina gli occhi mi fanno male. Nella distrofia di Fuchs ci sono delle piccole vesciche all'interno della cornea e a volte il dolore è molto forte. Inoltre, lo specialista mi ha detto di mettere nell'occhio una goccia di soluzione salina da sei a otto volte al giorno; serve ad asciugare l'umidità che causa la visione annebbiata, ma è letteralmente del sale sulla ferita e si aggiunge al dolore delle lesioni che si formano e scoppiano e continuano a creare tessuto cicatriziale sulla cornea. Anche dopo aver messo una goccia, se guardo il viso della mia nipotina vedo solo un'immagine confusa. Noto il pensiero: *Com'è carina Marley!*, poi penso che, a causa del peggioramento della mia malattia, potrebbe arrivare il momento in cui non riuscirò più a vedere il suo viso. Capisco che non è necessario; non riesco a trovare in me un luogo in cui importi davvero. Potrei non vedere mai i miei nipoti che crescono, potrei non vedere mai più la faccia di Stephen o quella dei miei figli. Comprendendolo, cerco della tristezza e trovo solo gioia. Uno schiacciante senso di gratitudine per la vita nasce dentro di me, per quanto la vita è piena e non manca mai niente, come tutto è come deve essere. Continuo ad aspettare di vedere se riesco a trovare il bisogno di qualcos'altro, e non appare.

L'altro giorno, seduta in soggiorno, verso il tè bollente dalla teiera in una tazza e non vedo che la tazza è rotta, e il tè mi cade sulla mano sinistra. Ahi! Che avventura! Anche se la mano brucia, sono consapevole che ciò che sto guardando è assoluta perfezione. Come potrei credere che la mia mano non sia ustionata quando lo è? Perché dovrei passare dalla realtà a una fantasia su come dovrebbe essere la mia mano? Quando l'indagine è viva dentro di te, i pensieri non ti allontanano dall'amare qualunque cosa accada, mentre accade.

IL LAVORO IN AZIONE

"Non avrebbe dovuto lasciarmi"

BRUCE: *Sono arrabbiato con la mia ragazza, Sheila, perché mi ha abbandonato, mi ha escluso e ha rotto il nostro rapporto.*

KATIE: "Ti ha abbandonato": **è vero?**

BRUCE: Sì, è vero. Voglio dire, fisicamente, tangibilmente, sì, ha rotto il rapporto, e l'ha rotto emotivamente.

KATIE: "Ti ha abbandonato": **puoi sapere con assoluta certezza che è vero?**

BRUCE: Certo. È quello che è successo.

KATIE: **Come reagisci, cosa avviene, quando credi a quel pensiero?**

BRUCE: Sono spaventato, sono arrabbiato, sono sulla difensiva.

KATIE: Dove senti quel pensiero nel corpo? Dove ti fa male?

BRUCE: Nel petto. Il mio petto si irrigidisce. Mi fa male lo stomaco. Mi gira un po' la testa, il cuore batte più veloce. Inizia nel petto, ma di lì sembra invadere tutto il corpo.

KATIE: Dove va la tua mente quando credi al pensiero "Mi ha abbandonato"?

BRUCE: Cerco tutte le scene che me lo dimostrano.

KATIE: Esatto. Non è un film stupefacente? Il pensiero accade e la mente lo sorregge con delle immagini: è così che nasce il falso mondo. Continua a guardare, tesoro.

BRUCE: È una videoteca. Ho un'intera videoteca di film.

KATIE: E poi i film non iniziano a farti vedere dove hai fallito? E tu provi colpa e vergogna.

BRUCE: Sì, il modello sembra quello.

KATIE: Poi la mente attacca lei e poi attacca te.

BRUCE: Sì. Divento pieno di risentimento. Risentimento per l'inferno che mi fa passare. A volte penso che sia una stronza castrante e insensibile. E a volte che ha avuto ragione a lasciarmi, perché sono un perdente totale.

KATIE: Metterei in dubbio il pensiero "Sono un perdente totale", angelo mio, ma lo faremo più tardi. Continuiamo con "Mi ha abbandonato". **Chi saresti senza quel pensiero?**

BRUCE: Sarei meno arrabbiato. Forse non proverei nessuna rabbia. Forse non sarei così abbattuto. Libererei tutto quello spazio mentale per qualcos'altro. E probabilmente sarei più presente. Non sarei così bloccato nel guardare dove ho sbagliato, dove *lei* ha sbagliato. Non la accuserei così tanto. Mi fa davvero star male.

KATIE: Sì, la mente non avrebbe bisogno di provare ciò in cui non crede realmente. Non sarebbe necessario.

BRUCE: Sì, riesco a vederlo. Sarei molto più felice. Ma io credo *davvero* che mi ha abbandonato. È quello che è accaduto. Che cosa posso farci?

KATIE: Ti ho sentito, tesoro. La tua risposta alla prima e alla seconda domanda è stata sì. Credi davvero che è vero che ti ha abbandonato. Nella sua realtà, forse lei non ti ha affatto abbandonato, può essere semplicemente andata avanti nella sua vita. Ma tu sei convinto che ti ha abbandonato. Questa è la tua storia. Ora stiamo guardando le tue risposte alle domande tre e quattro. Vediamo come reagisci a quel pensiero e chi saresti senza di esso.

BRUCE: D'accordo. Non vedo niente di buono nel modo in cui reagisco quando credo a quel pensiero. È un pensiero molto doloroso.

KATIE: Vediamo che *con* quel pensiero sei pieno di rabbia e di risentimento, e che *senza* il pensiero non hai tutto quello stress. Quindi è il pensiero che provoca il tuo dolore, non la tua ragazza.

BRUCE: Ehi, non ci avevo mai pensato!

KATIE: Lei non ha niente a che fare con il tuo star male. Sei solo tu. Sono solo i tuoi pensieri non indagati.

BRUCE: Dio mio, è incredibile!

KATIE: "Mi ha abbandonato": **rigiralo**.

BRUCE: Hm... io l'ho abbandonata?

KATIE: Bene. Ora dammi tre modi in cui l'hai fatto. Dammi tre esempi *sinceri* di come l'hai abbandonata nel vostro rapporto.

BRUCE: Temevo proprio che si arrivasse a queste domande. Beh, ci sono state tre volte nel nostro rapporto in cui non ho fatto quello che ho detto che avrei fatto, perché temevo che avrebbe portato a situazioni esplosive, a una specie di mania emozionale.

KATIE: Sì. È interessante notare quando ti difendi e ti giustifichi.

BRUCE: Oh... [Pausa] L'ho fatto?

KATIE: Sì. Ti sei allontanato dall'indagine per entrare nella tua storia. Difesa e giustificazione ti impediscono di rispondere alle domande. La mente è così bloccata nei suoi modelli per dimostrare che ha ragione, che ti spinge via dalle domande. Notalo semplicemente e ritorna gentilmente all'indagine.

BRUCE: D'accordo.

KATIE: Allora, questo è stato un modo. In che altri modi l'hai abbandonata? Dammene altri due.

BRUCE: Hm... non ero totalmente presente nel rapporto.

KATIE: In che modo?

BRUCE: Mi ritiravo, creavo situazioni di stallo, mi chiudevo.

KATIE: E sono due. Dammi un altro modo.

BRUCE: Beh, lei era andata ad abitare dall'altra parte del paese e per gli ultimi due anni abbiamo avuto un rapporto a distanza. E io l'ho lasciata fare. [Rotea gli occhi] L'ho condiviso, perché in un certo senso per me era più comodo, non c'era così tanta pressione per prendere un impegno.

KATIE: Bene. Sono tre.

BRUCE: Sai, hai ragione sulle giustificazioni. In me c'è una forte spinta a difendermi e a giustificarmi, anche se tento di non farlo.

KATIE: Non è magnifico notarlo? Iniziare a innamorarsi della mente, così brillante nella sua capacità di provare ciò che in realtà non è. Riesci a trovare un altro rigiro a "Mi ha abbandonato"?

BRUCE: *Io* ho abbandonato me.

KATIE: In che modo? Puoi fare qualche esempio?

BRUCE: Non ero sincero con me stesso. Non verbalizzavo i miei bisogni. E questa, ironicamente, è un'altra forma di abbandono. Non essendo pienamente presente a me stesso, ho lasciato che lo fosse anche lei.

KATIE: Riesci a trovare un altro rigiro?

BRUCE: *Non* mi ha abbandonato? No, questo non è vero. L'ha fatto!

KATIE: I rigiri sono un modo per esplorare la verità. A volte ci sono rigiri che non vedi, a volte ci sono rigiri che non funzionano, e io amo rimanerci. Il Lavoro è meditazione. Se rimani in questo rigiro per un po', potresti scoprire che in realtà è più vero della tua affermazione originaria.

BRUCE: Ho sempre pensato che ci fossero solo tre rigiri: verso se stessi, verso l'altro e verso l'opposto. Poi, parlando con un amico, mi ha detto: "Ho fatto sei rigiri su un'unica affermazione! Ce li ho su un modello al computer e mi stanno facendo saltare la mente!". E non capisco davvero come funziona.

KATIE: All'interno dei tre rigiri di base, a volte ce ne sono altri. Alcuni funzionano e altri no. Probabilmente il tuo amico se l'è presa comoda e ha dedicato molto tempo alla sua affermazione. Sembra che fosse molto aperto a scoprire le sue verità, che gli sono arrivate quando è stato il momento, e lui ha semplicemente aspettato, notato, e ha trovato ciò di cui aveva bisogno. Non puoi fare questo Lavoro in modo sbagliato, tesoro. Non è possibile. Nessun pensiero arriva prima del suo momento. Guardiamo la tua seconda affermazione.

BRUCE: *Voglio che Sheila ritorni, che si scusi e che prometta di non lasciarmi mai più. Voglio che lavori alla sua capacità di riflettere, e veda come reagire per paura ferisca me e gli altri. Voglio che lavori alla sua autostima e alla sua volubilità.* [Ride]

KATIE: Allora non è Sheila che vuoi che ritorni! La donna che descrivi non è lei.

BRUCE: Sì, è lei che voglio... È questo il problema.

KATIE: Non può essere Sheila. Vuoi qualcuno che veda che reagendo per paura ti ferisce. Vuoi qualcuno che abbia lavorato di più alla propria autostima. È *questa* che vuoi che ritorni. E non è lei. "Voglio che ritorni, così ti posso rimodellare".

BRUCE [ridendo]: Sì.

KATIE: "Ritorna, così potrai essere la donna dei miei sogni, visto che non lo sei!".

BRUCE: Giusto.

KATIE: "In realtà, tu non sei quella con cui voglio vivere, finché non avrò lavorato su di te e ti avrò rimodellata. Finché non avrai fatto tutti i cambiamenti per i quali in seguito mi ringrazierai".

BRUCE: Giusto. Dov'è il problema? [Tutti ridono].

KATIE: Quindi non è *lei* che vuoi indietro.

BRUCE: No, non è lei. Oh Dio mio!

KATIE: Bel colpo, vero?

BRUCE: È veramente un mio modello. In un rapporto, nel mio lavoro nel campo della moda, o in qualunque altra situazione, tendo a guardare le cose in termini di potenziale. Nei termini di come potrebbero essere, in contrapposizione a come sono.

KATIE: Allora potresti dirle: "Voglio che ritorni perché ti vedo potenzialmente come una persona che posso accettare".

BRUCE [ridendo assieme al pubblico]: Davvero allettante. Eppure l'ho *fatto*, l'ho fatto.

KATIE: Certo che l'hai fatto. Lo facciamo finché non lo facciamo più. È stato il tuo lavoro. Qui ti sto semplicemente aiutando a cambiare professione. Stiamo guardando chi siamo senza queste storie. Allora, tesoro, "Vuoi che lei ritorni": **è vero?**

BRUCE: Hm...

KATIE: Guarda semplicemente. Perché potresti dire: "Ti voglio", e quando lei ritorna chiederti perché non la vuoi più. "Vuoi che lei ritorni": **è vero?**

BRUCE: Con la lista dei cambiamenti o senza?

KATIE: Lei non è cambiata. È semplicemente Sheila. Non è la nuova donna migliorata della tua immaginazione. Vuoi che ritorni, così com'è?

BRUCE [dopo una pausa]: No. Voglio che ritorni, ma voglio che cambi.

KATIE: Grazie per averlo notato. [Il pubblico ride] Se ami la persona con cui vivi, esattamente com'è, non hai mai sorprese; è sempre delizioso, perché è la persona a cui hai chiesto di ritornare. Lavora soltanto su te stesso. La tua compagna non può essere la causa della tua infelicità e non deve cambiare. E tutte le cose che vorresti cambiare di lei diventano le cose che ami, se hai indagato la tua mente. Ma sappi chi stai invitando a ritornare, senza ingannare te stesso.

BRUCE: D'accordo.

KATIE: Sapendo che, potenzialmente, potrebbe cambiare. Chi può dirlo? Le persone cambiano.

BRUCE: Tu ci credi?

KATIE: No. [Bruce e il pubblico ridono] Non è vero. Le menti cambiano, e i corpi le seguono.

BRUCE: Capisco.

KATIE: Allora, "Voglio che ritorni": **come reagisci, cosa av-**

viene, quando credi a quel pensiero e lei se ne va?

BRUCE: È doloroso! È come se vivessi con un piede nel passato e un piede nel futuro, a cavallo del presente. Non sono qui.

KATIE: La tua vita è sospesa.

BRUCE: Esattamente.

KATIE: **Chi saresti senza il pensiero** "Voglio che ritorni"? Chi saresti se non ci credessi?

BRUCE: Sarei molto più centrato. Sarei in pace, credo; più in pace. Ci sarebbe spazio per più contentezza.

KATIE: Questo mi dice che saresti più mentalmente sano rispetto alla persona che vorresti che ritornasse. Rigiriamolo. "Voglio che lei ritorni": **rigira**.

BRUCE: Voglio che *io* ritorni.

KATIE: Sì. Se vuoi che lei ritorni, vuoi che ritorni qualcuno che non esiste e così perdi te stesso. E non è corretto nei suoi confronti, perché lei non può essere la donna dei tuoi sogni. Lei è lei.

BRUCE: Sì. Ma una cosa che ho notato che fa la mia mente, e non è un incidente isolato, è che quando inizio un rapporto creo queste storie sulle persone, gli do questo potere, e quando se ne vanno, tutte queste storie se ne vanno con loro. E mi dico: "Dio mio, ma chi sono? Devo ricostruire daccapo la mia identità?". È spossante.

KATIE: "Devi ricostruire daccapo la tua identità": **è vero?**

BRUCE: No; in realtà, no.

KATIE: No, perché la tua identità è già lì per te, non hai bisogno di ricostruirla. È lì. Ti svegli e lei non c'è: questa è la tua identità. "Sono un uomo che si sveglia da solo".

BRUCE: Giusto.

KATIE: "Sono un uomo che fa colazione da solo".

BRUCE: Sarebbe una magnifica scritta per una maglietta: "Sono un uomo che si sveglia da solo" [Il pubblico ride].

KATIE: Potrebbe attirare un sacco di donne! [Altre risate] Hai proprio una mente da esperto di marketing. Ma sei attaccato al sogno di chi è lei. E lei recita la parte di cercare di essere quello che tu vorresti che fosse.

BRUCE: Sì, è così.

KATIE: E fallisce sempre. Se lei facesse tutte quelle cose per te, e se facesse tutti questi cambiamenti, vedresti in lei un potenziale ancora maggiore.

BRUCE: Sì. Un anno fa mi ha scritto una lettera e una parte mi è proprio rimasta in mente. C'era molta rabbia e diceva: "Ho preso tutte quelle lezioni e corsi di comunicazione, ho fatto tutta quella roba che volevi facessi, e non sei *ancora* soddisfatto!". Io ho pensato: *Magnifico, hai fatto tutto questo per me!* C'erano tutte quelle bandiere di pericolo che sventolavano e io pensavo: *Oh! Che sta succedendo?*

KATIE: Bene, adesso lo sai.

BRUCE: Sì, adesso lo so.

KATIE: È lì, nero su bianco. Rileggilo.

BRUCE: *Voglio che Sheila ritorni, che si scusi e che prometta...* [Ride] Adesso sembra un'affermazione davvero assurda! *Voglio che Sheila mi chieda scusa e prometta di non lasciarmi mai più. Voglio che lavori alla sua capacità di riflettere, e veda come reagire per paura ferisca me e gli altri. Voglio che lavori alla sua autostima e alla sua volubilità* e bla bla bla. [Il pubblico ride].

KATIE: Bene, adesso hai capito perché se n'è andata. [Il pubblico ride ancora più forte].

BRUCE: Sì. Perché dovremmo voler rimanere con qualcuno che cerca continuamente di migliorarci?

KATIE: Queste sono le tue esigenze. E lei ha tentato.

BRUCE: Giusto. Ma con un'altra cambieranno, e avrò delle nuove esigenze.

KATIE: Chi può saperlo. Forse no. Potresti diventare così sveglio a te stesso che le persone che non ti attraggono non ti attrarranno più. Puoi capirlo?

BRUCE: Sì.

KATIE: Le persone che non ti attraggono non ti attrarranno più, perché non proietterai su di loro tutte queste esigenze: la storia del loro potenziale, quanto sarebbero magnifiche se facessero questo e questo e questo. Allora, quando qualcuno ti attrarrà sarà autentico. Non devi più cambiarla. Non devi più revisionarla in questo modo.

BRUCE: E come funziona? Perché nel rapporto è così fondamentale esplorare e...

KATIE: Se la vedi com'è davvero, e non attraverso il suo potenziale, vedi che è una donna che non ha le cose che chiedi. Sei attratto da una donna che è esattamente così com'è. E, dato che la tua mente è chiara, è una cosa reale. Allora, lei è la donna da cui sei davvero attratto. Non quella che immagini che sia. Il Lavoro riguarda proprio questo. Ora, **rigiriamolo**. "Voglio che io...".

BRUCE: Voglio che io ritorni da me, voglio che io mi scusi con me, voglio che io prometta di non lasciarmi mai più.

KATIE: Sì, quando hai un partner e quando non hai un partner.

BRUCE: Giusto, giusto. Con o senza partner. Voglio che io lavori alla mia capacità di riflettere, e vedere come reagire per paura mi ferisce. Voglio che io lavori alla mia autostima e alla mia volubilità. Sì, è verissimo. Questo *è* quello che voglio.

KATIE: Ne hai il potenziale! [Il pubblico applaude e Bruce ride]. Potresti scriverle una lettera e dire: "Ecco le cose su cui sto lavorando".

BRUCE: Povera Sheila!

KATIE: C'è un altro rigiro.

BRUCE: Voglio che io ritorni da me...

KATIE: ...da *lei*.

BRUCE: Da lei? Oh, mio Dio! Voglio che io ritorni da lei. Qui c'è qualcosa che brucia.

KATIE: Uh-uh.

BRUCE: Voglio che io le chieda scusa. Chiederle scusa? Non ci penso nemmeno! [Tutti ridono].

KATIE: Vogliamo che siano *loro* a chiedere scusa.

BRUCE: Vedo che ho messo di nuovo in atto tutte le mie difese.

KATIE: Ma l'affermazione non diceva: "Voglio tornare e sposarla e amarla per sempre e accettare tutto".

BRUCE: Solo chiedere scusa per la parte che ho avuto anch'io.

KATIE: Solo tornare da lei. Leggi: "Voglio che io..." [Risate]. Non stupisce che bruci!

BRUCE: Sono contento che tu la veda in modo così divertente.

KATIE: Non stupisce che bruci: sei tu che *ti* sei lasciato.

BRUCE: Voglio chiederle scusa e prometterle di non lasciarla mai più.

KATIE: Non deve essere in termini fisici, tesoro.

BRUCE: Oh.

KATIE: Non devi lasciarla più per le cose che non è in grado di fare, per le cose che tu le chiedi. Non era la sua lista, era la tua.

BRUCE: Sì, ho capito. Voglio tornare da lei, chiederle scusa e prometterle di non lasciarla più.

KATIE: Continua a leggere.

BRUCE: Qui mi blocco: *voglio che lei lavori alla sua capacità di riflettere.*

KATIE: "Voglio lavorare alla mia...".

BRUCE: Voglio lavorare alla mia capacità di riflettere.

KATIE: Faglielo sapere. Lo apprezzerebbe. Potrebbe pensare che è una cosa buona.

BRUCE: Mi attaccherà il telefono in faccia.

KATIE: Va benissimo. Riguarda te, non lei. Potresti dirle semplicemente: "Lavorerò alla mia capacità di riflettere e ti chiedo scusa per avere pensato che eri tu che dovevi lavorare alla tua. E anche per non averti accettata quando eri interessata a cose diverse dal mio sogno, dalla lista di cambiamenti che avevo fatto per te". Continua a leggere.

BRUCE: *Voglio che lavori alla sua capacità di riflettere, e veda come reagire per paura ferisca me e gli altri. Voglio che lavori alla sua autostima e alla sua volubilità.*

KATIE: **Rigira**.

BRUCE: Voglio lavorare alla mia capacità di riflettere e vedere come reagire per paura ferisca lei e gli altri. Voglio lavorare alla mia autostima e alla mia volubilità. Sono sicuro che potrei aggiungere molte altre cose. E riuscirei a vedere che in tutte c'è qualcosa di vero per me.

KATIE: Sì. Qual è il rigiro che non capisci? Hai detto di essere sicuro di vedere tutte le altre cose. Qual è che non riesci a vedere?

BRUCE: Hm, la volubilità. Non mi sembra di essere così volubile.

KATIE: Non ti arrabbiavi con lei?

BRUCE: Sì, mi arrabbiavo. Anche se su una scala da uno a dieci poteva essere uno, e la sua rabbia era venti.

KATIE: Bene, questa è volubilità, per te. Passiamo alla prossima frase.

BRUCE: D'accordo. *Sheila non dovrebbe agire per paura; dovrebbe sapere quello che vuole ed essere fattiva; dovrebbe essere paziente e tollerante con i sentimenti e i processi degli altri.* [Tutti ridono] Oh Dio, sono così imbarazzato.

KATIE: C'è qualcosa di più eccitante di te stesso?

BRUCE: No, è magnifico. Il mio ego si sta sciogliendo proprio qui.

KATIE: Sì, lo vedo. Saltiamo la domanda e **rigira** soltanto.

BRUCE: *Io* non dovrei agire per paura. *Io* dovrei sapere quello che voglio. Hm... *Io* dovrei essere paziente e tollerante con i sentimenti e i processi degli altri.

KATIE: Sì, soprattutto quelli di Sheila. Questo può avere effetti molto profondi. Guarda come la trattavi quando credevi a questi pensieri. È come tenere una persona in un laboratorio e tentare continuamente di ri-crearla. Ma lei non te l'ha chiesto. Diciamo ai nostri partner che li amiamo, ma che non vanno abbastanza bene e che dobbiamo ri-crearli, e questo produce in loro una grande confusione.

BRUCE: Pensi che non l'amassi perché sono nella moda?

KATIE: Solo tu puoi saperlo, tesoro. Lei non era quella che volevi, lei era la donna che volevi cambiare. Amavi la donna del futuro.

BRUCE: Non quella che era davvero. Amavo una sua versione immaginaria.

KATIE: Sì, una potenziale. Le hai aggiunto delle qualità e volevi la lei potenziale. È come Dio che crea Eva.

BRUCE: Hm...

KATIE: E Adamo. E lo fai anche con te.

BRUCE: Come?

KATIE: Cerchi di ri-creare anche te. Guarda come reagisce la tua mente se fai qualcosa che non è all'altezza delle tue aspettative. Cerchi di ri-creare te stesso. E se la tua mente è simile a molte altre, potrebbe essere brutale. "Come hai potuto farlo di nuovo? Non fai mai la cosa giusta. Come hai potuto pensare, come hai potuto dire...? Perché l'hai fatto?".

BRUCE: Sì, hai perfettamente ragione. Sono così duro con me stesso.

KATIE: Come se quel modo violento potesse creare qualcosa di diverso.

BRUCE: Sì, ho tutta una storia al riguardo. Sono come un settantacinquenne bisbetico in una sala di bingo. [Imitando un annunciatore del bingo] "G7". [Il pubblico ride].

KATIE: Riesci a trovare un altro rigiro? "Sheila dovrebbe...".

BRUCE: Sheila *dovrebbe* agire per paura?

KATIE: Sì.

BRUCE: Si tratta di accettarla com'è, giusto?

KATIE: Stiamo a vedere.

BRUCE: Ma io ho fretta!

KATIE: Bene, allora guarda te stesso. Scopri se è vero per te.

BRUCE: Sheila dovrebbe agire per paura.

KATIE: Sì, tesoro.

BRUCE: *Non* dovrebbe sapere quello che vuole.

KATIE: Adesso la stai *davvero* incontrando.

BRUCE [dopo una pausa]: ...e non dovrebbe essere paziente e tollerante con i sentimenti e i processi degli altri.

KATIE: Questa è Sheila. Non è adorabile?

BRUCE: È... sì. Quindi, *io* dovrei farlo. Io dovrei essere paziente e tollerante.

KATIE: Solo se vuoi avere una vita felice. Sei stato una specie di dittatore. Ti aspettavi che *lei* vivesse così. Quando indaghi la tua mente e ne hai un barlume, prima lo vivi tu, e poi insegni a noi il nostro potenziale.

BRUCE: Capisco.

KATIE: Ma devi viverlo prima tu, semplicemente per essere sicuro che è possibile. Altrimenti potresti insegnare l'impossibile. Finché non potrai insegnarlo, impara. E quando lo impari *puoi* insegnarlo, ma attraverso l'esempio, non predicando, rimproverando o rifiutando. Vediamo la prossima frase.

BRUCE: Bene. Sul mio foglio di Lavoro ho scritto... La domanda è: "Cosa vuoi che faccia quella persona?". Spinto dalla rabbia, ho scritto: *Non voglio niente da Sheila. Non ho bisogno di lei. La mia felicità non dipende da lei.* Ma vuoi sapere che cosa avrei voluto scrivere realmente?

KATIE: Sì.

BRUCE: *Ho bisogno che Sheila chieda scusa per il suo tradimento.*

KATIE: Ritorniamo alla prima affermazione. **Rigirala** e sii molto gentile, e apri il tuo cuore.

BRUCE: D'accordo.

KATIE: "Io...".

BRUCE: Io non ho bisogno di niente da me stesso.

KATIE: Continua a leggere.

BRUCE: La mia felicità dipende da me.

KATIE: "La mia felicità *non*...".

BRUCE: La mia felicità *non* dipende da me?

KATIE: Per questo ti ho chiesto di aprire la mente e il cuore. Riprova.

BRUCE: Non ho bisogno di niente da me stesso. La mia felicità non dipende da me. [Pausa]. Mi confonde un po'. C'è qualcun altro confuso o sono solo io? [Il pubblico ride] Capisci? Credo che quello che mi confonde è che la mia felicità non dipende da me.

KATIE: Chi saresti senza i tuoi pensieri stressanti? Tutto ciò che è felicità ti è già fornito, ma la mente non indagata parla così ad alta voce che non vedi la felicità che è sotto quella mente.

BRUCE: Oh, sì... capisco, bene.

KATIE: Non dipende da te. È già lì per te. Non devo fare niente per la mia felicità; noto semplicemente il mondo senza la mia storia, e in questo noto di essere felice. Mi è sempre fornita.

BRUCE: Oh!

KATIE: Ma la mente non indagata lotta contro tutto ciò che ti potrebbe dare gioia. Ieri, la mia amica Lesley e io siamo scoppiate a ridere perché sentiva di dover vomitare. Non aveva molti pensieri al riguardo, non significavano molto per lei, è andata al piano di sopra, ha vomitato, non aveva molto da vomitare, lo ha notato ed è tornata giù. Finito. La realtà è così: donna che vomita, donna che rientra nella stanza.

BRUCE: Un'altra maestra! Magnifico!

KATIE: Lesley è una maestra meravigliosa. Non è stato nemmeno un evento. È uscita, è ritornata. Ha indagato la sua mente e quello che ha trovato dietro i pensieri stressanti era felicità.

BRUCE: La nostra natura originaria.

KATIE: Che ci viene sempre fornita. Questi rigiri sono meditazioni. Se ti sembra che non abbiano senso, rimanici dentro. Sentiamo la prossima frase che hai scritto.

BRUCE: *Ho bisogno che Sheila chieda scusa per il suo tradimento.*

KATIE: **È vero?**

BRUCE: No. Adesso mi sembra ridicolo.

KATIE: **Come reagisci, cosa avviene, quando credi al pensiero** "Ho bisogno che lei chieda scusa" e lei non lo fa?

BRUCE: Mi ritraggo. Mi sento isolato, arrabbiato.

KATIE: E poi dove va la tua mente? Quali altri sentimenti provi quando credi al pensiero "Ho bisogno che chieda scusa" e le scuse non arrivano?

BRUCE: Mi sento in trappola, è come se aspettassi qualcosa. Provo risentimento, come se lei mi dovesse qualcosa.

KATIE: Chiudi gli occhi e guarda le immagini mentali che sorgono quando credi al pensiero "Ho bisogno che chieda scusa". In che modo la tua mente la attacca?

BRUCE: La vedo come molto potente, perché ha qualcosa di cui ho bisogno, è lei che ha il controllo totale. La vedo anche dura di cuore, scortese. Mi vedo ai suoi piedi, mi aggrappo a lei, mi faccio piccolo piccolo, aspettando le sue scuse. Hm, è bello. Non mi riferisco al sentimento, è bello vedere che cosa faccio.

KATIE: Sì. è molto bello. Hai avuto una piccola auto-realizzazione. Vediamo la prossima frase.

BRUCE: "Che cosa pensi di quella persona?". *Sheila è spontanea, estroversa, folle, immediata, emotiva, dipendente e naif; è sensibile, brillante e la persona più gentile che abbia mai incontrato.*

KATIE: Bene, guarda la lista. Rileggi di nuovo la lista così come l'hai scritta.

BRUCE: *Sheila è spontanea, estroversa, folle, immediata, emotiva, dipendente e naif...*

KATIE: "...e voglio che ritorni".

BRUCE [ridendo]: "...e voglio che ritorni". Sì. C'è un certo fascino in questo.

KATIE: C'è, se tu riuscissi davvero ad ascoltarti mentre lo dici.

BRUCE: Sì, lei è incantevole. Lei... sto impazzendo.

KATIE: Ora **rigira**. "Io sono...".

BRUCE: Io sono spontaneo, estroverso, folle, immediato, emotivo, dipendente e naif...

KATIE: Soprattutto in relazione a Sheila.

BRUCE: Sì. Che ironia: mi è venuta immediatamente voglia di fare retromarcia e accusarla di nuovo.

KATIE: Sì, ma l'hai notato subito. Non è magnifico? Noti semplicemente, ricominci... e sorridi. L'hai notato, hai sorriso. È un'ottima cosa.

BRUCE: Eccomi qui: lo sto facendo di nuovo.

KATIE: Splendido. Passiamo alla prossima.

BRUCE: *Non voglio mai più essere abbandonato e sentirmi giudicato intimamente, sentirmi escluso e bloccato dal dolore.*

KATIE: **Rigira**.

BRUCE: Sì. Questa è sempre la cosa più difficile.

KATIE: "Sono disposto...".

BRUCE: Sono disposto... Ah!

KATIE: Sono disposto alla cosa se la cosa è così, perché non avevo scelta. Anche se sembra così.

BRUCE: Sono disposto ad essere abbandonato e sono disposto a sentirmi giudicato intimamente, e sono disposto a sentirmi escluso e bloccato dal dolore.

KATIE: Sì, perché potrebbe accadere. Potrebbe accadere nella vita, e se non nella vita potrebbe accadere nella tua mente. I pensieri sono così. Finché non li comprendiamo ci crediamo. E quando ci crediamo, lo stress ci riporta all'indagine. Il Lavoro ci risveglia a ciò che è reale e a ciò che è immaginato. Ci fa vedere la differenza.

BRUCE: Quindi non è volere che non accadano cose dolorose. E non riguarda i sentimenti che nel momento sembrano così reali; riguarda notare nel momento presente quella che è la realtà.

KATIE: Sì, non è eccitante? Ora ripeti la frase con "Non vedo l'ora di...".

BRUCE: Questa è dura per me. Non vedo l'ora di essere abbandonato. Non vedo l'ora di sentirmi giudicato intimamente.

Non vedo l'ora di sentirmi escluso... Non vedo l'ora di sentirmi escluso e bloccato dal dolore.

KATIE: "Non vedo l'ora che mi lasci di nuovo". Chiunque sia la persona con cui immagini di voler vivere.

BRUCE: D'accordo. La chiameremo la "signora X".

KATIE: Sì. Non ne vedi l'ora. Potrebbe accadere. E forse mi hai sentito dire che, se qualcuno mi lascia, sono stata risparmiata. Senza nessuna eccezione. Guarda chi ti ha lasciato: sei stato risparmiato. La donna della tua immaginazione, che non poteva essere all'altezza dei tuoi standard. Quella che desideravi così tanto da condannare la Sheila reale, perché non era così.

BRUCE: Stupefacente. Lo vedo davvero. Grazie, Katie.

KATIE: Grazie a te.

55

*Lascia andare e venire tutte le cose
senza sforzo, senza desiderio.*

Chiunque sia in armonia con ciò che è non ha un passato da
proiettare come un futuro e non si aspetta niente. Tutto ciò che
appare è sempre fresco, brillante, sorprendente, evidente, ed è
esattamente ciò di cui ha bisogno. Lo vede come un dono e
non ha fatto niente per meritarselo. Si meraviglia per il modo
in cui è. Non fa distinzione tra suono e non suono, tra parlarne
e viverlo, vederlo o esserlo, toccarlo e sentirsene toccato. Lo
sperimenta come un continuo fare l'amore. La vita è la sua
storia d'amore.

Per lei, tutto è nuovo. Non l'ha mai visto prima. Non ha
nessuna credenza che la distolga da ciò che è realmente. Nell'innocenza del non sapere, nella saggezza di non aver bisogno di sapere, vede che tutto ciò che appare nel momento è
sempre benevolo.

Lascia che tutte le cose vengano, perché vengono comunque; la scelta non sta a lei. Lascia che tutte le cose vadano,
perché se ne vanno, con o senza il suo consenso. È deliziata
dall'andare e dal venire. Niente viene finché non ne ha bisogno, e niente se ne va finché non ce n'è più bisogno. È molto
chiara su questo. Niente viene sprecato, non è mai troppo o
troppo poco.

Non si aspetta risultati, perché non ha futuro. Comprende
l'efficienza, la necessità del modo in cui sono le cose, la loro
pienezza, la loro ricchezza, al di là di qualunque concetto di

come dovrebbero essere. In questa realizzazione, la sua vita si rinnova continuamente. Lei è quello stesso modo di essere, sempre aperta a ciò che viene, sempre appagata.

56

Sii come il Tao.
Non può essere avvicinato
o allontanato,
beneficiato o danneggiato,
onorato o fatto cadere in disgrazia.

Mio marito mi ha parlato di Socrate. Socrate diceva: "Se sono saggio, l'unico motivo è che so di non sapere". Mi piace molto! Amo che Socrate aiutasse le persone a indagare le loro credenze e che, quando per lui arrivò il momento di bere la cicuta, lo fece serenamente. Non si faceva paura da solo e non si rendeva triste da solo come i suoi cari discepoli inconsapevoli, proiettando un passato non esistente su un futuro non esistente. Non era identificato con un corpo. Quando la mente abbandona il corpo, lo lasciamo per terra e ce ne andiamo. Sapeva che, qualunque cosa accada, la realtà è buona. Ciò porterebbe sollievo al cuore di tutti. Non so niente della sua filosofia, ma mi sembra che Socrate fosse qualcuno che amava ciò che è.

Quando il tuo cuore è contento e in pace, non ha importanza quello che fai o non fai, che tu viva o muoia. Puoi parlare o rimanere in silenzio, ed è tutto la stessa cosa. Alcuni pensano che il silenzio sia più spirituale della parola, che la meditazione o la preghiera ci avvicini a Dio più che guardare la televisione o portare fuori la spazzatura. È la storia della separazione. Il silenzio è una cosa meravigliosa, ma non più meravigliosa che sentire le persone parlare. Amo quando i pensieri attraversano la mia mente e amo quando non ci sono pensieri. I pensieri non possono mai essere un problema per me, perché li ho indagati e ho visto che nessun pensiero è vero. Se impari a meditare, la mente diventa tranquilla, puoi diventare molto calmo, e poi può accadere che quando riprendi la tua vita normale e paghi il parcheggio, bam!, sei di nuovo irritato. È facile essere spirituale quando le cose vanno come vuoi tu. Se i pensieri vengono soltanto osservati e non indagati, conservano il potere di generare stress. O credi ai tuoi pensieri o non ci credi: non c'è un'altra possibilità. Sono come qualcuno che ti sussurra qualcosa; non lo senti realmente e quindi non reagisci. Ma se senti quella persona in modo forte e chiaro, non puoi ignorare quello che dice e potresti reagire. Con l'indagine, non notiamo semplicemente i nostri pensieri, vediamo che non corrispondono alla realtà, comprendiamo esattamente quali sono i loro effetti, abbiamo un barlume di ciò che saremmo se non vi credessimo e vediamo che il loro opposto è almeno altrettanto valido. Una mente aperta è l'inizio della libertà.

Non puoi lasciar andare un pensiero stressante, in primo luogo perché non l'hai creato tu. Un pensiero appare semplicemente. Non lo stai costruendo tu. Non puoi lasciar andare ciò su cui non hai nessun controllo. Dopo avere indagato il pensiero, non lo lasci andare, è *il pensiero* che lascia andare *te*. Non significa più quello che pensavi che significasse. Il mondo cambia, perché la mente che l'ha proiettato è cambiata. Tutta la tua vita cambia e tu non te ne preoccupi, perché realizzi che hai già tutto quello di cui hai bisogno.

Ciò va al di là della semplice consapevolezza. Accogli i tuoi pensieri con comprensione, il che significa che puoi amarli incondizionatamente. E finché non vedi che nemmeno i pensieri esistono, puoi passare la vita a controllarli o a lottare contro di essi. Notare semplicemente i pensieri funziona mentre sei in meditazione, ma può non funzionare altrettanto bene quando devi pagare il parcheggio o quando il tuo partner ti lascia. Noti semplicemente i tuoi sentimenti senza nessun residuo? Non credo. Non comprendiamo finché non comprendiamo. Quando andiamo dentro e accogliamo davvero quei pensieri con comprensione, i pensieri cambiano. Sono visti fino in fondo. Allora, se sorgono di nuovo, sperimentiamo semplicemente chiarezza, una chiarezza che include tutti.

57

Lascia andare progetti fissi e concetti,
e il mondo si governerà da sé.

Quando segui il suo semplice modo, noti che la realtà contiene sempre tutta la saggezza di cui hai bisogno. Non hai bisogno di una saggezza tua personale. I progetti non sono necessari. La realtà ti fa sempre vedere qual è la cosa successiva, in modo più chiaro, più gentile e più efficiente di quello che potresti scoprire da te.

La settimana scorsa, a Copenhagen, ho comprato una mascherina nera per far riposare il mio occhio destro quando fa male: la mia benda da pirata. I miei occhi vedono sempre meno per lunghi periodi di tempo e il dolore è aumentato. Le cellule delle mie cornee sembrano morire a grande velocità. Sono eccitata dallo scoprire quello che sanno i ciechi: la gentilezza di un mondo senza visione, come gli altri sensi si acutizzino, come le mani imparino a sentire a modo loro, quanto amici e sconosciuti siano premurosi nel dare aiuto.

Sembra che potrò diventare cieca oppure no. Prima di partire per il mio tour estivo in Europa, uno specialista mi ha detto che esiste il trapianto della cornea. Bene. Un attimo prima non c'è cura e l'attimo dopo c'è. Ha detto che dovrei attendere quattro o cinque anni. Bene. Stephen fa delle ricerche e scopre che, se devo sottopormi all'intervento, prima è meglio è. Bene. Potrò vedere con occhi nuovi. Fa altre ricerche e scopriamo che l'intervento chirurgico ha delle conseguenze: punti sgradevoli negli occhi e tempi di guarigione da dodici a diciotto mesi. Sento da una donna che ha ancora sei punti negli occhi dopo sedici mesi, una visione di 20 su 500 e molto dolore. Bene: posso farlo. Mi dicono: "Katie, smetti di andare in giro per il mondo". È così che deve essere? Chi può saperlo? Intervento riuscito o non riuscito, che il mio corpo accetti la nuova cornea o la rigetti, che io veda o no, non ho esperienza di viaggiare in quelle condizioni. Sarà la realtà a farmelo sapere. Per il momento, mi dice di continuare a muovermi.

Poi Stephen scopre su Internet che c'è un nuovo tipo di trapianto di cornea ("all'avanguardia", dice sorridendo) chiamato DSEK (resezione cheratoplastica endoteliale di Descemet), di cui il pioniere è il dottor Mark Terry a Portland, Oregon. È un intervento di un'ora, senza punti o con due o tre al massimo, in cui viene trapiantato solo l'endotelio, lo strato interno della cornea, con tempi di guarigione di una settimana o anche meno. Bene. Poi scopre che il responsabile di un blog sulla distrofia di Fuchs implora: "No, no, no, non fatelo, è ancora sperimentale, non ci sono dati sufficienti, la distrofia di Fuchs può ritornare se non si asporta tutta la cornea, non fatevi usare come cavie!". Bene, forse la cosa giusta è la chirurgia tradizionale. Stephen fa altre ricerche, parla con amici medici, pone un sacco di domande e ritorniamo al nuovo tipo di intervento. Bene, è più facile. Come faccio a sapere che devo operarmi? Dopo tutto, non ho bisogno dei miei occhi. Ma il dolore peggiora e a volte è estenuante; diminuisce la mia efficienza nel condividere l'indagine con gli altri. È questo che mi indica la via. E proprio qui, proprio ora, non è accaduto niente e non posso sapere che cosa accadrà.

Sto dettando queste parole dopo avere messo nell'occhio destro le gocce contro il dolore. Sto facendo il mio lavoro, un weekend intensivo, ho firmato libri per circa un'ora finché l'occhio ha cominciato a irritarsi. Che momento meraviglioso: Stephen che scrive le mie parole, il vento che entra dalla porta aperta del balcone della stanza d'albergo, il cielo di Stoccolma, la gratitudine che provo per due medici: la madre di Pascale, che mi ha mandato per corriere le gocce dalla Francia, e il padre di Gustav, che me ne ha prescritto un altro tipo qui a Stoccolma. Anche loro sono il modo in cui è, permettendomi di continuare a funzionare in questo momento. Domattina, Gustav verrà a prenderci dopo colazione e ci porterà all'aeroporto da dove voleremo ad Amsterdam. Chi può sapere in che condizioni sarà il mio occhio? So soltanto che è una cosa buona, mentre siedo qui, facendo quello che faccio, essendo ciò che è.

Quali cornee appariranno? Chi morirà e mi darà una nuova vista, se l'intervento riesce? Come me, come te, quella persona morirà nel momento giusto, non un attimo troppo presto o troppo tardi, e io erediterò le cornee che in questo momento vivono in quella persona. Una donna, un uomo? Vecchio, giovane? Nero, bianco, giallo? (Un caro amico in Germania, che ama Il Lavoro, si è offerto di donarmi le sue cornee. Stephen l'ha ringraziato e ha detto che non era adatto, perché non era morto). Amo il modo in cui è. Amo che, quando morirò, anche parti del mio corpo verranno riciclate. Prendi il mio cuore, i miei organi, i miei occhi di seconda mano; prendi tutto ciò di cui hai bisogno, tutto ciò che è utilizzabile; non mi appartengono e non mi sono mai appartenute.

Aspetto con ansia di diventare cieca, se l'intervento non riesce. Lo sono già stata, quasi. Ho attraversato i terminal degli aeroporti senza riuscire a vedere i cartelli indicatori o leggere i monitor, ho attraversato gli hotel quando il mondo era un'unica macchia confusa, sono stata di fronte a un migliaio di persone senza riuscire a vedere le mani alzate, in un mondo privo di volti, privo di colori; un mondo bellissimo, molto semplice per viverci. Stephen vede e legge senza occhiali, e davanti al buffet della colazione in albergo sono veloce a fare da me mentre mi indica dove sono le uova alla coque, dov'è il decaffeinato, dove infilare le fette nel tostapane, dove sono lo yogurt e la frutta. So che non ho bisogno di sapere niente, e la percezione mi indica ombre, consistenze, la sensazione e la luminescenza del mondo. Prendo i miei cibi e attraverso con lui la grande sala da pranzo, cercando la persona che ci raggiungerà per discutere il programma della giornata. Mentre cammino, tutto è buio, ma ci sono delle differenze: ombre scure e più scure. Un'ombra si muove. Dico: "Tesoro, è Peter?". E Stephen risponde: "Sì, è lui". Senza di lui, non avrei avuto difficoltà ad avvicinarmi e dire: "Peter, sei tu?". E oggi il modo in cui è è così gentile che non ci sono ostacoli, non ci sono sedie fuori posto, non ci sono oggetti per terra su cui inciampare.

So sempre che la strada è sgombra. E se inciampo contro un ostacolo, mi godo tutta la caduta fino a terra. Cadere è uguale a non cadere. Rialzarmi e non riuscirci sono uguali. L'unico modo per conoscere il modo in cui è, è partecipare senza separazione. È un continuo fare l'amore, e l'unico amante è ciò che è.

Vedo il bene comune ovunque. Il bene comune ha l'aspetto di un intero villaggio spazzato via da uno tsunami. Ha l'aspetto di un uomo che perde le gambe, di un altro che ottiene l'aumento di stipendio per il quale ha lavorato così duramente, di una donna così obesa che non riesce a chinarsi. Ha l'aspetto della puzza che viene dalla fogna o delle nuvole che si muovono lente nel cielo azzurro. Non credo più che l'uomo senza le gambe non avrebbe dovuto perdere le sue gambe. Vedo che le vuole, vedo che pensa di averne bisogno, e vedo lo strazio che deriva dal crederlo. Vedo che la sua guerra con la realtà causa tutta la sua infelicità. L'infelicità non può mai essere causata dalla perdita delle gambe, può nascere soltanto dal suo desiderio di qualcosa che non è.

"Dovrei", "Non dovrei", "Dovresti", "Non dovresti", "Voglio", "Ho bisogno": questi pensieri non indagati distorcono l'apparizione del bene che è comune come l'erba. Quando ci credi rendi piccola la tua mente, e la piccolezza mentale non ti permette di vedere perché la perdita delle gambe è bene, perché la cecità è bene, la malattia, la fame, la morte, un villaggio spazzato via, l'intero apparente mondo di sofferenza. Rimani inconsapevole del bene attorno a te, blocchi l'esultanza che proveresti se lo riconoscessi. Comunque la pensi, la realtà è il modo naturale. Non si piegherà alle tue idee di come dovrebbe essere e non attenderà il tuo consenso. Rimarrà esattamente com'è, pura bontà, che tu lo capisca o no.

58

Cerca di rendere le persone morali e avrai gettato le fondamenta del vizio.

Essere presenti significa vivere senza controllo e soddisfare sempre i tuoi bisogni. Per chi è stanco del dolore, niente potrebbe essere peggiore che tentare di controllare ciò che non può essere controllato. Se vuoi il vero controllo, lascia cadere l'illusione del controllo. Lascia che la vita ti viva. Lo fa comunque. Stai soltanto raccontando la storia su come non lo fa, ed è una storia che non può mai essere reale. Non hai fatto tu la pioggia o il sole o la luna. Non hai nessun controllo sui tuoi polmoni o sul tuo cuore o sulla tua vista o sul tuo respiro. Un minuto prima stai bene e in salute, un minuto dopo no. Quando cerchi la sicurezza vivi la tua vita con grande, grande precauzione, e finisci per non avere affatto una vita. Tutto è nutrimento. Mi piace dire: "Non stare attento, potresti farti male".

Non puoi rendere le persone morali. Le persone sono quello che sono e fanno quello che fanno, con o senza le nostre leggi. Ricordi la legge sul proibizionismo? Sento che fu creata da persone morali e bene intenzionate, che volevano semplicemente salvarci tutti dalla tentazione dell'alcol. Ovviamente fu un fallimento, perché la sobrietà può venire solo dall'interno. Non puoi costringere la gente a essere sobria o onesta o gentile. Puoi dire: "Tu non lo farai" fino a farti diventare la faccia blu, e loro lo faranno lo stesso.

Il modo migliore, il *solo* modo efficace, è essere di esempio e non imporre la tua volontà. Io cercavo di rendere i miei figli morali dicendo loro che cosa dovevano fare, che cosa non dovevano fare, come dovevano essere, come non dovevano essere. Nella mia confusione cercavo di essere una buona madre e pensavo che quello fosse il modo per farne delle persone buone. Quando non facevano quello che volevo, li rimproveravo o li punivo, credendo che fosse per il loro bene. In realtà, quello che insegnavo loro era infrangere le mie leggi e fare attenzione a non venire scoperti. Gli insegnavo che il modo per creare pace nella nostra casa era agire di nascosto e mentire. Molte delle cose che insegnavo a non fare, le avevo fatte io stessa senza ammetterlo, e alcune continuavo a farle anche se mi vedevano. Mi aspettavo che non le facessero soltanto perché l'avevo detto io. Non funzionava. Era una ricetta per la confusione.

Ho perso i miei figli vent'anni fa. In primo luogo, ho visto che non erano miei. Fu una perdita estrema: morirono davvero a me. Scoprii che quello che pensavo che fossero non era mai esistito. Oggi la mia esperienza di loro è più intima di quanto possa descrivere. Oggi, quando i miei figli mi chiedono che cosa dovrebbero fare, dico: "Non lo so, tesoro". O: "In una situazione simile io ho fatto così e per me ha funzionato. E sappi che sarò sempre qui per ascoltarti e che ti amerò sempre, qualunque decisione tu prenda. Saprai tu che cosa fare. E, tesoro, non puoi sbagliare. Te lo prometto". Alla fine avevo imparato a dire ai miei figli la verità.

È doloroso pensare di sapere che cos'è meglio per i tuoi figli. È irrealizzabile. Quando pensi di doverli proteggere, stai insegnando ansia e dipendenza. Ma quando indaghi la tua mente e impari a non essere mentalmente negli affari dei tuoi figli, finalmente in casa c'è un esempio: qualcuno che sa come vivere una vita felice. Notano che hai le idee chiare e che sei felice, e iniziano a seguire. Tu gli hai insegnato tutto quello che sanno sull'ansia e la dipendenza, e ora iniziano a imparare qualcos'altro, qualcosa sulla libertà. Con i miei figli è andata così. Non vedono più tanti problemi, perché alla presenza di qualcuno che non ha neanche un problema, nemmeno loro possono conservarne uno. Se la tua felicità dipende dalla felicità dei tuoi figli, li trasforma in tuoi ostaggi. Io penso che li lascerei liberi e sarei felice. È molto più sano. Si chiama amore incondizionato.

Perché dovrei dare consigli ai miei figli se non posso sapere che cos'è meglio per loro? Se quello che fanno li rende felici, è quello che voglio; se li rende infelici, è quello che voglio, perché imparano da ciò che io non avrei mai potuto insegnargli. Celebro il modo in cui è, e loro ne hanno fiducia e io ne ho fiducia.

59

*Non ha destinazione in vista
e utilizza tutto ciò
che la vita le porta.*

Quando non hai nessuna destinazione in vista, puoi andare ovunque. Capisci che qualunque cosa la vita ti porti è buona, perciò non vedi l'ora di tutto. Non esiste una cosa come l'avversità. L'avversità è solo un pensiero non indagato. Senza una credenza, non c'è separazione. Avversità e buona sorte sono uguali. Puoi risvegliarti su Marte, puoi ritrovarti all'inferno, e non c'è problema, perché Il Lavoro è vivo dentro di te. Puoi entrare negli stati mentali più insoliti, in emozioni che ti sei tenuto nascoste per decenni. Puoi entrare nella peggiore delle tue paure e, con l'indagine, non ha importanza dove vai o come appari. Senza una credenza, sei tutte le cose. E se resti intrappolato in una particolare identità, hai la ricerca per tirarti fuori dalla trappola.

Un giorno, nel 1986, ero in un centro commerciale quando vidi una donna molto anziana che veniva verso di me reggendosi a un girello. Sembrava sulla novantina. Aveva la schiena curva e sul viso una smorfia che sembrava di dolore. Mentre continuavo a camminare, notai con orrore che stavo guardando attraverso gli occhi di quella donna anziana la donna che ero stata, quella con il corpo di Katie, sana, agile e luminosa come tutte le luci del mondo. Mentre la guardavo, quella luminosa girò l'angolo con il suo solito passo veloce e disinvolto, e capii che adesso ero quella vecchia signora. Sentii il suo dolore: adesso non era il suo, era il mio. Sentii il mio putrido odore.

Divenni consapevole della carne del mio corpo che pendeva sconnessa dalle ossa. La carne era grinzosa e grigiastra, senza muscoli che la sorreggessero. Sentivo il dolore nelle giunture ad ogni movimento. La lentezza dei miei movimenti era esasperante. Il pensiero che accompagnava la rabbia era "Voglio muovermi veloce come quella giovane donna. Non è giusto". Poi mi apparve tutto l'orrore della situazione. Se l'avessi messo in parole, il pensiero sarebbe stato: "Oh mio Dio, sono intrappolata qui dentro! Io dovrei essere quella giovane e luminosa! C'è stato un errore, non ne uscirò mai, rimarrò così per sempre!". Immediatamente sorse l'indagine: "Io sono questa": è vero? È vero che sarò così per sempre? Come reagisco quando ci credo? Che cosa sarei senza questo pensiero? Anche l'indagine era al di là delle parole. Non veniva dopo il pensiero senza parole: pensiero e domande sorgevano nello stesso istante e si annullavano a vicenda. L'orrore era equivalente a una profonda gentilezza, a una carezzevole, piena, salda accettazione. Non c'era disagio. Iniziava, da quella nuova posizione, a celebrare la sua intera vita, ad amarsi come una donna anziana, ad apprezzare il passo lento, la pelle avvizzita, il dolore, il cattivo odore. Il cattivo odore era dolce come il profumo della primavera. Ero in grado di amare il fatto che avesse trovato la casa perfetta per una me. Non c'era più nemmeno il minimo desiderio di essere in un'altra situazione. Non volevo altro di ciò che era. E appena lo realizzai mi ritrovai, con mia sorpresa, a girare l'angolo del centro commerciale come il corpo della donna luminosa dal passo veloce che sembrava perduta per sempre.

Ero arrivata a sentirmi a mio agio in quel vecchio corpo decrepito come sono qui, ma adesso era una Katie. E la gente si meraviglia che mi guardi la mano e cada in estasi. Non è diverso dall'essere intrappolati per sempre in un corpo che è quasi morto. L'indagine può sopportare ogni condizione, qualunque sia, in uno stato di consapevolezza amorevole. Dopo quell'esperienza, tutto fu un gioco da bambini, la libertà di essere in ogni luogo, la danza e l'assenza di corpo di tutto ciò. L'indagine è grazia. Si risveglia dentro di te, ed è viva, e nessuna sofferenza può resisterle. Ti prende, e allora non importa che cosa la vita ti porti, "buona" o "cattiva". Apri le braccia alla cosa peggiore che può accadere, perché l'indagine continuerà a sorreggerti, con sicurezza, con dolcezza, attraverso tutto. Anche il problema più profondo diventa un evento dolce, naturale, un'opportunità per la tua auto-realizzazione. E quando gli altri provano terrore, tu sei l'incarnazione della chiarezza e della compassione. Tu sei l'esempio vivente.

60

Non opporre niente al male
e scomparirà da solo.

La vita è semplice. Tutto accade *per* te, non *a* te. Tutto avviene esattamente nel momento giusto, né troppo presto né troppo tardi. Non deve piacerti: è semplicemente più semplice se lo fai. Se hai un problema, può essere solo a causa del tuo pensiero non indagato. Come reagisci quando credi che il passato sarebbe dovuto essere diverso? Ti scoraggi e ti blocchi, perché ciò a cui fai resistenza persiste. Fai continuare il tuo mondo stressante, un mondo che non esiste se non nella tua immaginazione; ottieni di rimanere nell'incubo. Opporsi alla realtà fa male, perché opponendoti alla realtà ti opponi al tuo vero sé.

Quando impari a indagare i tuoi pensieri, non c'è resistenza. Non vedi l'ora di incontrare il peggiore dei tuoi incubi, perché si rivela non essere altro che un'illusione, e le quattro domande del Lavoro ti forniscono la tecnologia per andare dentro e comprenderlo. Non hai bisogno di brancolare nel buio per trovare la tua via verso la libertà. Puoi tranquillamente sederti e dartela, ogni volta che vuoi.

Diciannove anni fa, un medico mi asportò un esteso melanoma al viso. Avevo trovato l'indagine - l'indagine aveva trovato me -, perciò non avevo avuto nessun problema con il melanoma. Al contrario, ero felice di vederlo venire ed ero felice di vederlo andare. Era un vero spettacolo, e prima che mi venisse asportato amavo essere in pubblico. La gente lo guardava e faceva finta di non vedere, e la cosa mi stuzzicava. Se una bambina mi fissava con lo sguardo, i genitori le dicevano qualcosa e la trascinavano via. Pensavano che sarei stata ferita nei miei sentimenti o che ero una specie di matta? Io non mi sentivo matta. Il melanoma sulla mia faccia era normale per me, era la realtà. A volte mi accorgevo che qualcuno lo guardava, poi distoglieva lo sguardo, poi lo guardava di nuovo, poi distoglieva, poi guardava... e alla fine i nostri occhi si incrociavano e scoppiavamo entrambi a ridere. Dato che io vedevo il melanoma senza una storia, alla fine anche l'altro riusciva a vederlo così, ed era molto divertente.

Tutto si rivela essere un dono, questo è il punto. Tutto ciò che vedevi come un handicap si rivela essere l'estremo opposto. Ma puoi saperlo solo se rimani nella tua integrità, andando dentro e scoprendo qual è la tua verità, non la verità del mondo. Allora tutto ti viene rivelato. Non c'è niente che devi fare. L'unica cosa di cui sei responsabile è la tua verità nel momento, e l'indagine ti porta ad essa.

Una volta feci Il Lavoro assieme a una donna che si vergognava delle sue dita. Aveva sviluppato un'artrite reumatoide quando aveva diciassette anni e credeva che le sue dita fossero deformi. Non erano normali, pensava, e soffriva molto a causa di quella credenza; si sentiva persino in imbarazzo a mostrarle. Ma le sue dita *erano* normali: erano normali per *lei*. Erano le dita con cui si era svegliata ogni mattina da quando aveva diciassette anni. Per ventisette anni erano state le sue dita normali. Semplicemente non l'aveva notato.

Come reagisci quando credi che ciò che è non è normale per te? Con vergogna, tristezza, disperazione. Chi saresti senza quel pensiero? Saresti a tuo agio con la tua condizione e la ameresti, qualunque essa sia, perché realizzeresti che è perfettamente normale, per te. Anche se il 99 per cento degli altri non è così, la loro normalità non è la tua: *questa* è la tua normalità. Era la resistenza che quella cara donna faceva alla realtà che la faceva soffrire, non le sue dita.

Dacci il permesso, attraverso di te, di avere un difetto, perché i difetti sono la norma. Quando nascondi i tuoi difetti, ci insegni a nascondere i nostri. Amo dire che stiamo aspettando un insegnante, uno soltanto, che ci dia il permesso di essere chi siamo in questo momento. Tu appari così, grande o piccolo, diritto o curvo. È un dono così grande da dare! Il dolore sta nel trattenerlo. Chi altri potrà darci il permesso di essere liberi, se non tu? Fallo per il tuo bene e noi ti seguiremo. Noi siamo un riflesso del tuo pensiero, e quando liberi te stesso tutti noi diventiamo liberi.

61

*Umiltà significa
avere fiducia nel Tao.*

Nessuno ha mai saputo la risposta alla domanda *Perché?* L'unica vera risposta è *Perché*. Perché le stelle scintillano? Perché lo fanno. Perché il bicchiere è sulla tavola? Perché lo è. È così. Nella realtà *non* c'è *perché?* Chiederlo è inutile, la domanda non può andare da nessuna parte: non l'hai notato? La scienza può darti una risposta, ma dietro il *perché* c'è sempre un altro *perché?* Non c'è risposta definitiva a niente. Non c'è niente da sapere e nessuno che vuole sapere. Divertiti semplicemente con il chiedere, perché ci sono trilioni di risposte, tante quante le stelle nel cielo, e nessuna è vera. Gioisci delle stelle, ma non pensare che dietro di loro ci sia qualcosa. E in definitiva, ti interessa davvero una risposta?

Il Lavoro è meraviglioso perché ti lascia con la cosa reale, al di là di tutte le risposte. Ti lascia senza nessun concetto di chi dovresti essere. Non ci sono modelli, non ci sono ideali; lo scopo non è essere saggi o spirituali. Noti semplicemente ciò che è. Mi piace dire: "Non pretendere di essere più in là della tua evoluzione". Con questo intendo: "Non essere spirituale; sii sincero, invece". È doloroso pretendere di essere più evoluto di quello che sei, di essere nella posizione di un insegnante quando è più gentile verso te stesso essere nella posizione di uno studente. La ricerca riguarda la verità, che non è necessariamente come pensi che debba essere. La verità non è rispettosa della spiritualità. Rispetta soltanto se stessa, esattamente come si rivela ora. E non è seria: è semplicemente Dio che ride allo scherzo cosmico.

Se qualcuno si avvicina con una pistola e dice che ti ucciderà e tu hai paura, mettiti a correre. Non è meno spirituale di qualunque altra reazione. Ma se non hai una credenza riguardo a quello che sta accadendo, sei libero. Puoi metterti a correre o rimanere lì, non importa, perché qualunque cosa fai sei in pace. Potresti pensare: *Oh, pensa che mi ucciderà*. Non sarebbe diverso dal limarti le unghie. Questa è libertà.

62

Perché gli antichi Maestri
stimavano il Tao?
Perché, se sei uno con il Tao,
quando cerchi, trovi;
e quando commetti un errore,
sei perdonato.

Amo che ciò che ha reale valore non possa essere visto né udito. Non è niente ed è tutto, non è in nessun luogo ed è proprio lì sotto il tuo naso; di fatto *è* il tuo naso, assieme a tutto il resto. Non lo si può raggiungere o ottenere, perché appena inizi a cercarlo l'hai lasciato. Non deve essere ottenuto, solo notato.

Niente di ciò che dice chiunque è vero, e nessun pensiero che sorge dentro di te è vero. Non c'è niente. Eppure, ecco di nuovo il mondo. Il sole nel cielo. Il marciapiede. Il cane che trotterella al guinzaglio.

Quando capisci di essere uno con la realtà non cerchi, perché realizzi che ciò che hai è ciò che vuoi. Tutto ha senso, perché non sovrapponi il tuo pensiero alla realtà. E quando commetti un errore, capisci immediatamente che non era un errore; era ciò che doveva accadere, dato che è accaduto. Prima del fatto, c'erano infinite possibilità; dopo il fatto, ce n'era una sola. Più chiaramente comprendi che *doveva*, *avrebbe potuto*, *avrebbe dovuto* sono solo pensieri non indagati, più puoi apprezzare il valore dell'apparente errore e ciò che ha prodotto. Vederlo è perdono totale. Nella chiarezza della comprensione, il perdono non è necessario.

63

Agisci senza agire.

Quando prendo in braccio una delle mie adorabili nipotine, le soffio il naso, la bacio, la metto sul seggiolone e le do da mangiare, non lo faccio solo per me, ma anche *a* me. Amare lei è amare me stessa. Non vedo differenze. E poiché amo me stessa, posso amare chiunque arrivi nella mia vita. All'età di quarantatre anni sono diventata il mio primo figlio. Mi amavo e quell'amore era incondizionato. È il potere dell'uno. Poiché mi amavo - questa apparente persona -, centinaia di migliaia di persone stanno imparando ad amarsi. È quello che mi dicono.

Mi innamorai di me un mattino di febbraio del 1986. Mi ero ricoverata volontariamente in una casa di riabilitazione di Los Angeles dopo anni di depressione con tendenze suicide. Dopo circa una settimana, mentre ero stesa sul pavimento della mia stanza (mi sentivo troppo indegna per dormire in un letto), uno scarafaggio mi camminò sul piede e io aprii gli occhi. Per la prima volta nella mia vita vedevo senza concetti, senza pensieri o una storia interna. Tutta la mia rabbia, tutti i pensieri che mi avevano tormentato, tutto il mio mondo, *il* mondo intero, era tutto svanito. Io non c'ero più. Era come se qualcos'altro si fosse svegliato. *Esso* aveva aperto gli occhi. *Esso* guardava attraverso gli occhi di Katie. Ed era frizzante, era brillante, era nuovo, non era mai stato qui prima! Tutto era irriconoscibile. Ed *esso* ne era deliziato! Un riso incontenibile sgorgò dalle mie profondità e si riversò fuori. Respirava, ed era l'estasi. Era ubriaco di gioia: totalmente avido di tutto. Per esso non c'era niente di separato, niente di inaccettabile. Tutto era il suo stesso sé. Per la prima volta io - esso - sperimentavo l'amore per la vita stessa. Io esso - ero *sbalordita*! Tutto ciò avvenne al di là del tempo. Ma quando lo metto in parole devo tornare indietro e collocarmi lì. Mentre ero stesa sul pavimento, compresi che quando ero addormentata, prima dello scarafaggio sul piede, prima di ogni pensiero, prima di ogni mondo, non c'è niente. In quell'istante nacquero le quattro domande del Lavoro. Compresi che nessun pensiero è vero. L'intera indagine era già presente in quella comprensione. Fu come chiudere un cancello e sentire la serratura scattare. Non fui io a risvegliarmi: l'indagine si risvegliò. Le due polarità, la destra e la sinistra delle cose, il qualcosa/niente di tutto, si risvegliò. Entrambi i lati erano uguali. Lo compresi in quel primo istante di non-tempo.

Per ripeterlo un'altra volta: mentre stavo stesa lì nella consapevolezza, *in quanto* consapevolezza, sorse il pensiero: "È un piede". E immediatamente vidi che non era vero, e questa era la delizia della cosa. Vidi che tutto era a ritroso. Non è un piede, non è uno scarafaggio. Ma non c'era nessun nome per nessuna di quelle cose. Non c'erano parole separate per parete o soffitto o volto o scarafaggio o piede o niente di tutto quello. Esso guardava il suo intero corpo, guardava se stesso, senza nomi. Niente era separato da esso, niente era esterno a esso, tutto pulsava di vita e di felicità, ed era tutta un'unica esperienza indivisa. Separare quel tutto, vedere qualcosa al di fuori di sé, non era vero. C'era il piede, ma non era una cosa separata, e chiamarlo piede, o un qualcosa, sembrava assurdo. E le risa continuavano a sgorgare da me. Vidi che *scarafaggio* e *piede* sono nomi per gioia, che ci sono mille nomi per la gioia, e tuttavia non c'è nome per ciò che in questo momento appare come reale. Quella fu la nascita della consapevolezza: il pensiero che rifletteva se stesso, vedendo se stesso come tutto, circondato dal vasto oceano della propria risata.

Poi si alzò, e *fu* stupefacente. Non c'era nessun pensiero, nessun programma. Semplicemente si alzò e andò in bagno. Si diresse verso lo specchio, guardò negli occhi del suo riflesso, e comprese. E fu ancora più profondo della delizia che aveva conosciuto prima, quando aveva aperto per la prima volta gli occhi. Si innamorò di quell'essere nello specchio. Era come se la donna e la consapevolezza della donna si fossero fuse per sempre. C'erano solo gli occhi e un senso di assoluta vastità, senza nessun sapere. Era come se io - lei - fossi stata trapassata dall'elettricità. Era come Dio che dava vita a se stesso attraverso il corpo di una donna - Dio così amorevole e brillante, così vasto - eppure lei sapeva di essere se stessa. Entrò in rapporto così profondo con i suoi occhi. Non c'era nessun significato in ciò, solo un riconoscimento privo di nomi che la consumava.

Amore è la parola migliore che posso trovare per quella cosa. Era stato diviso e ora si era riunito. C'era *esso* che si muoveva, e poi *esso* nello specchio, e poi si riunì tanto velocemente quanto si era separato: era tutto occhi. Gli occhi nello specchio erano i suoi occhi. E si restituì a se stesso, incontrandosi di nuovo. E ciò gli diede la sua identità, che io chiamo amore. Mentre *esso* guardava nello specchio, gli occhi, la loro profondità, erano tutto ciò che era reale, tutto ciò che esisteva. Prima di ciò, niente: non occhi, non alcuna cosa; anche stando in piedi lì, non c'era niente. E allora gli occhi uscirono per dare a *esso* ciò che è. La gente chiama le cose un muro, un soffitto, un piede, una mano. Ma esso non aveva nome per queste cose, perché è indivisibile. Ed è invisibile. Sino agli occhi. Sino agli occhi. Ricordo lacrime di gratitudine che scendevano lungo le guance mentre *esso* guardava il suo stesso riflesso. *Esso* rimase là a guardare per non so quanto tempo.

Questi furono i primi momenti prima che nascessi come

esso, o esso come me. Di Katie non rimaneva più niente. Non c'era letteralmente nemmeno un frammento di memoria di lei: nessun passato, nessun futuro, nemmeno un presente. E in quella apertura, che gioia! *Non c'è niente di più dolce di questo*, sentii; *non c'è niente salvo questo. Se ti amassi più di ogni altra cosa che riesci a immaginare, ti daresti questo. Una faccia. Una mano. Il respiro. Ma non basta. Una parete. Un soffitto. Una finestra. Un letto, Lampadine. Oh! E anche questo! E anche questo! E anche questo!* Sentii che, se la mia gioia si fosse espressa, avrebbe spazzato via il tetto della casa di riabilitazione, lontano dallo stesso pianeta. E sento ancora così.

64

Previeni il disordine
prima che nasca.
Metti in ordine
le cose prima che esistano.

Non c'è bisogno di mettere in ordine il mondo. Le cose sono già in ordine, anche prima che esistano. Cammino per strada, ci sono persone e automobili e cani e uccelli e piante e spazzatura, e in questo meraviglioso caos c'è una bellezza che mi delizia sempre. È tutto per me, si presenta a me nel momento perfetto, esattamente come occorre. Anche se camminare per strada non significa molto per qualcuno, per me è tutto un mondo, è il mio mondo segreto, dove servo sempre tutti e tutto, come loro servono me. Non c'è mai un compito troppo grande o troppo piccolo, perché l'unico compito da svolgere è quello che mi sta davanti. Potrebbe sembrare che vi siano migliaia di cose da fare, ma la realtà è che non ce n'è mai più di una.

Vivo in continua meditazione, e se apparisse un pensiero un po' inferiore alla bontà, so che si trasmetterebbe agli altri come confusione, e quegli altri sono me. Il mio compito è illuminarmi a ciò e amare la rosa appassita, il suono del traffico, i rifiuti per terra e chi li butta e mi dà il mio mondo. Raccolgo i rifiuti, lavo i piatti, pulisco il pavimento, soffio il naso al bambino e indago tutto ciò che mi costerebbe la consapevolezza della mia vera natura. Non c'è niente di più gentile del niente.

Torno a casa dalla mia passeggiata, preparo il pranzo, e mentre stiamo mangiando Stephen dice: "Guarda, ci sono delle formiche nell'insalata". Io continuo a masticare e mi meraviglio dell'equilibrio della vita. Non ricevo più o meno proteine di quelle di cui ho bisogno. Quando sta per piovere, le formiche si trasferiscono nella nostra cucina. Ce n'è una fila ininterrotta che attraversa i fornelli e il piano di lavoro, e la mia vista era troppo annebbiata per vedere quei meravigliosi, piccoli esploratori. Poi, seduta sul divano in soggiorno, sento le formiche sulle gambe, sulle braccia, nei capelli, una per una, come piccole massaggiatrici, che camminano sui miei punti di digitopressione, facendomi il solletico e a volte mordendomi, ma solo dove occorre. E noto la mia mano muoversi verso il braccio, schiacciare una formica tra le dita e ucciderla alla stessa velocità con cui vorrei morire io. È la mia stessa morte che sto sperimentando, e amo la morte come amo la vita. La mia mano si sposta sulla gamba e schiaccia altre due formiche che camminano sul mio polpaccio. Noto il pensiero: "Oh, sto uccidendo le formiche", e sorrido. È davvero strano. La mano continua a muoversi da sola, senza un programma, facendo il suo lavoro. "Io" la fermo e più tardi, quando non sono cosciente dei miei modi da assassina, noto che la mano lo sta facendo di nuovo. Quando non guardo, chi sta uccidendo le formiche? Devo attribuirlo a me? La mano si ferma. Chi può sapere che cosa farà dopo?

Viene a trovarmi mia figlia e, quando se ne va per andare a comprare del latte di riso per Marley, le dico: "A proposito, tesoro, comprami delle trappole-esca per formiche". Perché ho detto una cosa del genere? Perché l'ho detta. È il modo in cui è. Il concetto con le trappole-esca è che le formiche sono attratte dal veleno e dopo averlo mangiato tornano nel loro nido e infettano le altre, il che dovrebbe essere la fine delle formiche in tutta la casa. Mi chiedo perché uccidere le formiche non mi turba. E vedo che anche la mia morte è provocata dal veleno, tutto quello che ho fatto per inquinare l'acqua che non solo io ma che tutti beviamo, le emissioni di scarico della mia auto che avvelenano l'aria che respiriamo. Io sono così simile alle formiche. E l'avidità per il cibo che per tanti anni ha creato in me un senso di colpa, come se la mente fosse corpo e la sofferenza fosse possibile nella realtà. E gli ingredienti chimici degli alimenti industriali che ogni tanto mangio, i tanti modi in cui avveleno ancora me stessa, mi fanno nascere un sorriso sul volto. Non che sia masochista, amo la mia vita, ma questo continuo avvelenamento è al di là di me: è semplicemente il modo in cui è. Sto respirando? Così sembra. Vivo con le formiche nello stesso modo in cui vivo con il mio caro sé. I corpi vanno e vengono. E quando la mente comprende se stessa, quando smette di avvelenarsi con quello che crede vero, non c'è più nessuna esperienza fisica che può farla soffrire.

Due giorni dopo, seduta nel mio angolo preferito del divano, ricomincio a sentire dei piccoli movimenti frettolosi sulla mano e sul collo. Di nuovo formiche. Viene fuori che sono io il loro nido, che sono quella che sono tornate per infettare, che ho comprato il veleno solo per me stessa. Ciò che va, viene. Lo apprezzo.

65

Quando pensano
di conoscere le risposte,
le persone sono difficili da guidare.
Quando sanno di non sapere,
possono trovare la propria via.

Io non cerco di educare le persone. Perché dovrei fare una cosa del genere? Il mio unico compito è indicarti come ritornare a te stesso. Quando scopri, dentro di te, al di là di tutto ciò che pensi, il meraviglioso non-so della mente, sei al sicuro. La mente non-so è la mente completamente aperta a tutto ciò che la vita ti porta. Quando lo scopri, hai trovato la tua via.

Lavoro con bambini di quattro o cinque anni che soffrono perché credono agli stessi concetti a cui credono gli adulti. Questi concetti sono religioni sacre, vi siamo totalmente devoti. "La gente dovrebbe venire", "La gente dovrebbe andarsene", "La gente dovrebbe capirmi", "Io sono troppo questo", "Tu sei troppo quello", "Mia moglie non dovrebbe mentire", "I miei figli dovrebbero apprezzarmi", "Mio marito non mi ama", "Mia madre sarebbe molto più contenta se vedesse le cose come le vedo io". A qualunque storia siamo attaccati, lì va la nostra devozione. Lì non c'è spazio per Dio.

Una volta ho lavorato con una donna a Gerusalemme. La sua religione era: "Dovrei avere le gambe sottili". Pensava che ciò le avrebbe dato quello che voleva nella vita. Era davvero carina! E non era disposta a fare Il Lavoro; non poteva andare dentro per trovare una risposta sincera perché aveva paura che, se avesse risposto sinceramente, avrebbe finito per rimanere con le sue gambe grosse. Pensava di avere bisogno della paura come motivazione per fare ginnastica e mangiare le cose giuste. Era evidente che preferiva le gambe sottili alla libertà. Non voleva correre il rischio di lasciar andare il controllo e di andare in profondità dentro se stessa per scoprire la sua verità. Per lei, il concetto sacro erano le gambe sottili; per altri è più denaro, per altri è un rapporto. Amo essere con queste persone. Dicono di volere la libertà più di ogni cosa al mondo, piangono e implorano aiuto. E appena arrivo un po' più vicino al loro sacro concetto, questi ricercatori spirituali, che sono sulla via da trenta o quarant'anni, non hanno nessun interesse per la libertà. La loro vera religione è stata minacciata e corrono sui bastioni per difenderla. Le chiesi: "Puoi sapere con assoluta certezza che è vero che in questo preciso momento le tue gambe dovrebbero essere più sottili di come sono?". Rimarreste stupiti dalla velocità con cui quella donna schivò il colpo. Non si fermò per porsi realmente la domanda, nemmeno per un istante. "Certo che posso saperlo!", disse. Bam! Il portone si chiude, il ponte levatoio si solleva, la mente io-so si ritira dietro le mura del castello, pronta a difendersi contro il mondo intero. Per questo amo chiedere a chi è seduto con me: "Vuoi davvero conoscere la verità?".

L'educazione di cui hai bisogno è dentro di te. Come ti si potrebbe insegnare ciò che è già dentro di te? Si può solo realizzare. Se sei disposto ad andare dentro e ad attendere la verità, la tua saggezza innata incontra la domanda, e la risposta risuona come se vi fosse un diapason dentro il tuo essere.

Quando credi che ci sia un problema, il Maestro non cerca di convincerti che non c'è. Lei è radicata nel luogo della comprensione. Lei è te riflesso a te stesso. Comprende che i problemi non sono possibili, salvo quando credi al tuo pensiero. Solo la mente vive, se c'è qualcosa che vive. Il Maestro ti ricondurrà sempre alla tua mente, alla tua realizzazione. E parte della delizia è accogliere pienamente ogni tendenza suicida finché, alla presenza del Maestro dentro di te, il sé è finalmente visto per ciò che non è.

Così la mente confusa arriva a disimparare i suoi pensieri problematici attraverso l'indagine. Arriva non solo a vedere che il pensiero non è vero, ma anche a comprendere i precisi effetti del crederci, il prezzo che deve pagare in rabbia o infelicità o risentimento quando crede al pensiero, e la libertà che sarebbe disponibile senza di esso, e vede che anche il contrario di quel pensiero potrebbe essere altrettanto vero. Alla fine realizza che la realtà è solo mente e che il mondo cambia cambiandone la percezione. Incontrare il Maestro con una mente aperta e priva di paura è perdere interamente il mondo come lo conoscevi. È disimparare un mondo crudele, un mondo di devastazione, un mondo il cui il desiderio del cuore non è mai soddisfatto.

Quando le persone pensano di conoscere le risposte, per il Maestro è difficile aiutarle a trovare la loro via, perché ha a che fare con menti chiuse, e una mente chiusa è un cuore chiuso. Sapendo che non si può mai forzare l'apertura, è a suo agio e ascolta, aspetta che si crei un'apertura, una piccolissima crepa, ed è lì che penetra. Questo è il momento dell'incontro, della connessione innegabile. L'altro può chiudere la porta, ma è troppo tardi: il Maestro è già entrato. E nel momento dell'entrata, tutto è cambiato. C'è una chiarezza sufficiente ad essere riconosciuta e la mente non può essere mai più la stessa, perché il simile ha incontrato il simile. I due sono diventati uno.

Una volta che il Maestro è entrato da quella porta anche solo leggermente socchiusa, la mente dello studente continua a espandersi, e gli appare la via naturale a se stesso. Potrebbe sembrargli di poter ritornare al suo mondo precedente, ma non è possibile. Quando la mente ha visto che non conosce ciò di cui era tanto sicura, inizia a disfarsi, i nodi si allentano e iniziano a sciogliersi. Con ciò, il lavoro del Maestro è finito. La lascia di nuovo in quanto nessuno.

"Mia madre doveva essere lasciata morire"

BARBARA: Ho scritto di mia madre, Katie. È morta dieci giorni fa. L'anno scorso ha nominato mia sorella, Laurie, responsabile legale delle decisioni relative alla sua salute. Poi si è ammalata gravemente e una settimana prima di morire aveva così tanto dolore che chiese di venire staccata dai macchinari che la tenevano in vita. Laurie vive in un'altra città e ha impiegato una settimana per parlare con i medici e per riflettere, prima di decidere di staccare la spina. Io ero in ospedale al capezzale di mia madre e Laurie non si fece nemmeno vedere. Katie, mia madre doveva essere lasciata morire quando lo chiese. E io mi sono sentita così impotente e terribilmente arrabbiata con mia sorella.

KATIE: Bene, tesoro. Sentiamo che cosa hai scritto.

BARBARA: *Sono arrabbiata con mia sorella per aver fatto aspettare di morire mia madre.*

KATIE: Quindi pensi che la cosa migliore per tua madre sarebbe stata morire una settimana prima della sua morte. "Tua sorella avrebbe dovuto dare il suo consenso. Non avrebbe dovuto aspettare una settimana": è **vero?**

BARBARA: Sì, è vero. Mi sono sentita completamente impotente. Non avevo modo di intervenire sulla situazione, *sapevo* che la cosa migliore per lei era morire e dovevo aspettare la decisione di mia sorella e la cosa mi faceva ammattire. Ero disperata. Avrei dato qualunque cosa per potere staccare la spina e dare a mia madre quello che voleva.

KATIE: Bene, tesoro, ho sentito. Ora torniamo all'indagine. "Tua sorella non avrebbe dovuto aspettare": **puoi sapere con assoluta certezza che è vero?**

BARBARA: Beh, io... Sembrava che mamma soffrisse molto per tutta quella settimana in cui ha dovuto aspettare... È il *suo* corpo. È la sua vita, la sua decisione.

KATIE: Proprio così. E come puoi sapere che quella settimana di attesa non fosse la cosa migliore per tutte e tre? Puoi sapere con assoluta certezza che sarebbe stato meglio nell'altro modo?

BARBARA [dopo una lunga pausa]: No, non posso saperlo con assoluta certezza.

KATIE: Che meraviglia! Da dove è venuto quel no?

BARBARA: Mi sono fermata e ho ascoltato la tua domanda. Era davvero difficile. Ho così tanti pensieri su come io sono nel giusto e mia sorella in errore. Ma quando ho sentito la domanda, è diventato ovvio che non posso sapere con *assoluta* certezza che cos'è meglio per mia madre. Per quanto pensi con forza di avere ragione, non posso proprio saperlo.

KATIE: Sì, tesoro. Non c'è nessun errore. **Come reagisci, cosa avviene, quando credi al pensiero** "Non avrebbe dovuto aspettare"?

BARBARA: Accuso me stessa, perché penso che avrei dovuto essere più forte.

KATIE: Sì. E come ti fa sentire accusarti per il dolore di tua madre?

BARBARA: Orribile. Sento di non avere fatto niente per lei. Mi sento debole e in colpa. Mi sento furiosa con mia sorella. Vorrei strozzarla. Accuso lei almeno tanto quanto accuso me stessa.

KATIE: Riesci a vedere una ragione per lasciar cadere questo pensiero? E non ti sto chiedendo di lasciarlo cadere. Non puoi lasciar andare un pensiero, puoi solo accoglierlo con comprensione, e poi è *lui* a lasciare *te*.

BARBARA: Beh, questo pensiero non serve più a niente. Lei è morta.

KATIE: Io sono più interessata a te. Si tratta della *tua* pace. Dammi una ragione non stressante per tenere questo pensiero.

BARBARA: Non penso che ce ne siano. Mi rende solo infelice.

KATIE: **Chi saresti senza quel pensiero?** Chi saresti se non credessi che tua sorella non avrebbe dovuto aspettare?

BARBARA: Sarei in contatto con lei. Le parlerei di nuovo.

KATIE: Sì, tesoro. E non in attesa, soffrendo, come tua madre.

BARBARA [con le lacrime agli occhi]: Sì, è vero.

KATIE: È interessante come cerchiamo di salvare gli altri e lasciamo fuori noi. Adesso, **rigira**.

BARBARA: Avrebbe *dovuto* aspettare? Ma mia madre soffriva così tanto!

KATIE: Nota quando dall'indagine ritorni alla tua storia, ritorni alle difese e alle giustificazioni. "Non avrebbe dovuto aspettare", rigirato diventa: "Avrebbe dovuto aspettare". Rimani un po' lì.

BARBARA [dopo una lunga pausa]: Devo dire che la verità è che non so se avrebbe dovuto aspettare o no.

KATIE: Bene, tesoro. Ora dammi tre ragioni sincere del fatto che potrebbe essere vero che avrebbe dovuto aspettare.

BARBARA: Forse avrebbe dovuto aspettare di ricevere il consiglio migliore dai medici. [Pausa] E avrebbe dovuto aspettare per avere la certezza che avrebbero staccato la spina. [Pausa] E avrebbe dovuto aspettare in modo da dare il tempo alla famiglia di essere lì quando mia madre fosse morta.

KATIE: Affascinante, no? Ci sono anche altre ragioni, tesoro. Non accontentarti di grattare solo la superficie delle cose. Tutto accade come dovrebbe: è il modo in cui è. Vediamo la tua prossima frase.

BARBARA: *Laurie dovrebbe dare ascolto agli altri e non fare quello che pensa sia l'unico modo.*

KATIE: **È vero?**

BARBARA: No, non è vero, perché è quello che fa.

KATIE: Esatto. È assolutamente non vero. Come faccio a sapere che non dovrebbe dare ascolto agli altri? Perché non lo fa. Questa è la realtà.

BARBARA: Sì, ma lo detesto.

KATIE: Lo so! [Boato di risate tra il pubblico] È dura non essere Dio. È dura essere il dittatore quando Dio non ascolta. **Come reagisci, cosa avviene, quando non credi a quel pensiero?**

BARBARA: Ah, sento di avere ragione io, la giudico e divento molto rigida.

KATIE: E come ti fa sentire vivere senza perdonare?

BARBARA: È la cosa più dura per me stessa. Sono spietata con me stessa quando inizio a condannare mia sorella. Spietata nei suoi confronti e spietata nei miei.

KATIE: **Chi saresti senza quel pensiero**, senza quella menzogna "Dovrebbe dare ascolto agli altri"?

BARBARA: *La* avrei nella mia vita. Sarei in grado di amarla. Non proverei questo orribile risentimento.

KATIE: Sì, tesoro. Quindi, con quel pensiero sei arrabbiata, ti senti nel giusto e provi risentimento: un sacco di stress. E senza quel pensiero saresti in grado di amare tua sorella. Riesci a vedere che sono i tuoi pensieri che causano la tua sofferenza, non tua sorella?

BARBARA: Sì, è abbastanza chiaro.

KATIE: La sorella nella tua testa è quella che ti rende infelice. Forse la tua vera sorella è straziata e si sente in colpa per la sua decisione. Chi conosce la mente di un'altra persona? Tu la ami, questo è il problema. Non puoi farci niente. Queste storie sono solo il tentativo di impedirti di sentire il tuo amore, e non funziona visto che ne soffri. Se guardo fuori e racconto la storia che qualcosa non è amore, lo sentirò come uno stress. È così che fa sentire una menzogna. Allora **rigiriamolo.**

BARBARA: Dovrei dare ascolto a me stessa e fare quello che io penso sia l'unico modo. O fare quello che penso sia il mio modo.

KATIE: Sì, e un modo è chiamare semplicemente tua sorella e dirle: "Ti amo e sto lavorando alla mia rabbia e al dolore per la morte della mamma". Dille che cosa hai scoperto quando hai indagato i tuoi pensieri su di lei.

BARBARA: Hm...

KATIE: Puoi realmente sapere che cosa ha passato tua sorella in quella settimana in cui la vita e il dolore di tua madre erano nelle sue mani?

BARBARA: Non posso, non posso, ma Laurie non era lì con mia

madre. Io sì. Laurie era quasi dall'altra parte del paese. Non poteva vederla né sentirla.

KATIE: E riesci a immaginare che cosa stava passando?

BARBARA: Sono sicura che soffriva molto, ma non so in che modo. Non posso immaginarlo.

KATIE: Proprio così. E quando la tua mente è chiusa, ti impedisci di scoprirlo. Ora chiudi gli occhi e lascia cadere la tua storia solo quanto basta per vedere tua sorella. Guardala mentre cerca di prendere una decisione, una decisione che tua madre aveva fiducia che lei fosse in grado di prendere, senza sovrapporre la tua storia su di lei. Che cosa vedi?

BARBARA: È dura per lei.

KATIE: Sì, tesoro. Adesso prova a trovare un altro rigiro per "Laurie dovrebbe dare ascolto agli altri".

BARBARA: Io dovrei dare ascolto a Laurie...

KATIE: Sì, tesoro.

BARBARA: ...e fare quello che lei pensa che sia l'unico modo. Ragazzi, questo sì che è difficile!

KATIE: Formidabile.

BARBARA: Siamo entrambe così testarde. Sarebbe meraviglioso riuscirci.

KATIE: Sì. Sai, è la verità che ci rende liberi. E puoi scoprire la verità solo andando dentro. Cercare una soluzione all'esterno, cercare di convincerla a vedere a modo tuo, è guerra. La paura è cieca e sorda. Vediamo la prossima frase.

BARBARA: *Ho bisogno che Laurie smetta di essere insofferente nei miei confronti.*

KATIE: **È vero?** È questo di cui hai bisogno?

BARBARA: No, io... beh... penso di sì, ma la verità è che io so di essere più forte di questo. In realtà non ne ho bisogno.

KATIE: Non è meraviglioso interrogarsi? Avresti potuto morire credendo di avere bisogno che lei smetta di essere insofferente nei tuoi confronti. E considerarla una sua colpa, finché non interroghi te stessa. **Come reagisci, cosa avviene, quando credi a quel pensiero?** Come la tratti quando ci credi?

BARBARA: Sono insofferente.

KATIE: Sì. Io sono tutto ciò che vedo di te nel momento.

BARBARA: Capisco.

KATIE: E come reagisci quando credi al pensiero "Ho bisogno che Laurie smetta di essere insofferente nei miei confronti?".

BARBARA: Sono intollerante, ce l'ho con lei, sono cattiva, sono infelice.

KATIE: Sì, tesoro. C'è dell'altro?

BARBARA: Sono depressa, mi sento lontana, risentita, impotente.

KATIE: **Chi saresti senza quel pensiero**, che per te non è nemmeno vero?

BARBARA: Sarei tranquilla, fiduciosa, senza bisogno che lei sia in un modo particolare. Potrebbe essere insofferente, e non mi turberebbe affatto.

KATIE: Saresti una persona chiara, che dice chiaramente quello che vuole. E che ascolta.

BARBARA: Sì, mi sentirei molto meglio. Sarebbe un modo molto migliore di essere.

KATIE: **Rigiriamolo.**

BARBARA: Ho bisogno di smettere di essere insofferente nei

242

miei confronti quando esprimo un parere o un sentire riguardo a qualcosa.

KATIE: Quindi, questo meraviglioso consiglio è proprio per te. Perché lei non ti sta dando ascolto, l'hai notato? C'è un altro rigiro: "Ho bisogno di...".

BARBARA: Ho bisogno di smettere di essere insofferente nei confronti di Laurie quando esprime un parere o un sentire riguardo a qualcosa. Anche questo è vero.

KATIE: Sì. Lei ti ha dato tutte le ragioni per non poter staccare la spina. Tu le hai dato ascolto?

BARBARA: No, ero concentrata solo sulla mamma.

KATIE: E su quello che *tu* volevi.

BARBARA: Sì, è vero. Hai ragione. Ed ero concentrata sul mio cercare di star bene in quella situazione.

KATIE: Va bene, sai? Il Lavoro non riguarda giusto o sbagliato; è comprendere da te che cosa è vero e passare a un modo più gentile di comportarti. Perché lì è la libertà. Libertà dalla rabbia e libertà dal risentimento.

BARBARA: Io credevo davvero che fosse vero che mamma dovesse morire quando voleva lei, perché quello che vedevo...

KATIE: Ed **è vero?**

BARBARA: Era lei a dirmelo.

KATIE: Certo. Era lei a dirtelo.

BARBARA: Ed è vero che non è accaduto.

KATIE: Esatto. "Tua madre sapeva quando doveva andarsene". Non suona vero. La realtà è che aveva delegato a tua sorella il potere di decidere.

BARBARA: Quindi, anche se le sue parole e la sua espressione

243

dicono che è vero, non è vero semplicemente perché non sta accadendo.

KATIE: C'è un modo per parlare a tua madre ed essere nella realtà e nello stesso tempo essere completamente amorevole. "Mamma, ti ho sentito, ho sentito quello che vuoi e farò tutto il possibile, ma Laura ha il potere legale. Intanto, sono qui e ti tengo la mano e farò tutto quello che posso per te".

BARBARA: È quello che ho fatto.

KATIE: È tutto quello che *potevi* fare! Ma ci sono due modi per farlo. Un modo è sentirti impotente e avercela con tua sorella, l'altro è essere semplicemente disponibile: amare tua madre e amare tua sorella, e ascoltarla mentre ci mette una settimana a prendere quella dolorosa decisione.

BARBARA: Il primo è il più difficile.

KATIE: Sì, perché avevi un tuo programma. Ma la realtà ne ha un altro.

BARBARA: Sì.

KATIE: Sai, ogni volta che mi oppongo alla realtà, perdo. La realtà è qualcosa in cui posso avere fiducia. Comanda lei. È ciò che è e, una volta che è, non c'è niente che posso fare per cambiarla nel momento. Niente. Io amo tutto questo! È tutto così bello. Respiriamo, poi non respiriamo; il sole sorge, splende, tramonta. Amo l'aria pulita e amo anche lo smog. Passo gran parte della vita negli aeroporti e respiro un sacco di carburante dei jet. In che altro modo potrei morire al momento giusto? Nemmeno un respiro troppo presto o troppo tardi. C'è un ordine perfetto che comanda. Io sono un'amante di ciò che è. Chi sarei senza la mia storia? Senza la mia storia, questo preciso momento è dove Dio e io siamo uno. Lì non c'è separazione, nessuna decisione o paura. Esso semplicemente sa. Ed è ciò che siamo senza i nostri progetti. "La gente dovrebbe ascoltare": com'è ridicolo! Non lo fanno finché non lo fanno. Rigira: *io* dovrei ascoltare. Questo è qualcosa a cui posso lavorare. Il resto è completamente al di là della mia portata.

BARBARA: Hm...

KATIE: Tutti quegli anni passati a insegnare e a predicare ai miei figli: sono così grata che non abbiano ascoltato. [Il pubblico ride]. Vediamo la prossima frase. Leggi la tua lista.

BARBARA: D'accordo. Questa è la mia lista su Laurie. *Laurie è testarda, testona, irascibile, presuntuosa, dinamica, intelligente, egoista, altruista, una madre perfetta, arrogante, affettuosa e gentile.*

KATIE: Sì. Adesso, tesoro, **rigira** e guarda come sarebbe l'esperienza.

BARBARA: Io sono testarda...

KATIE: "Nei confronti di Laurie, io...".

BARBARA: Nei confronti di Laurie, io sono testarda, testona, irascibile, presuntuosa, dinamica, intelligente, egoista, altruista, una madre perfetta...

KATIE: "...una sorella perfetta...".

BARBARA: Una sorella perfetta...

KATIE: "...e una figlia...".

BARBARA: E una figlia... arrogante, affettuosa e gentile.

KATIE: Sì. Non è altrettanto vero o più vero?

BARBARA: Potrebbe. Sì, potrebbe.

KATIE: Quale parola ti è stato più difficile rigirare su di te?

BARBARA: "Altruista".

KATIE: Oh, tesoro. È il lavoro di una vita! Quando Laurie è là che si occupa della sua vita, e tu sei mentalmente là a occuparti della sua vita, qui non rimane nessuno per te.

BARBARA: Giusto. Sì.

KATIE: Da questo è causata la solitudine. È la perdita di te stessa. Quando tu ti occupi dei suoi affari, sei senza una sorella. Sei mentalmente là con lei, a giudicarla, a dirle che cosa avrebbe dovuto fare, e hai lasciato te stessa.

BARBARA: Sì, è vero.

KATIE: Questo ti fa sentire separata e sola. Perdere un membro della famiglia è sufficiente. Vediamo la prossima frase.

BARBARA: Bene. *Non voglio trovarmi mai più in mezzo alla decisione di morire di qualcuno e dover assistere alla sua agonia perché qualcuno è in ritardo.*

KATIE: Sì. E ora puoi far girare questa storia nella tua mente infinite volte.

BARBARA: Sono sicura che lo farò.

KATIE: Di': "Sono disposta a...", e leggi di nuovo. Sperimenta realmente quella disponibilità.

BARBARA: Sono disposta a trovarmi in mezzo alla decisione di morire di qualcuno e dover assistere alla sua agonia perché qualcuno è in ritardo.

KATIE: "Non vedo l'ora di...".

BARBARA: Non vedo l'ora di trovarmi in mezzo alla decisione di morire di qualcuno e dover assistere alla sua agonia perché qualcuno è in ritardo.

KATIE: Sì. E se questo ti provoca risentimento, tristezza o separazione, qualunque cosa che sia inferiore all'amore per tua sorella, scrivilo, mettilo su carta. Ogni guerra appartiene alla carta. Non c'è incubo da cui non puoi risvegliarti. Quante volte hai proiettato la storia nella tua mente da quando è accaduta?

BARBARA: Trenta, quaranta volte?

KATIE: Bene, trenta o quaranta volte. E quante volte è morta tua madre?

BARBARA: È quasi morta tre volte negli ultimi due mesi.

KATIE: Sì, e quante volte è morta?

BARBARA: Di fatto, una, in agonia.

KATIE: Sì, una volta. "È morta in agonia": **è vero?**

BARBARA: Non posso sapere se è vero. No.

KATIE: Assolutamente no. E **come reagisci, cosa avviene, quando credi al pensiero** "Mia madre è morta in agonia?".

BARBARA: Sono in agonia anch'io. Vedo il suo volto, sento le sue parole, o quello che credo che dica, e soffro tanto.

KATIE: Quindi non puoi sapere se tua madre era davvero in agonia, ma sai che sei tu in agonia in questo momento per la sua possibile agonia. E una persona in agonia è sufficiente.

BARBARA: Sì.

KATIE: Riesci a vedere un motivo non stressante per tenere il pensiero "È morta in agonia"? Non sto dicendo che non sia morta in agonia. È una storia antica. È una religione. E non ti sto dicendo di lasciarla cadere.

BARBARA: In realtà, non penso che sia morta in agonia. Penso che, avvicinandosi alla morte reale, a volte sembrava essere in agonia.

KATIE: Questo è più vero. *Sembrava* essere in agonia.

BARBARA: Ma in realtà non lo so.

KATIE: Sei bravissima, tesoro.

BARBARA: Vedo il suo volto, sento le sue parole, ma...

KATIE: **Come reagisci, cosa avviene, quando credi al pensiero** che è morta in agonia?

BARBARA: Mi sento impotente e inadeguata e debole, perché non ho potuto darle quello che voleva.

KATIE: **Chi saresti senza quel pensiero?**

BARBARA: Le starei accanto, la aiuterei, la amerei.

KATIE: Avendo cara quella settimana.

BARBARA: Oh, ragazzi! Hm... d'accordo.

KATIE: "Mia madre è morta in agonia": **rigira**.

BARBARA: Io sono morta in agonia?

KATIE: Sì, tante e tante volte. Hai ucciso la gioia di essere accanto a tua madre nella sua ultima settimana di vita, la tua gioia nel testimoniare il miracolo della vita che continua e ricomincia attraverso di te, senza che niente possa fermarla. Oh, tesoro, basta agonia! Una persona che muore in agonia è sufficiente, e quella persona sei tu. Non possiamo saperlo per tua madre, ma per la *tua* agonia possiamo fare qualcosa. Non c'è incubo da cui non puoi risvegliarti. Non è possibile. La tua storia e la realtà semplicemente non combaciano. La realtà è sempre più gentile della tua storia su di essa, ma solo sempre.

BARBARA: D'accordo.

KATIE: Amo quello che hai scoperto, tesoro. Pensi al suo volto, senti le sue parole, e io sento te che dici che non puoi sapere se lei era in agonia.

BARBARA: No, non posso saperlo.

KATIE: Vai nel luogo - e invito tutti i presenti ad andarci - vai nel luogo in cui hai provato più dolore nella tua vita. Può essere dolore fisico o emotivo, non importa. Vai là. L'hai trovato? Dov'eri? Che cosa stava accadendo? Riesci a trovarlo?

BARBARA: Sì.

KATIE: Sei lì? Chiudi gli occhi. Ora, nel vivo di quell'esperienza, vai nel luogo dentro di te in cui capivi, trova la parte di te che sapeva che tutto andava bene. Forse, nel dolore più intenso, pensavi a qualcosa come: "Cosa ci sarà per cena?", e improvvisamente sei lì che singhiozzi per terra. Vai in quel luogo. Guarda se riesci a trovarlo. [Pausa]. L'hai trovato. Bene, racconta.

BARBARA: In quel momento, guardando mia madre che sembrava soffrire, sapevo di non avere nessun controllo sulla cosa, mi ripresi e sentii: va bene così, anche se sto vedendo qualcosa di davvero terribile, non posso farci niente... e così mi sono ripresa.

KATIE: Bene, tesoro. E pensi che tua madre fosse meno saggia o meno capace di te? Tesoro, *tutti* abbiamo quel luogo. Tutti possiamo trovarlo se guardiamo abbastanza in profondità, non importa quanto dolore stiamo provando. Non ha importanza, quel luogo è sempre lì.

BARBARA: Sì, penso che probabilmente l'ho sottostimata durante quella settimana.

KATIE: "L'ho sottostimata durante quella settimana": **rigira**.

BARBARA: Mi sono sottostimata durante quella settimana.

KATIE: Sì, tesoro. E hai sottostimato tua sorella.

BARBARA: Sì.

KATIE: Oh, le madri sono così belle. Muoiono per noi, non riesci a vederlo? Muoiono, come tutti, affinché noi possiamo

249

arrivare a comprendere. Non ci sono errori. E muoiono perfettamente, nel modo migliore per noi. Avresti scelto che morisse in quel modo, se fosse stato l'unico modo per farti trovare Dio?

BARBARA: Oh... [Pausa]. Sì, l'avrei fatto.

KATIE: Sì, tesoro. Bene, sembra che le cose stiano proprio così.

BARBARA: Grazie, Katie. È come se mi fossi tolta un peso enorme.

KATIE: Grazie a te.

BARBARA [ridendo]: Sarà interessante chiamare Laurie e dirle che cosa ho scoperto.

66

Tutti i fiumi sfociano in mare
perché il mare è più basso di loro.
L'umiltà gli conferisce il suo potere.

Il mondo materiale è una metafora della mente. La mente sorge nelle sue proiezioni e deve alla fine ritornare a se stessa, esattamente come i fiumi ritornano al mare. Non importa quanto la mente è brillante, non importa quanto è grande l'ego che si attribuisce il merito delle azioni; quando arriva a vedere che non sa nulla, che *non può* sapere nulla, ritorna all'origine e incontra di nuovo se stessa, in tutta umiltà.

Una volta compreso ciò che è vero, tutto scorre verso di te, perché sei diventato l'esempio vivente di umiltà. La mente realizzata è contenta di stare nella posizione più bassa, meno creativa. Da ciò, tutto viene creato. Il luogo più basso è il luogo più alto.

Meno di una settimana dopo il mio ritorno dalla casa di riabilitazione, si diffuse la voce del mio cambiamento e degli sconosciuti cominciarono a telefonarmi per farmi delle domande o per chiedere se potevano venire a trovarmi. Mi chiamavano a tutte le ore: nel cuore della notte, durante tutta la giornata, spesso per tutta la notte. Persone che seguivano i programmi in 12 passi, persone che abitavano nella mia stessa strada, persone che abitavano lontanissimo, persone che avevano sentito parlare di me dall'amico di un amico. Nelle loro domande sentivo un ardente desiderio. Chiedevano: "Come faccio a trovare la tua libertà?", e io dicevo: "Non so. Ma se vuoi vedere com'è, vieni a stare da me. Tutto quello che so è che sei il benvenuto a quello che ho".

A casa arrivava un fiume continuo di persone. Arrivava qualcuno, squillava il telefono, ne arrivavano altri due, cinque, sei, forse una dozzina verso sera. Avevano sentito dire che ero una santa, un Maestro, un Buddha. Dicevano che avevo qualcosa chiamata "illuminazione". Non avevo idea di che cosa intendessero. Suonava un po' come se avessi l'influenza. Quando mi guardavano con lo stupore negli occhi, sentivo che mi vedevano come un qualche tipo di persona bizzarra, e a me andava benissimo. Io sapevo di essere libera, ma continuavo a venire bombardata da tutte le illusioni di cui l'umanità ha sempre sofferto. Non mi sentivo illuminata.

Per circa un anno dovetti scrivere le credenze che continuavano a sorgere nella mia mente. Dovevo scriverle su carta e indagare, per tenermi saldamente alla realtà. Arrivavano velocissime, a centinaia, a migliaia. Ogni credenza era come un meteorite che impattava contro un pianeta tentando di demolirlo. Qualcuno diceva, o sentivo nella mia mente: "Che giornata orribile", e il mio corpo si metteva a tremare. Era come se non riuscissi a sopportare la menzogna. Non importava se l'aveva detta qualcun altro o se l'avevo detta io, perché sapevo che tutto era me. Dentro di me la purificazione, il disfacimento, era istantaneo, mentre quando offro l'indagine alle persone la fanno nell'apparente tempo e spazio, nella densità che sembra tempo e spazio. Per me, l'assenza di tempo era ovvia. Così, quando una credenza mi colpiva, mi sedevo e la scrivevo e la sottoponevo alle quattro domande e poi rigiravo. Per il primo anno scrivevo in continuazione, piangendo tutto il tempo. Ma non mi sentii mai turbata. Amavo questa donna che moriva attraverso l'indagine, questa donna che era stata così confusa. Continuavo a innamorarmi di lei. Era irresistibile.

La maggior parte delle mattine, prima o dopo essere uscita a passeggiare, sedevo davanti a una finestra in pieno sole e aspettavo che apparisse una sensazione sgradevole. Se l'avesse fatto sarebbe stato eccitante, perché sapevo che era sempre il risultato di qualche pensiero che dovevo ancora ripulire. Ero anche questo. Scrivevo il pensiero e nel processo c'era molto humour. I pensieri che scrivevo riguardavano quasi sempre mia madre. Sapevo che se avessi bruciato un'illusione le avrei bruciate tutte, perché stavo trattando con concetti, non con persone. Erano pensieri come: "Mia madre non mi ama", "Ama mia sorella e mio fratello più di me", "Dovrebbe invitarmi alle riunioni di famiglia", "Se le dico la verità su quello che è accaduto, lo negherà e nessuno mi crederà". Durante quel primo anno, non era sufficiente che un pensiero venisse accolto dall'indagine senza parole, mentalmente. Dovevo scriverlo. Non puoi fermare il caos mentale, per quanto tu sia motivato. Ma se identifichi un pezzo di caos e lo stabilizzi, allora il mondo intero inizia ad avere senso.

Perciò scrivevo il pensiero e lo indagavo. A volte stavo seduta per un'ora, a volte per tutto il mattino e il pomeriggio, per tutto il tempo necessario ad accogliere il pensiero con comprensione. Vedevo sempre che il pensiero non era vero, che era una supposizione erronea. Non riuscivo mai a trovare una prova per tenerlo. Poi mi chiedevo: "Come reagisco quando credo a quel pensiero?", e immediatamente vedevo che *esso* era la causa della potenziale sofferenza, non mia madre. Mi chiedevo: "Che cos'ero prima di quel pensiero? Che cosa sarei senza di esso?". E vedevo anche, con grande chiarezza, il rigiro. Mi stavo occupando della causa ed effetto e delle polarità. Vedevo che una polarità era vera tanto quanto l'altra. "Mia madre non mi ama": "Mia madre mi ama". Stavo male per una causa che aveva un opposto altrettanto vero. E niente che non fosse l'indagine fermava il tremito.

Scrivevo su un foglio tutti i concetti riguardo a mia madre appena li pensavo, perché per me quelli erano i concetti più potenti. Poi l'indagine li ripuliva. Non stavo lavorando su mia madre, ma sui concetti che appaiono per ogni essere umano.

Tutti abbiamo gli stessi concetti: "Voglio", "Ho bisogno", "Deve", "Non deve". Ero impegnata nella scienza del sé. Ero mente che conosceva se stessa, Dio che guardava nel suo stesso specchio. L'umiltà è la risposta naturale al vedere la verità su noi stessi. Quando giudichiamo gli altri e indaghiamo quel giudizio, e poi lo rigiriamo verso di noi, quello è il fuoco e la purificazione. Le ginocchia tremano e impariamo com'è dolce perdere, e come questa sia la vittoria. A questo si riferisce Il Lavoro. Alcuni lo chiamano perdono. Io lo chiamo salute mentale.

67

*Compassionevole verso te stesso,
riconcili tutti gli esseri del mondo.*

Noto che questa mattina mi sono nutrita nel modo più gentile. Il cibo era semplice e sano, e se non avessi avuto stoviglie di porcellana e posate eleganti e sedie e tavolo e candela, sarei andata a sedermi al sole e avrei mangiato la colazione con le mani. Non mi darei meno del meglio a disposizione in qualunque momento. Amo essere la mia custode, e amo ciò che custodisce la custode: tutto.

Preparare la colazione per Stephen e per me è vedere la gentilezza in azione. La guardo raggiungere il frigorifero, una mano apre lo sportello, e io dico che è la mia. Non ci credo mai, e la canzone della mente è la musica di sottofondo che amo. Che cosa prenderà la mano? Prende il contenitore delle uova e il pane a cassetta, e noto la luce riflessa sulle bianche superfici della cucina. La mano prende quattro uova, il corpo va al piano di lavoro, la mano mette due fette nel tostapane, prende una forchetta, una scodella, rompe le uova, le sbatte, aggiunge sale e pepe, va al fornello, mette una noce di burro nella padella, lo guarda sciogliersi, aggiunge le uova. Mentre cuociono, vedo immagini mentali di galline all'aria aperta e alla luce del sole (sono uova di galline allevate all'aperto) e poi immagini di galline nelle gabbie una sopra all'altra, ad alimentazione forzata, e mi chiedo dove sono io in una gabbia e attendo in silenzio. Vedo i momenti molto antichi di quando ero in gabbia, momenti bui e apparentemente interminabili, quando credevo che il mio dolore fosse insopportabile anche se lo sopportavo, in quella gabbia completamente buia, senza via d'uscita. E poi vidi la chiave e aprii la porta. E, da quel momento, ogni volta che un problema sembrava presentarsi in quel nuovo mondo, era come un gioco da bambini, come se fossi una specie di abilissima maga, la stregona che fa scomparire tutto con un colpo della mente. Tutto questo, mentre le uova cuociono. Per me, loro sono forza. Muoiono perché io possa vivere. Le metto su due piatti bianchi splendenti, con le fette che sono saltate su dal tostapane, e vado verso il tavolo della sala da pranzo, dove tè e tazze stanno aspettando. Che magnifica parola è *colazione*. Che mondo meraviglioso.

Ciò che è al di là di quello che la mente può vedere è più gentile di quello che vede: questo è il privilegio di una mente aperta. La gentilezza risuona con il modo in cui le cose sono. Gentilezza è sorseggiare una tazza di tè senza nemmeno il pensiero di sorseggiare. È come essere la mia stessa pianta, sentire che vengo annaffiata, al di là di qualunque pensiero di averne bisogno. È il suono della pioggia contro la finestra, il dono del suono della pioggia nelle mie orecchie, il dono della vita, senza aver fatto nulla per meritarlo. La gentilezza prepara ciò che mangerò nella prossima stagione. Mette anche un arcobaleno. È infinita. È i capelli che mi proteggono la testa dal sole, la terra che sorregge il pavimento. Non c'è nulla che non sia gentile. Una morte compie ciò che la vita ordinaria non potrebbe mai fare, permettendoti di sperimentare ciò che è al di là delle identificazioni: il sé privo di un corpo, mente infinitamente libera.

Quando comprendi da dove vieni, nessuna immaginazione può farti credere di essere separato. Tutto è visto per ciò che è, e comprendi che nessuno è in pericolo di perdere qualcosa, se non la sua identificazione. E in queste notizie per sempre buone, di fronte a tutto ciò che sembra reale, solo la gentilezza rimane. Non è qualcosa che si può insegnare. È un'esperienza, è auto-delizia. Quando do a te senza motivo, sono deliziata. Agisco con gentilezza, perché mi piaccio quando lo faccio. La gentilezza può essere solo per me stessa. Non include nessun altro, nemmeno chi apparentemente la riceve. Io sono entrambi, colei che dona e colei che riceve, e questo è tutto ciò che importa.

L'intero mondo mi appartiene, perché vivo nell'ultima storia, nell'ultimo sogno: donna seduta su sedia con tazza di tè. Guardo fuori dalla finestra e tutto ciò che vedo è il mio mondo. Non c'è niente oltre a ciò, nessun pensiero. Questo mondo mi basta. Tutto ciò che ho bisogno di fare o di essere è in questo spazio illimitato. Realizzare il mio scopo è sufficiente, e il mio scopo è stare seduta qui e sorseggiare il mio tè. Posso immaginare un mondo oltre a ciò che vedo, e accade che io preferisca questo. Ovunque io sia è sempre più bello di qualunque storia di un futuro o di un passato. Il qui e ora è dove posso fare la differenza. È ciò che sto vivendo. Nient'altro è necessario.

68

La guida migliore
segue la volontà del popolo.

Io seguo la via di ciò che è, che è sempre rivelata nel momento. È la volontà di Dio ed è sempre chiara come il cristallo. Quando non hai più una tua volontà, non c'è tempo né spazio. Tutto diventa un flusso. Non decidi, scorri da un evento al successivo, e tutto viene deciso per te.

Per dieci anni, prima del febbraio del 1986, sono stata in depressione; per gli ultimi due anni, così depressa che non riuscivo quasi a uscire dalla stanza da letto. Ogni giorno desideravo morire. Per settimane non mi lavavo i denti, perché ogni volta che pensavo di lavarmi i denti sorgeva il pensiero: "A che scopo? È tutto inutile". Ero una donna morta: perché preoccuparti di lavarti i denti se sei già morto? Ma, quando la mia mente divenne chiara, se ero a letto e sentivo la voce che diceva: "Lavati i denti", la seguivo e niente poteva fermarmi. Uscivo dal letto, *cadevo* dal letto se dovevo farlo, mi trascinavo sulla pancia fino in bagno, mettevo il dentifricio sullo spazzolino e mi lavavo i miei maledetti denti. Non mi preoccupavo delle carie, mi preoccupavo di una cosa soltanto: onorare la verità dentro di me. Vuoi avere una rivelazione? Vuoi trovarti di fronte al roveto ardente? Questo è il mio roveto ardente: *Lavati i denti*.

Rispettare la via di ciò che è, è seguire semplici indicazioni. Se hai il pensiero che i piatti devono essere lavati, lavali. Questo è il paradiso. L'inferno è chiedere perché. L'inferno è "Li farò più tardi", "Non sono obbligato a farli", "Non è il mio turno", "Non è giusto", "Qualcun altro dovrebbe farli", e così via, diecimila pensieri al minuto. Se sta a te fare qualcosa, fallo semplicemente. Tutti i pensieri non indagati su quelle azioni sono il modo in cui ti fai del male. Fare la prossima cosa senza discussioni mentali è devozione a Dio. È una cosa meravigliosa semplicemente ascoltare e obbedire, sentire e fare. E se segui la voce, alla fine comprendi che non c'è nemmeno una voce. Non c'è nessuna voce, c'è solo movimento, tu *sei* il movimento e guardi semplicemente mentre si fa da solo. Quello che ci sarà dopo non è affar tuo. Ti muovi semplicemente e disfi qualunque giudizio che hai a riguardo. Se fa male, disfalo.

È aprile, sto facendo un giro di presentazione dei miei libri a Washington. Un mese fa, il medico mi ha detto che ho l'osteoporosi e che devo camminare di più. Più attività fisica, più calcio, una pillola alla settimana, o le mie ossa si sgretoleranno. Mi piace la sua opinione. Mi diverte e sono felice di seguire le sue direttive. Quando Stephen, io e il nostro amico Adam arriviamo all'albergo, ci dicono che le nostre stanze non saranno pronte prima delle tre. È mezzogiorno, tre ore da far passare. Ovviamente è il momento di camminare. Che ne dite della zona del Jefferson Memorial? Il taxi ci lascia a un incrocio e proseguiamo a piedi. Ciliegi in fiore! Ovunque guardiamo, fiori indescrivibilmente stupendi. Sono in piena fioritura; l'apice della fioritura, ci dicono. Migliaia di persone hanno preso le vacanze per essere qui in questo preciso momento. Noi non avevamo idea dei fiori di ciliegio finché improvvisamente non furono lì, in tutto il loro splendore. Evidentemente il programma principale per noi era vedere i ciliegi in piena fioritura. Il programma del mio medico era farmi camminare. Il programma dell'hotel era tenerci lontano dalle camere finché non erano pulite. Avremmo potuto vivere quell'esperienza con delle storie su quanto eravamo stanchi dopo cinque settimane di spostamenti non stop, su quanto avevamo bisogno di riposo, sulla mancanza di considerazione dell'hotel, su quanto fosse carente il programma del nostro addetto stampa, eccetera. Ma se la nostra camera fosse stata pronta, ci saremmo perduti i ciliegi in fiore. La via è chiara, ma solo quando la mente è chiara.

Saltiamo a settembre. Il cane di Ross, Oakley, si è gettato nel canale di fronte a casa mia. Le porte finestre erano aperte e questo grande e candido golden retriever è schizzato attraverso le porte, ha saltato lo steccato e si è buttato in acqua, allo smanioso inseguimento delle anatre. Le anatre non sembrano troppo preoccupate: alzano la testa per vedere chi sta causando tutto quel tumulto, poi si allontanano in acqua facendo qua qua, più rapidamente di quanto lui possa nuotare. Il giorno dopo, vedo le impronte infangate di Oakley sui pavimenti altrimenti perfettamente puliti e il mio cuore si scioglie. Mentre lavo i pavimenti, l'amore che provo per quell'animale è profondo. So a che cosa servono quelle impronte. Mi collegano al mio cane e a mio figlio e alla spensieratezza del mondo animale, e amo essere quello. La mente non indagata potrebbe vedere quelle impronte e irritarsi, pensieri potrebbero attaccare il cane, attaccare mio figlio per la sua mancanza di disciplina, attaccare me stessa per non essermi accorta delle porte aperte; sono migliaia le combinazioni che la mente potrebbe usare per attaccare l'apparente altro nella sua ricerca di mantenere l'identificazione con il corpo. Ma la mente indagata non vede opposizione. Si delizia di tutto ciò che la vita porta.

Le mie nipotine gemelle di tre anni, Hannah e Kelsi, aprono l'armadio della cucina e tirano fuori i più meravigliosi tesori, pentole e padelle e mestoli e il pistone della caffettiera. Giorni dopo, noto che il pistone della caffettiera è ancora lì. Amo che si siano lasciate dietro un pezzo della loro curiosità e della loro libertà. La mia casa è arredata con semplicità, non c'è niente di troppo. E adesso il pistone. Amo questa aggiunta. Non sai mai chi siano i tuoi decoratori interiori finché non appaiono. E mentre rimetto il pistone al suo posto, nascosto sotto il piano di lavoro, non ne sento la mancanza. La casa è sempre arredata perfettamente.

Questa mattina ho avuto il pensiero di fare la doccia e noto che sono rimasta sulle e-mail. Lo trovo affascinante. Fare la doccia era una splendida idea. Andrà in quella direzione oppure no? È eccitante aspettare e guardare e lasciare che la vita si muova al suo ritmo mentre continua a fare ciò che fa. Senza nessun motivo, dopo qualche decina di e-mail, il corpo si alza. Dove andrà? Pensa di stare andando verso la doccia, ma non c'è modo di saperlo, mai, finché non sarà dentro il box e aprirà il rubinetto. E finché l'acqua non esce, non c'è ancora modo di sapere se sarà una doccia ciò che accadrà. Mentre l'acqua scorre sul mio corpo, sorge il pensiero: "Che magnifica idea!".

69

Quando due grandi forze
si oppongono,
la vittoria andrà
a chi saprà cedere.

Non è possibile che qualcosa sia contro di te. Non esiste una cosa come un nemico; né una persona, né una convinzione e nemmeno l'ego sono un nemico. È solo un'incomprensione: percepiamo qualcosa come un nemico, quando invece tutto quello che dobbiamo fare è essere presenti alla cosa. È semplicemente amore che si presenta in una forma che non abbiamo ancora compreso. E indagare la mente consente alle credenze di sorgere semplicemente. La mente serena comprende che nessuna credenza è vera, è incrollabile in questo, perciò non esiste credenza in grado di attaccarsi a lei. È a suo agio con tutte.

Il tuo nemico è il maestro che ti indica quello che non hai ancora guarito. Qualunque posizione difendi è dove stai ancora soffrendo. Non c'è niente di esterno che può opporsi a te. C'è solo movimento fluido, come il vento. Tu attacchi una storia a quello che percepisci e quella storia è la tua sofferenza. Io sono tutto ciò con cui ho sempre definito le altre persone; sono state sempre me. Tutto ciò che ho definito mio nemico era me. La proiezione ci fa vedere la realtà come un loro e un me, ma la realtà è molto più gentile. Tutti i nemici sono i tuoi benevoli maestri che aspettano che tu lo capisca. (E ciò non significa doverli invitare a cena). Nessuno può essere mio nemico finché non lo percepisco come una minaccia a ciò in cui credo. Se c'è qualcosa che ho paura di perdere, creo un mondo in cui i nemici sono possibili e in questo mondo non ci sarebbe modo di capire che, qualunque cosa perda, sto meglio senza. Torno a casa dopo un viaggio. Apro la porta e la casa è stata ripulita. I ladri hanno preso il mio denaro, i miei gioielli, il televisore, lo stereo, la mia collezione di CD, elettrodomestici, computer; hanno lasciato solo i mobili e qualche vestito. La casa ha un austero aspetto zen. Vado per le stanze e vedo che questo possesso è andato, quel possesso è andato. Non c'è nessun senso di perdita o di violazione. Al contrario, immagino i beneficiari e sento la gioia che quegli oggetti daranno loro. Forse daranno i gioielli alle mogli o alle amanti, forse li porteranno a un'agenzia di pegni e con il ricavato sfameranno i loro figli. Sono colma di gratitudine. La mia gratitudine viene dall'ovvia mancanza di bisogno di quelle cose. Come faccio a sapere che non ne ho bisogno? Perché se ne sono andate. Perché la mia vita è migliore senza? È facile: adesso la mia vita è più semplice. Ora gli oggetti appartengono ai ladri, ovviamente ne avevano più bisogno di me: così funziona l'universo. Provo una tale gioia per loro, anche mentre faccio la lista per la polizia. Trovo strano che il modo del mondo sia tentare di recuperare ciò che non è più nostro, e tuttavia lo capisco. Anche riempire il modulo per la polizia è il suo modo. Se gli oggetti verranno ritrovati, sono pronta a riaccoglierli. E dato che non si ritrovano mai, capisco che il passaggio di proprietà è la cosa migliore per il mondo, per me e per i ladri. Ho bisogno solo di ciò che ho nel preciso momento, niente di più e niente di meno. Non possiamo mai avere problemi con i possessi; l'unico problema sono i nostri pensieri su ciò che possediamo o non possediamo. Quale altra sofferenza è possibile? La semplice verità è che ciò che accade è la cosa migliore che può accadere. Le persone che non lo vedono stanno semplicemente credendo ai loro pensieri e sono costrette a rimanere intrappolate nell'illusione di un mondo limitato, perduto nella guerra contro ciò che è. È una guerra che perderanno sempre, perché si oppone alla realtà, e la realtà è sempre benevola. Ciò che accade di fatto è il meglio che può accadere, che tu lo comprenda o no. E finché non lo comprendi, non c'è pace.

La realtà è sempre più gentile della storia che ci raccontiamo su di essa. Se io ti raccontassi la storia della realtà, sarebbe una storia d'amore. La storia verrebbe raccontata mentre la vita vive se stessa e passa, sempre più gentile, con svolte e capovolgimenti che non si possono proiettare nella distanza. Ad esempio, se mia figlia muore, capisco che non c'è nessun sé che viene toccato. Non riguarda me. Riguarda la sua vita, la vita di mia figlia, e io celebro la sua libertà, perché conosco la libertà della mente che non è identificata: una mente perennemente priva di corpo che è finalmente sveglia a se stessa, la mente che non è mai esistita in quanto una lei, e la lei che non può mai morire. In ciò, non siamo mai separate. E questo è solo l'inizio; diventa ancora più gentile. Potrei vedere che cosa diventano i figli dei miei figli se lei non fosse più lì a insegnare loro in modo diverso. Ogni volta che perdo qualcosa, ne sono stata risparmiata. Ogni perdita deve essere un guadagno, a meno che la perdita non sia giudicata da una mente confusa. Posso vedere che cosa riempie quello spazio nella mia vita perché lei non c'è. E poiché lei vive nel mio cuore, la gentilezza nel mio mondo non può diminuire, perché qualcos'altro occupa lo spazio in cui avevo tenuto lei. Appena pensi che la vita è così bella che non può essere migliore, deve esserlo. È una legge. Guardo la foglia che si è seccata ed è diventata friabile nella sua apparente assenza di vita. L'albero ha dovuto lasciarla andare come se non fosse niente. Cade al suolo e inizia a fare il suo lavoro, adesso un lavoro diverso. Lo fa naturalmente, diventa terriccio, diventa acqua e aria. Alla fine diventa tutti gli elementi, nutre e diventa parte di ciò che rende forte la madre albero, nutrimento e acqua e aria e fuoco, e ogni cosa fa il proprio lavoro nel momento in cui appare in quella forma. E vive e rivive la storia della mente, l'evoluzione della mente e ciò che proietta come disservizio in assoluto servizio.

70

Se vuoi conoscermi,
guarda dentro il tuo cuore.

La mente aperta a essere indagata è l'unica mente che può intraprendere questo viaggio. La mente aperta è priva di paura nella sua ricerca per vivere senza sofferenza. Alla fine l'indagine è facile da mettere in pratica, perché impari a rispettare il luogo da cui provengono le tue risposte e la libertà che portano. E alla fine la mente comprende di aver trovato la via che desiderava, il sentiero che riporta a casa, al suo vero sé, il suo luogo di riposo definitivo.

Quando le domande vengono poste e si consente alle risposte di emergere, la mente è spesso scioccata da se stessa. Non aveva idea che queste comprensioni vivessero in lei. E queste risposte permettono a risposte più profonde, più nascoste, di emergere, di essere viste e comprese dalla polarità della mente che non sa e che indaga. Mentre giunge a conoscere la sua vera natura, la mente inizia ad avere fiducia nella saggezza che essa stessa è. Questa è la sua educazione, la fine di ogni sofferenza, illusione, paura e identità erronea. L'indagine cambia il mondo più in fretta di quanto immagini. Avevo fretta. Ora cammino in quanto domande e vivo in quanto risposte. Poiché la mia intenzione era quella di essere aperta, quali che fossero le conseguenze, non posso non vivere nel mondo che io chiamo il paradiso. Amo persino il mio dentista.

All'inizio, l'indagine può sembrare più di quanto tu possa gestire; potrebbe sembrarti che ti metta a nudo il cuore senza anestesia. Tutto ciò che volevi tenere nascosto viene alla superficie, ne senti tutte le ripercussioni, e continui a passare attraverso la morte di chi pensavi di essere. Questo potrebbe farti piegare in due, potrebbe farti vomitare o provocarti una paralisi temporanea, addirittura per qualche ora. Ti stai ancora identificando con un tu e inizi a vedere che sei tutte le persone che giudicavi sgarbate, brutali, stupide, folli, avide e spregevoli, e questo è così doloroso che a volte pensi di non poterlo sopportare. Mentre continua a indagare, la mente continua a comprendere che essa stessa è il suo unico nemico e che il mondo è interamente una sua proiezione, che è sola, che non c'è un altro, e che questo è l'assoluto. I rigiri la tengono sempre radicata attraverso l'invito a essere umana. Questo equilibrio la sorregge tra il niente e il qualcosa, le dà la solida base di un mondo, e consente alla fiducia di crescere mentre continui, con dolcezza e con fermezza, a dissolvere ciò che rimane.

A un certo punto, essendo diventata completamente radicata in se stessa, l'identità viene persa in quanto mente. Non può mai più essere qualcos'altro. È morta a tutto il resto. Può esserci angoscia, l'esperienza di una terribile perdita e solitudine quando la mente perde la sua identificazione con l'umano, e a questo punto può iniziare a trovare altre identità, identità terrificanti: un uccello quando non sai come volare, una pietra quando hai fretta e puoi solo rimanere lì per sempre, sapendo che alla fine diventerai polvere, e fino ad allora sei lì, senza braccia, senza gambe, una semplice pietra. Ma, con il potere dell'indagine, ami essere quello, non desideri nessun'altra identità, e allora capisci che non puoi avere nemmeno quella, non c'è identificazione che puoi vivere, solo mente. E in quanto mente scopri che ogni pensiero è svanito, e solo un pensiero che dice che è esistito rimane come prova, ed è svanito anche questo, tutti i pensieri sono svaniti, tutto è già svanito, tutto.

L'indagine continua a uccidere ciò che pensi di essere, finché scopri qualcos'altro. La mente indagata è pura saggezza e può guarire il mondo intero. Mentre lei guarisce, il mondo guarisce. Sono giunta a vedere che non potevo vivere finché non morivo. E ciò che vive, grazie a Dio, non è il me che pensavo di essere. Non c'è nulla di ciò che sono che non sia bellissimo. Io appaio come tutte le cose, il vecchio e il nuovo, l'inizio e la fine. Io sono tutto. Io sono te.

Ovunque tu vada, lì dove sei nel momento rivela che questo è vero. Tu *sei* ovunque. Che cosa sarebbe questo luogo senza un nome? Magico, sacro, miracoloso. Come ci sei arrivato? Perché dovresti avere bisogno di una destinazione? Esso si rivela semplicemente essere questo o quello, comunque, ciò che hai programmato e ciò che non hai programmato. Capisco che tu ami che i tuoi progetti coincidano con la realtà, e in tutto questo tu sei qui adesso, in quanto il futuro di cui ti preoccupavi sempre, per strada, frugando nel bidone della spazzatura alla ricerca di qualunque bontà, notando che è tutto al di là di ciò di cui hai davvero bisogno, al di là di ciò che hai già in questo momento, dalla tua casa colma, seduto al tavolo della tua sala da pranzo, guardando l'eccesso, tutto ciò di cui non hai bisogno, privandoti nella tua mente di ciò che è già così pieno dentro di te in questo momento presente. Senza la tua storia, non stai benissimo? Non è la destinazione stessa della vita più meravigliosa di quella che l'immaginazione potrebbe dettare?

Che cos'è l'avversità? È semplicemente quando la tua storia non coincide con la realtà. Supponiamo che la storia sia: "Sono l'uomo che vivrà questa vita fino alla fine con due braccia, il coltello nella mano destra e la forchetta nella sinistra", e in realtà il mio braccio destro non c'è più. Mi sveglio e di colpo non c'è più, non gli ho detto nemmeno addio: è in un sacco di plastica nel bidone della spazzatura in cortile. Ora sono l'uomo con una forchetta nella mano destra e la mano destra si rivela essere la mia mano sinistra. La realtà non coincide con la mia storia, con l'identità che ho tanto cara. Ha la sua storia da vivere fino alla fine. Posso essere l'uomo che ama imparare il nuovo, l'uomo che non può tagliare la bistecca, e posso amare il vegetariano che noto di star diventando. Io sono sempre ciò che credo di essere, finché indago i miei pensieri e arrivo a comprendere che la realtà è ciò che sono, e che è sempre più gentile dell'identità che cerco di tenermi stretta.

Grazia significa comprendere che dove sei è dove volevi sempre essere. Significa perdere il braccio e notare ciò che rimane, in totale apprezzamento e gratitudine, e vedere nello stesso tempo quanto è migliorata la tua vita senza il braccio e tutti i benefici che questo nuovo modo porta. È la realizzazione che dove sei e ciò che sei, e che tutto ciò che è e il modo in cui è, in ogni momento, è il desiderio del tuo cuore, appagato al di là di ciò che avresti mai potuto immaginare.

71

Non sapere è vera conoscenza.

Pensare di sapere qualcosa è credere alla storia di un passato. È insensato. Ogni volta che pensi di sapere qualcosa fa male, perché in realtà non c'è niente da sapere. Stai cercando di aggrapparti a qualcosa che non esiste. Non c'è niente da sapere e non c'è nessuno che voglia saperlo.

È molto più facile sapere di non sapere. Ed è anche più gentile. Io amo la mente che non sa. Quando sai di non sapere, sei naturalmente aperto alla realtà e lasci che ti porti ovunque vuole. Puoi lasciar cadere la tua identità ed essere ciò che sei realmente, l'illimitato, il senza nome. La gente mi chiama "Katie", ma io non ci credo mai.

Qualcuno dice: "Sarò qui alle nove". Nessuno sa com'è, per qualcuno che non ha futuro, guardare un orologio diventare le nove. L'evento è così miracoloso che non ci sono parole per esso. È un minuto dopo le otto, poi di colpo due minuti dopo le otto, secondo un orologio che sta indicando sempre adesso. E adesso sono le otto e mezzo, e adesso, di colpo, sono le nove, e la persona appare - emerge semplicemente dal nulla - da un passato che non esiste. Sono sempre stupefatta da questi avvenimenti.

Adesso sto andando in soggiorno, penso. Penso di essere in cammino per aprire la finestra. Non ho nessun indizio di dove stia davvero andando; non so nemmeno se la finestra esiste, o se esiste una cosa come il soggiorno. Mentre il corpo si muove, sento ogni passo sul pavimento in legno come se fossero i miei: questo passo, poi il prossimo, poi il prossimo ancora. Sperimento tutto al rallentatore. Più precisamente, sperimento tutto fotogramma per fotogramma per fotogramma. Per me ogni momento è un fotogramma, non necessariamente collegato a un altro. È come una roccia coperta di licheni che guardi attraverso una lente d'ingrandimento: un universo in se stesso, totalmente indiviso. Quando cammino, ogni movimento all'interno di un passo è completo in se stesso. È un passo alla volta, ma di fatto è anche tutto ciò che c'è in mezzo. Adesso. Adesso. Adesso. Non c'è letteralmente tempo o spazio, passato o futuro, nemmeno un presente, nessuno che viene, nessuno che va, nessun significato, nessun motivo, nessuno scopo. E alla fine giungi in un luogo in cui niente si muove. Questa è casa, il luogo a cui tutti aneliamo, il punto immobile, il centro dell'universo, zero assoluto.

Miracolosamente, il soggiorno appare, una finestra appare, e io provo l'eccitazione di una bambina piccola, che trabocca come una sorgente d'acqua effervescente. Andrà alla finestra? Sì, sembra che sia così, e io non posso mai saperlo mentre percepisco il suo passo successivo, il corpo che si sposta in avanti, il click di una scarpa. Aprirà la finestra? È questo il modo in cui la cosa è? Noto una mano che si protende e mentre squilla il telefono sperimento uno scoppio interiore di risa mentre il corpo si gira per muoversi nell'altra direzione. Questo è l'unico modo in cui la finestra poteva rimanere chiusa, e una finestra che in questo momento è chiusa è il suo modo di essere. Vedo una mano che prende il telefono, semplicemente perché lo fa, e sono di nuovo deliziata dal suo modo di essere. Le labbra si muovono, una voce parla al telefono - "Pronto?" - e sono eccitata da quel suono familiare che esce dal nulla, la sua voce, questo infinito, incurante, estatico sogno di ciò che non è, senza significato, senza infelicità, senza vita, senza morte. In esso non c'è niente che non sia l'*è*, e quindi niente che non sia meraviglioso.

Guardo il mio corpo entrare in cucina, avvicinarsi ai fornelli. Guardo mentre la mia mano prende la pentola a pressione e fa il viaggio fino al lavello. Non puoi mai sapere che cosa farà finché non lo fa. Mangerà la zucca contenuta nella pentola? Prende un piatto dalla credenza e vi poggia un pezzo di zucca. Ed è la zucca, è il fumo che sale da essa, è il corpo, il piatto, il lavello, il piano da lavoro. E io che cosa sono? Devo essere una... che cosa? Non riesco a trovare un'identità, mentre tutto il resto è indaffarato a essere quello che è. È davvero necessario essere qualcosa? No, e non è nemmeno possibile. Posso pretendere di essere qualcosa? No, troppo tardi. Il mio momento per quello è passato, sono sveglia in quanto nient'altro che un ridere, un lampo interiore, consapevole, viva in me stessa, e non questo, non questo, non questo. La zucca riesce a essere qualcosa, il lavello riesce a essere qualcosa, e tuttavia io non posso mai essere qualcosa, indipendentemente da quanto possa tentare di crearmi come sostanza. Posso immaginare colori, suoni, mentre creo zucca, piano da lavoro, piatto, e di nuovo noto che anche questo sogno, che scompare continuamente, che se ne va anche quando lo noto, è vibrante come il sogno di una finestra o di un telefono. Vive soltanto per il suo stesso piacere, è solo un lampo nel tempo apparente. Userà una forchetta? Le mani? Guardo il sogno: lo amo. Anche mentre noto che sta mangiando la zucca, la zucca non può esistere. Gusto? Non mi preoccupo di proiettarlo, perché si proietta senza di me. È delizioso, e il gusto è sognato, la zucca è sognata, il piano da lavoro, piatto e forchetta sono sognati, e anche il sognatore è sognato. E noto che ciò è tutto ciò che posso essere, e che tutto nasce da me, e che non c'è niente che sia o non sia. È tutto un grande, stupefacente scherzo. Se potessi sorridere, sorriderei.

72

*Quando perde il timore reverenziale,
la gente si rivolge alla religione.*

Un cristiano mi ha chiesto se avessi mai incontrato Gesù. Io sono un'amante di Dio; in altre parole, un'amante della realtà. Ti incontro là, che è qui, adesso.

Non so molto di Gesù, salvo che amava Dio. Era un uomo con una magnifica via che ha funzionato per lui; qualcuno che l'ha vissuta davvero. Io so cos'è. Anch'io ho trovato una via meravigliosa e la vivo. E, ovviamente, non è vero. "Io" non ho trovato la via, la via ha trovato me, quando non c'era nemmeno un me da trovare. La via è semplicemente ciò che è. Non si piega a come gli altri pensano che dovrebbe essere, è la sua stessa integrità, è infinitamente intelligente e gentile. Per la mia mente, se Gesù è la via, lo incontro in tutti, perché la via non è altro che un'immagine riflessa del mio pensiero.

I cristiani dicono di amare Gesù, ma questo è facile da credere quando le cose vanno come vogliamo. Se Gesù entrasse in questa stanza, tutti lo amerebbero, alcuni cadrebbero ai suoi piedi e lo adorerebbero, finché non direbbe qualcosa che minacci la loro religione, che è il concetto a cui sono attaccati nel momento. Allora diventerebbe un nemico. "È un estremista. Non è quello che pensavo che fosse. Sta con la gente sbagliata. Un maestro spirituale non deve fare politica. Contraddice le scritture. Ha la testa tra le nuvole. Non capisce". La gente cancellerebbe anche la persona più pulita e più amorevole, se si opponesse al loro sistema di credenze. Lo invaliderebbero, lo negherebbero, lo annullerebbero, dimostrerebbero che è in errore, che è un inganno, che è un pericolo per la società, per proteggere quello che ritengono davvero importante. Preferirebbero avere ragione piuttosto che essere liberi.

Quando veneri un maestro spirituale sei tu stesso che veneri, perché non puoi proiettare altro che te stesso. E finché in te c'è qualcosa che non è stato guarito, dovrai appiccicarlo sopra il maestro quando le cose non sono come vuoi o quando il tuo sistema di credenze è minacciato. Dice qualcosa, tu gli appiccichi sopra un significato, pensi che sbagli o che gli manchi qualcosa, e fine della tua venerazione. Ciò contro cui reagisci non è quello che ha detto, ma quello che hai sentito. Amare Gesù è bellissimo, ma finché non amerai anche il mostro, il terrorista, il molestatore di bambini, finché non riuscirai ad accogliere il tuo peggior nemico senza difese o giustificazioni, la tua reverenza per Gesù non è reale, perché ognuno di loro è solo un'altra delle sue forme. È così che puoi sapere di venerare davvero il tuo maestro spirituale: quando la tua venerazione è generale.

Se pensi di essere devoto a un maestro spirituale, è uno splendido inizio: inizi a vedere come potrebbe essere la tua devozione rivolta a tutti noi. Qualunque assenza di rispetto, negazione di validità o paura proietti sul tuo nemico, prima o poi la proietterai sul tuo maestro spirituale. Ognuno è il tuo maestro, e la pratica spirituale più potente è frequentare le persone che ti criticano. Non devi nemmeno farlo fisicamente, perché vivono qui nella tua testa. E quando pensi di aver superato tutti gli atteggiamenti di difesa e le giustificazioni, frequenta i tuoi nemici fisicamente e guarda quanto è leggero il tuo cuore quando ti criticano aspramente. Quella è la vera riprova.

Diventare consapevole senza un maestro spirituale, senza alcuna scrittura o tradizione o autorità, è incontrare il tuo maestro lì dove sei. Per me, la verità era proprio sotto il mio naso. Davvero sbalorditivo. Era dolce e semplice, senza niente di complicato. Se non fosse stata così semplice, non l'avrei mai trovata.

73

Il Tao è sempre a suo agio.

La mente equilibrata è sempre a suo agio. Non è per o contro qualcosa; vuole soltanto ciò che è. È a suo agio perché non si oppone a niente. Niente le si oppone, niente la frena, agisce come creazione che si dispiega nel momento, e la sua azione è libera e veloce.

Non è attaccata al piacere, perché non ha bisogno di più di quello che ha già. Di solito il piacere è una sottile forma di disagio, perché quando ti stai godendo ad esempio il sesso o il cibo, ti attacchi a questo piacere; vuoi che duri, ne vuoi di più, o hai paura di perderlo persino mentre sta accadendo. La differenza tra piacere e gioia? Oh... la distanza è da qui alla luna, da qui a un'altra galassia! Il piacere è un tentativo di riempirti. La gioia è ciò che sei.

Una volta compreso te stesso, tu sei il piacere che stavi cercando; tu sei quello che hai sempre voluto. Il piacere è un'immagine riflessa di ciò che hai già prima di distogliere lo sguardo da ciò che è realmente. Quando smetti di cercare, la bellezza nascosta dalla ricerca diventa evidente. Ciò che volevi trovare è ciò che rimane, al di là di ogni storia.

Quando non credi più ai tuoi pensieri, sperimenti il piacere con un senso di gratitudine e di gioia, perché non c'è più controllo. Il gusto dei broccoli: che cosa potrebbe essere più illuminante? O il sesso: è l'epitome del lasciar andare, dell'arrendersi a Dio, che è un altro nome per realtà. Quando il sesso è senza controllo, non hai idea di quello che può accadere. Un orgasmo può essere così intenso e durare così a lungo che pensi che ti ucciderà. Ma poiché non c'è niente a cui puoi attaccarti, ti dai completamente a esso.

Per vent'anni non ho mai incontrato una storia che non

amassi. Se stai facendo il più bello dei sogni, vorresti che qualcuno ti svegliasse? Io amo il mio sogno felice: "Questo è un mondo perfetto. Le persone sono buone. Dio è buono". Ma, se stai avendo un incubo, vuoi svegliarti, anche se ti costerà la tua sofferenza.

Molte vie spirituali, mi dicono, prendono posizione contro il piacere. Ma la vita diventa difficile quando sei contro qualcosa. È doloroso avere un nemico. È la guerra con il sé. I pensieri sono amici, fanno parte della realtà, e finché non vedrai che nemmeno i tuoi pensieri sono reali, passerai la vita intera a lottare contro di essi.

L'amore è il potere, e il bel sogno non è altro che una chiara immagine riflessa dell'amore. Ogni identificazione è sentita all'interno di esso. È sentita come equilibrio e come celebrazione della sua vera natura. E, vero o no, è equilibrata. Tutto il dolore di cui abbiamo sofferto, tutto il dolore che ogni essere umano su questo pianeta ha mai sofferto, è finito in questo momento presente. Viviamo in uno stato di grazia.

74

*Se comprendi
che tutte le cose cambiano,
non cercherai
di aggrapparti a niente.*

I bambini non sono ancora nati al mondo dell'illusione finché non sovrappongono parole alle cose. Quando hai chiarezza, è molto divertente osservarlo. Amo stare con i miei nipotini, mi piace ascoltare quello che gli insegno: "Quello è un albero", "Quello è il cielo", "Ti amo", "Sei l'adorato angioletto della nonna", "Sei il bambino più bello del mondo". Tutte queste menzogne, e mi diverto molto a raccontarle. Se sto creando dei problemi ai miei nipoti, potranno indagare i loro pensieri stressanti quando saranno cresciuti. Io sono gioia. Non ne voglio censurare niente.

Qualunque storia raccontiamo riguarda l'identificazione con il corpo. Senza una storia, non c'è corpo. Quando credi di essere questo corpo, sei limitato, diventi piccolo, ti vedi apparentemente incapsulato in una forma separata. Così, ogni pensiero deve riguardare la tua sopravvivenza o la tua salute o il tuo star bene o il tuo piacere, perché se lo lasciassi andare per un momento, non ci sarebbe nessuna identificazione con il corpo. Ogni pensiero deve riguardare l'"io": è così che sopravvivi. Poi, quando hai ottenuto il tuo pezzetto di terra, la tua casetta, la tua macchinina, i tuoi pensieri si rivolgono alla storia di come hai bisogno di stare comodo e in salute. Riempi di cose il carrello della spesa, riempi di cose la casa, e appena ti senti comodo i tuoi pensieri si rivolgono al piacere. Questo è il modello completo dell'identificazione con il corpo: non c'è pensiero che non sia rivolto al corpo. Quando tutte le tue cosette sono a posto, ti rivolgi al piacere. E ogni piacere è dolore, finché non comprendi. Il tuo corpo non è affar tuo. Se sei malato, vai dal medico. In questo modo diventi libero. Il tuo corpo è affare del tuo medico; affar *tuo* è il tuo pensiero, e in questa pace hai molta chiarezza su che cosa fare. Allora il corpo diventa molto divertente, perché non ti preoccupi se vive o muore. Non è altro che una metafora del tuo pensiero che ti ritorna riflessa.

Alcuni anni fa, mentre ero ad Amsterdam, facevo Il Lavoro dal mattino presto fino a tarda sera, anche se avevo la febbre alta. Notavo che a volte, durante una pausa, mi raggomitolavo in un angolo, esausta, piena di brividi, in paradiso. I brividi andavano benissimo per me, e così la stanchezza. Ero là per svolgere il mio compito, sana o malata, nel bene o nel male. E, in quella chiarezza, io sembro stare sempre bene. Niente storia, niente malattia. C'era neve, c'era freddo, c'era il cielo, c'era la gente, c'era respiro, c'era febbre, c'era stanchezza, c'era gioia: tutto! Senza una storia, sono libera.

Una volta rimasi ventisette giorni senza mangiare. Non c'era un motivo, semplicemente sapevo di non mangiare. In tutti quei giorni non riuscivo a trovare la minima traccia di fame. La fame era soltanto un altro mito. La mia famiglia e i miei amici temevano per la mia vita, ma io non ero preoccupata; mi sentivo forte e in salute; per tutto quel periodo facevo lunghe camminate nel deserto. In qualunque momento, tutto ciò che sperimentavo erano miti sulla fame, sul mal di stomaco o sulla perdita di peso. Non riuscivo a trovare un bisogno legittimo che non fosse collegato alla paura della morte. Poi, dopo ventisette giorni, senza nessun motivo, mangiai.

Se non ti identifichi in quanto un corpo, la mente può scoprirsi a volte come una galassia o una pietra o un albero o una luna, una foglia, un uccello. Può identificarsi con qualunque cosa nella vastità di se stessa. Io sono questo? Io sono questo? Essere un essere umano non è più o meno importante di essere un sasso o un granello di polvere. Tutto è ugualmente importante, tutto è la stessa cosa. È illimitato. È calmo. È ciò che tutti siamo senza una storia o una particolare identificazione con un corpo a cui credere.

Quando sogni, sei l'intero sogno e tutto quello che contiene. Devi esserlo: sei il sognatore. Sei privo di corpo, sei libero; sei un uomo, sei una donna, un cane, un albero, sei tutto questo simultaneamente; un momento prima sei in cucina e un momento dopo sulla cima di una montagna; sei a New York e di colpo sei alle Hawaii; niente è stabile, perché non riesci a identificarti con un corpo; non c'è nessuna identificazione a cui attaccarti. Così tanto è illimitata la mente quando non c'è un corpo particolare da essere.

Senza la storia di essere limitato, sei infinito. Non c'è niente di più gioioso di questo: sapere che sei tutte le cose e nuovo in ogni momento, e che tutto questo è proiettato. Le persone pensano che l'assenza di limiti sia terrificante, perché non hanno l'indagine. Ma non è più terrificante che stare seduti in soggiorno. Dopo l'esperienza iniziale, è esattamente la stessa cosa. L'ego fa di tutto per non lasciar accadere un'esperienza come questa. Se l'esperienza accade, l'ego si identifica al corpo a un livello più alto, per aggrapparsi a ciò che pensa di sapere. Tenta di controllare l'identificazione con il corpo per essere sicuro che esperienze di questo genere non accadano più. In chi non ha l'indagine, l'ego può dire: "Non c'è ritorno", e allora potrebbe esserci il pensiero: "Diventerò pazzo". Ma se l'indagine è viva in te, non puoi attaccarti a nessun pensiero pauroso. Non importa che tu sia una Katie o un uccello o una galassia o una pietra o un albero o un granello di sabbia.

Alla fine non c'è paura. Arrivi a provare un'accettazione totale: "Io sono questo, per adesso". E tutto è a posto. Sono solo qui con te in questo momento, l'attimo dopo sarò una donna anziana, quello dopo ancora un gabbiano. Per centinaia di anni sono una sequoia. Ora sono una zanzara, ora un granello di polvere, ora una stella appena nata e che da questo momento arderà per miliardi di anni. Il tempo è irrilevante. Io mi do a qualunque realtà possa essere.

Queste apparenti trasformazioni non sono affatto trasformazioni. *Esso* è sempre ciò che è, al di là dell'identificazione, consapevole di se stesso, deliziato di se stesso in quanto tutte le cose. In questo infinito stato amorevole, balza fuori per conoscere, per rivelarsi nelle sue identità, per vedere ciò che non ha ancora rivelato a se stesso. E in ogni esperienza realizzi di non essere niente; sei precedente al pensiero; non una donna o un uccello o qualunque cosa, ma consapevolezza: una mente totalmente silenziosa che guarda fuori, dentro, con gratitudine, se stessa.

75

Agisci per il bene degli altri.
Abbi fiducia in loro, lasciali in pace.

Ho fiducia in tutti. Ho fiducia che facciano quello che fanno, e non sono mai delusa. E dato che ho fiducia nelle persone, so come lasciare che trovino la loro via. La cosa meravigliosa dell'indagine è che non c'è nessuno a guidarti salvo te stesso. Non c'è guru, non c'è maestro che nella sua grande saggezza ti indichi le risposte. Solo le tue risposte possono aiutarti. Tu stesso sei la via e la verità e la vita, e quando lo comprendi il mondo diventa molto gentile.

Quando mia figlia Roxann partecipò per la prima volta a un mio seminario nel 1993, era presente un folto gruppo di terapeuti. Lavorava alla "madre cattiva", che era il modo in cui mi aveva a volte sperimentato durante la sua crescita. Non riusciva a guardarmi mentre faceva il suo Lavoro e non sopportava nemmeno di sentire il suono della mia voce. Ero io la causa del suo problema, pensava, ed ero anche la sua salvezza; doveva chiedere aiuto al mostro e questo la rendeva furiosa. A un certo punto si infiammò e mi disse in faccia che avrei dovuto essere una madre diversa. Dissi: "Non è compito mio. Sii tu la madre di te stessa, tesoro. Sii *tu* la madre che hai sempre voluto". Tempo dopo, mi disse che era stato il regalo più bello che le avessi mai fatto. Si era rivelato la sua libertà. Conosco il privilegio di fare da madre a me stessa. È inutile considerarlo il compito di qualcun altro. Ecco che cosa ho detto a tutti i miei figli: "Avete la madre perfetta. Io sono responsabile di

tutti i vostri problemi e voi siete responsabili delle soluzioni".
In fin dei conti, ci sei solo tu: tu sei la tua sofferenza, tu sei
la tua felicità. Ciò che dai è ciò che ricevi, e amo questo fatto.
Io ricevo sempre quello che do agli altri. *Sacrificio* è una parola che non ha nessun senso per me, perché nella mia esperienza dare via qualcosa non significa, non può significare, rinun-
ciarvi. Quando ti do qualcosa, è a me che lo do. Non c'è separazione.

Ieri una giovane donna ha passato cinque minuti a dirmi
quanto sono bella e gentile e saggia. Il suo viso irradiava la gioia
di dirmi quelle cose; era innamorata della sua storia su Byron
Katie. Mentre ascoltavo guardandola negli occhi, non avevo bisogno di dire "Rigiralo", perché stava automaticamente accadendo in me. Tutto ciò che diceva di me, lo vedevo in lei, perché
posso essere soltanto la sua immagine riflessa. Attraverso i suoi
pensieri, vedevo chi era *lei*; era la sua stessa natura quella che
stava descrivendo. Se mi avesse raccontato la triste storia che
ho sentito da altri così tante volte - "Sono perduta, sono infelice,
niente ha senso, non sono brava abbastanza, la vita è ingiusta,
come ha potuto farmi questo?" - non avrei provato tristezza o
preoccupazione, perché so che al livello più profondo tutti sappiamo che non è vero. Quando qualcuno racconta una storia
triste, sto ascoltando una mente che crede di credere a ciò che
non è, e sono toccata dall'impossibile tentativo di rendere reale
l'irreale. In ciò sperimento di nuovo la mia mente e mi sento
altrettanto gioiosa di quando sono in compagnia di quella felice,
adorante, adorabile giovane donna di ieri.

Aspettativa e non aspettativa sono la stessa cosa. Io non mi
aspetto che accada niente, e accade. Non mi aspetto che accada niente, e alla fine ho sempre ragione. Niente è mai accaduto, salvo un pensiero. Mi aspetto che tu mi ami e comunque tu
ti comporti nei miei confronti, comunque tu senta, il fatto è
che mi ami sempre. Puoi pensare di non amarmi, ma non puoi
non amarmi. I pensieri sembrano bloccare questa consapevo-

lezza, e se sono stressanti ti invito a indagarli e a diventare libero. La mente risvegliata è il suo stesso universo. Non c'è niente al di fuori di essa. (Deliziosamente, non c'è niente nemmeno dentro di essa). Quando la mente si proietta come altro, incontra soltanto un'altra volta se stessa. Non può mai esserci due. Qualcuno dice: "Ciao, Katie, che bella giornata". Com'è benevolo il modo in cui è, che si saluti in questo modo, dal nulla. Qualcun altro dice: "Che giornata orribile", e la mente salta con gioia nella pura esperienza di se stessa. La mente io-so, la mente che sembra soffrire, il caro, terribile, giocoso briccone sfiderà la saggezza e la salute mentale del suo sé equilibrato, mentre continua a risvegliarsi. Ma alla fine non c'è separazione. Ogni pensiero crea il mondo di ciò che chiama gioia, leggerezza del cuore, inclusione, bontà, generosità, rapimento e (il mio termine preferito) amicizia. Alla fine la mente diventa il suo stesso amico.

76

Il morbido e docile prevarrà.

Tutte le cose cambiano, perché la percezione cambia costantemente. Quando la tua mente è illuminata a se stessa e tu noti che il mondo è un riflesso del tuo stesso pensiero, non rimani mai sorpreso da questi cambiamenti. Diventi docile, scopri che puoi deliziarti nel cambiamento, vedi la bontà della creazione e come non può che continuare a superare se stessa. Perché la mente dovrebbe aggrapparsi a ciò che è stato, quando riconosce che ciò che è è sempre meglio?

Ho un nuovo strato interno della cornea, grazie al mio meraviglioso, pionieristico genio della chirurgia, il dottor Mark Terry. Il trapianto a Portland è stato un successo straordinario: trentanove ore dopo, il mio occhio destro aveva una visione di 20/30 (l'intervento si considera riuscito se il paziente ha una visione di 20/100 dopo una settimana). Ora, un mese dopo, è di 20/20. Riesco a leggere anche dei caratteri molto piccoli e quello che vedo è nitido, chiaro, colorato: un mondo che non conoscevo più da tanto tempo. Niente più dolore, niente più cecità o semi-cecità all'occhio destro. Il trapianto all'occhio sinistro è programmato di qui a due mesi.

Che eccitazione andare in giro con la cornea di un'altra persona (è vero?)! Non posso descrivere il miracolo di aver ricevuto una vista non necessaria, e la gioia di amare l'abbondanza sempre-maggiore-dei-miei-bisogni della realtà. Senza mio marito, probabilmente l'intervento non sarebbe mai avvenuto, perché ero perfettamente felice con due cornee che assomigliavano a due vetri appannati. Vedo tutto ciò che ho bisogno di vedere, con o senza la vista. È un mondo in cui io, come tutti gli altri, appaio sempre bella e perfetta. Se ho del trucco sul mento o un pezzo di colazione sulla maglia, come potrei saperlo? E dove sarebbe il problema, se non nella mente di qualcun altro? Stephen si è incaricato di fare tutte le ricerche e voleva fermamente che io vedessi, e sono molto grata alla creazione della sua mente, a questo mondo chiaro e croccante che non si oscura, all'assenza di dolore. E sono anche grata al donatore e alla sua famiglia.

Credere che quello che vuoi sia la cosa migliore per te è una strada senza uscita. Rende la mente rigida, inflessibile, imprigionata in un'immagine della realtà, invece che aperta alla visione del modo in cui è. Ciò che è, è irremovibile ed è in costante cambiamento, scorre come l'acqua, ha tante forme belle e docili quante la mente ne può creare, un'infinità di forme, e dentro tutto questo, dietro tutto questo, attende semplicemente. Il cuore non si muove, attende semplicemente. Non sei obbligato ad ascoltarlo, ma finché non lo fai ti fai del male. E il cuore dice una cosa soltanto: "Ciò che è è". Facendo Il Lavoro, ritorni al luogo che non hai mai lasciato, il cuore, il dolce centro dell'universo. *Cuore* è solo un altro nome per la mente aperta. Niente è più dolce.

77

*Il Maestro può dare continuamente
perché non c'è fine alla sua ricchezza.*

Pensiamo che, poiché Gesù e il Buddha indossavano una semplice veste e non possedevano nulla, la libertà deve essere così. Puoi vivere una vita normale ed essere libero? Puoi farlo qui, ora e adesso? Questo voglio per te. Abbiamo lo stesso desiderio: la tua libertà. E amo che tu sia attaccato agli oggetti materiali, che tu li abbia o no, perché così puoi arrivare a comprendere che tutta la sofferenza deriva dalla mente, non dal mondo. Un oggetto materiale è un simbolo del tuo pensiero. È una metafora del desiderio, del "voglio", "ho bisogno". Non occorre rinunciare alle nostre cose. Esse vanno o vengono, non ne abbiamo il controllo; possiamo pensare di averlo, ma in realtà non l'abbiamo. Chiunque sia stato a iniziare a insegnare che dobbiamo rinunciare alle cose, o darle via, era un tantino confuso. A volte può accadere di notare, dopo che il fatto è accaduto, che dopo aver perso qualcosa siamo molto più liberi, e così pensiamo che sia meglio vivere senza possessi. Poi notiamo che non siamo più liberi. Ma quando lavoriamo ai nostri pensieri, avere grandi ricchezze equivale a non avere possessi. Una mente che ama la realtà è l'unica libertà.

L'abbondanza non ha niente a che fare con il denaro. Ricchezza e povertà sono interiori. Ogni volta che pensi di sapere qualcosa e questo ti fa sentire stressato, stai sperimentando la povertà. Ogni volta che comprendi che ciò che hai è abbastanza e più che abbastanza, sei ricco.

Per le persone che entrano nel mondo interiore, il mondo dell'indagine, i lavori diventano secondari. Il tuo lavoro non consiste nel fare soldi o nel lavorare con le persone o impressionare gli amici o ricevere rispetto o acquistare sicurezza. È un luogo per giudicare, indagare e conoscere te stesso. Tutto, ogni uomo, donna e bambino, ogni albero, ogni pietra, ogni uragano, ogni guerra, riguarda la tua libertà. I lavori vanno e vengono, imprese e nazioni ascendono e crollano, e tu non dipendi da questo. La libertà è ciò che tutti vogliamo, è ciò che siamo già. Una volta compreso ciò, puoi essere eccellente e creativo quanto vuoi nel tuo lavoro, puoi investirvi tutte le tue energie, perché non c'è più nessuna possibilità di fallire. Comprendi che la cosa peggiore che può capitare è un pensiero.

I soldi non sono affar tuo, la verità è affar tuo. È la storia "Ho bisogno di più denaro" che ti impedisce di realizzare la tua ricchezza. Ogni volta che pensi che i tuoi bisogni non siano soddisfatti, stai raccontando la storia di un futuro. Ora e adesso, devi avere esattamente il denaro che hai ora e adesso. Non è una teoria, è realtà. Quanto denaro hai? Ecco, questa è la somma esatta che devi avere. Se non ci credi, guarda il tuo estratto conto. Come fai a sapere quando dovresti averne di più? Quando lo hai. Questa comprensione è reale abbondanza. Ti lascia senza nessuna preoccupazione al mondo, mentre cerchi lavoro, vai al lavoro, fai una passeggiata o noti che la tazza è vuota.

Il cuore può cantare, non è vero? Ecco perché in primo luogo vuoi il denaro. Bene: puoi saltare la parte denaro e cantare. Non significa che non avrai denaro. Riesci a farlo nel bene e nel male, in quella che è la visione del mondo?

Amo avere del denaro e amo non averne. Per me, spendere del denaro non è altro che trasmettere ad altri ciò che in primo luogo non mi apparteneva. Non posso fare niente per tenerlo lontano, se ha bisogno di essere trasmesso. Se non ha bisogno di essere trasmesso, non c'è nemmeno bisogno che mi arrivi.

Amo che arrivi e amo che se ne vada.

Quando ricevo del denaro sono eccitata, perché sono pienamente consapevole che non è mio. Sono soltanto un canale, neanche un custode. Sono un suo osservatore, per vedere che cosa fa. Nel momento in cui lo ricevo, lì salta su il suo bisogno. Amo dare del denaro. Non lo presto mai: io *do* del denaro e gli altri lo chiamano prestito. Se lo restituiscono, è così che so che si trattava di un prestito.

78

Perciò il Maestro rimane sereno
nel mezzo dell'afflizione.
Il male non può entrare nel suo cuore.
Avendo smesso di dare aiuto,
è il migliore aiuto per la gente.

La mente risvegliata è come l'acqua. Scorre dove scorre, avvolge tutte le cose sulla sua strada, non cerca di cambiare niente, eppure nella sua costanza tutte le cose cambiano. Va dentro e fuori, su e attorno, sopra e sotto, e senza averne l'intenzione penetra in tutto ciò che può. Si delizia del suo stesso movimento e di tutto ciò che lo consente o non lo consente. E alla fine, tutto lo consente.

Un vecchio amico mi percepisce come una persona non gentile. Ne ha tutte le prove. E benché io non sia la persona che conosceva venticinque o trent'anni fa, deve continuare a proiettare la sua esperienza della vecchia me sulla donna che ha di fronte adesso. Per gli ultimi vent'anni ha continuato a incontrare la donna dei suoi pensieri, ma la donna di oggi è come l'acqua. Non mi ritraggo, non evito, non cerco di cambiare la sua mente, non difendo e non qualifico, lo ascolto come se fossi uno studente mentre mi racconta la sua storia su di me, continuo a scorrere dentro e fuori, sopra e sotto e attorno, ascoltando sempre, guardandolo negli occhi e amandolo. E oggi, per la prima volta, ho notato che parlando con me sembrava leggero e fiducioso. Mentre andavamo verso il parco, mi ha preso per mano. Ci siamo seduti sotto un albero e mi ha raccontato quello che accadeva nella sua vita interiore. È stata una conversazione molto intima. Sembrava che mi avesse raggiunta, come se stesse vedendo e reagendo a qualcosa di diverso dalla sua vecchia proiezione. Era come vedermi rinata dentro di lui, e lui era seduto vicino a qualcuno che entrambi conoscevamo: un'amica. Lo ascoltavo parlare delle sue pene e delle sue gioie, invece che di quella donna che non esisteva, quella che aveva causato i suoi problemi. Ridemmo molto di quel periodo, e io ero con i noi due che erano come acqua, che scorrevano assieme, uniti come un uno. Non era l'acqua che era cambiata, era la roccia. E in quel cambiamento, l'acqua continua a scorrere.

All'inizio, nel 1986, mi stupivo molto che le persone fossero confuse rispetto a quello che cercavo di esprimere, che credessero che le separazioni che vedevano fossero reali. Andò avanti così per circa un anno. Piangevo molto. Era come morire. Le lacrime erano lacrime di incredulità per il fatto che la gente non capisse che tutta la sofferenza è immaginata. Ero commossa dalla loro innocenza. Era come vedere dei bambini piccoli che si facevano male da soli, come guardare degli sciocchi che si tagliavano con dei coltelli, senza possibilità di fermarsi. Non osavo dire: "Questo non è necessario", perché per loro sarebbe stata soltanto un'altra pugnalata.

E le lacrime erano sempre lacrime di meraviglia e di gratitudine. Ricordo la prima volta che mi portarono una tazza di tè. Mi fusi completamente con quello splendore. Non avevo mai visto una tazza di tè prima. Non sapevo che facevamo questo qui. L'uomo versò il tè e i miei occhi si misero a scorrere come il tè che veniva versato. Era così bello e c'era tanta generosità. Provai un tale amore che avrei potuto morire e continuare a morire in quella cosa. Non c'era modo di contenerlo, era così vasto. Il tè veniva versato, un atto di pura gentilezza, e le lacrime si riversavano da me nella stessa misura, ricevute e versate indietro, restituite a se stesse, non a qualcuno o da qualcuno. Nessuno poteva capire perché singhiozzavo. Tutti pensavano che fossi triste. Non c'era modo di spiegare quanto fossi commossa e che quella che si riversava da me era gratitudine.

Il Maestro ha smesso di dare aiuto perché sa che non c'è nessuno da aiutare. E poiché ama e comprende la propria natura, comprende che con ogni azione serve se stessa ed è seduta ai suoi stessi piedi. Perciò non c'è niente che dia e che non riceva nello stesso gesto, come una stessa esperienza interiore. Anche quando sembra che non dia, è questo che sta dando. Il Maestro è la donna che ti ha ammaccato la macchina, l'uomo che ti è passato davanti in fila alla cassa, il vecchio amico che ti ha accusato di essere egoista e scortese. Ami già il Maestro? Finché non lo fai, non c'è pace. Questo è il tuo lavoro, l'unico lavoro, il lavoro del Maestro.

79

Il fallimento è un'opportunità.

È impossibile fallire, in qualunque cosa. Il tuo successo può semplicemente non apparire nel modo in cui pensavi che fosse. Se per esempio il tuo scopo era andare dal punto A al punto C e sei andato dal punto A al punto B, non è un mezzo successo: è un successo completo. Se puoi fare tutto il percorso fino a C, bene. Non amiamo che un nostro sogno si avveri? Ma se arrivi solo a metà strada, non c'è nessuna ragione sensata per pensare di avere fallito. Il tuo lavoro è aprire la mente e capire perché è meglio essere arrivato a B invece che a C. Nella vita c'è un sogno più dolce del tuo: la realtà. Questo è l'ultimo sogno, il sogno più gentile. Non sappiamo dove stiamo andando; semplicemente, ci piace immaginare di saperlo. Io non ci credo mai. In questo modo, ovunque io sia, il mio viaggio è completo e sono un successo, perché sono qui.

La nostra natura è bontà. So che è vero perché qualunque pensiero che vede qualcosa come non bene, provoca stress. Non posso essere rifiutata, è impossibile. Se qualcuno dice: "Non voglio stare con te", io penso: *Meraviglioso! Mi sta indicando con chi non stare.* Non la prendo sul personale. Ricordo quando nemmeno io volevo stare con me, perciò posso capire come si sente e incontrarlo lì. E capisco che il motivo per cui non vuole stare con me è che crede a quello che pensa di me. Non può farne a meno, perché non ha indagato la sua mente.

Ogni volta che pensi di aver fallito, ti stai identificando col fallimento. E ogni volta che sorge questa identificazione, affiorano altri pensieri che cercano di provarlo. Così la mente confusa rimane confusa, così la mente consente a se stessa di vivere nell'illusione di un passato che non è mai esistito. Se qualcuno dicesse: "Katie, non hai risposto alla mia e-mail", riderei da sola e penserei: *Naturalmente! Non c'è altro modo per me di riuscire a essere me.* (Poi potrei dire: "Dimmi che cosa dicevi nella tua e-mail").

Una volta ho fatto un test di una rivista femminile. Aspettavo dal parrucchiere, la rivista attirò il mio sguardo e la aprii a caso. Il titolo diceva: QUANTO SEI UNA BRAVA AMANTE? C'era tutta una pagina di domande. *Ti prepari per il suo arrivo?* No. *Ti metti della biancheria sexy?* No. *Provi tecniche speciali per procurargli piacere?* No. Alla fine del test feci la somma e scoprii che ero stata bocciata. Mi piacque. Per la loro mente, io sono un'incapace. Per la mia mente, sono l'amante perfetta. Perché dovrei prepararmi per il suo arrivo? Come potrei proiettare qualcosa di migliore di Stephen? E perché dovrei disturbarmi? Lui è tutto ciò che voglio quando entra dalla porta, e in ogni momento. Indosso biancheria sexy? Sarebbe divertente, e noto che il pensiero non mi viene mai. Noto anche che non è necessario. Ho delle tecniche speciali per procurargli piacere? Perché dovrei cercare di procurargli piacere? È già soddisfatto, e io non ho fatto niente per riuscirci. Che cosa pensava quell'articolista? L'amore non è un fare, né è fare l'amore. Chi ha bisogno di puntelli e di tecniche quando il cuore è completamente aperto? Il programma reale è sempre il modo in cui è, ed elimina il bisogno di qualunque programma posso avere. Non so niente sul dare piacere o ricevere piacere. Perciò è impossibile che io non possa essere l'amante perfetta.

80

Se un paese è governato saggiamente,
i suoi abitanti saranno contenti...

Sono contenta di fare la cosa che ho davanti, perché la mia mente non è in conflitto con ciò che faccio. Non ne ha motivo, non ci sono credenze che potrebbero mettersi in mezzo. Poiché il mondo è interno, non cerco niente fuori. Tutto ciò che è fuori è dentro. Non ho bisogno di incontrare nessun altro se non le persone che entrano nella mia vita, così la mia vita è un continuo invito. Invito tutti e tutto ad andare e venire come vogliono; tutte le esperienze qui sono le benvenute. Non c'è mai nulla di estraneo per la mente in pace con se stessa. È la sua stessa gioiosa comunità.

Mi alzo alle 4 del mattino e noto il calore da cui esco, i cuscini, le lenzuola sgualcite, il corpo addormentato di mio marito, questo corpo che si alza, e mentre vado in bagno noto l'assenza di sostanza di tutto questo, il sogno di stare in piedi davanti al lavandino, e noto che mentre sto in piedi sono letteralmente rinata in questo momento a questo ignoto. Solo perché li chiamo un muro, uno specchio o un soffitto, ciò non li rende tali. È qualcosa di molto più bello di quello che qualunque parola potrebbe comunicare. La realtà è continua creazione nel momento, brillante nella sua semplicità. La deliziata spettatrice che sono la guarda sedersi sul WC, lavarsi i denti, scendere le scale, preparare il tè, sedersi, come se fosse un burattino senza burattinaio. Che cosa farà adesso? Affonda in un angolo del divano, diventa la donna che beve il tè, e la donna diventa immobile come la parete o il soffitto. E nota che la donna viene respirata, dentro e fuori, un dito spostato leggermente, e io sono la tazza, il tè, le labbra della donna, sono il tè al buio, che scende attraverso la gola nello stomaco, scorrendo dentro un sistema buio e infinito, senza proiettare mai la sua fine, sempre seguendo, aperto a qualunque cosa possa essere meglio di questo, e ora non sono niente, e ora sono uno stagno, e ora non sono niente, e ora sono una nuvola, e ora sono la pioggia, e ora sto di nuovo lavorando in giardino, annaffiando, diventando questo pomodoro, questa carota, questa cellula, questo corpo umano, questo non corpo, questo niente che è la sua origine, la sua fine, la sua gioia.

81

Più fa per gli altri,
più è felice..
Più dà agli altri,
più è ricca.

Una volta, di fronte a un pubblico numeroso, compresi che non avrei dovuto più parlare: né allora, né mai. Sapevo che nessuna forza sulla terra poteva far uscire una parola dalla mia bocca, che non c'era niente da dire, e che le parole erano assolutamente non necessarie. Perciò rimasi semplicemente lì e aspettai, affascinata da quello che sarebbe successo dopo. Alla fine, dopo un lungo silenzio, una persona del pubblico fece una domanda. E io - esso - parlò. Era stata chiesta una risposta, e la risposta incontrò la domanda. Nessuno aveva bisogno della risposta; non avevo niente da dire che le persone non conoscessero già dentro di sé. Eppure, la risposta accadde. Era necessaria. Come so che era necessaria? Perché accadde.

Il motivo per cui esso parla è che lo fa. Se pensassi che sono io a farlo, non sarei così folle. Il mio unico scopo è fare quello che sembra che faccia. Quando faccio Il Lavoro con qualcuno, il mio scopo è sedermi con quella persona e fare le domande. Se qualcuno fa una domanda a me, il mio scopo è donare la mia esperienza attraverso la mia risposta. Io sono un effetto della loro sofferenza, qui non c'è nessuna causa. La causa è ciò che le persone fanno uscire da me, e il loro fuori è il mio dentro. Quando qualcuno parla, io sono un'ascoltatrice. Quando qualcuno chiede, io sono una risposta.

Capisco i maestri spirituali che sono silenziosi, e questo

parla. È dovuto andare fino in fondo. Ha dovuto assumersi tutti i rischi. Non permetterebbe a nessun concetto come "non dovrei dire assolutamente niente, perché nessuna parola è vera" di fermarlo. Dice "tu e io", ed è qui che inizia l'imbroglio.

Subito dopo la mia esperienza nella casa di riabilitazione nel 1986, mi era difficile dire qualunque cosa. *Tavolo* era una menzogna. *Uccello* era una menzogna. *Albero* era una menzogna. Qualunque parola separava il mondo in parti e sembrava insegnare ciò che non esisteva. Non riuscivo a pronunciare la parola *io* senza sentire una perdita di integrità. Alla fine trovai un modo di parlare che sembrava meno falso. Invece di "Vorrei un bicchiere d'acqua", dicevo: "Pensa di volere un bicchiere d'acqua ora"; invece di "Ho fame", dicevo: "Pensa di avere fame ora". Era la cosa più vicina all'integrità e in cui riuscivo ancora a comunicare. In seguito, quando la comunicazione divenne più matura, iniziai a dire: "Ho fame" o "Vorrei un bicchiere d'acqua". Mi sembrava un gesto di incredibile disonestà e nello stesso tempo di coraggio. Sentivo che attraverso il linguaggio insegnavo una menzogna e mi persi di nuovo nel non-esistente. Ma usavo *io* perché volevo entrare in contatto con gli altri. Era un modo per darmi a loro. Mi arresi a quel linguaggio per amore. Continuerò a volte a riferirmi a me stessa dicendo *lei* o *noi* o *tu*. Userò qualunque pronome e a volte per le persone è difficile capirlo. Io non riesco a vedere nessuna separazione come reale.

E così all'inizio esso si manifestò come un bugiardo, per amore. Avrebbe fatto di tutto per amore, avrebbe detto qualunque cosa. Sarebbe morto per amore, tante e tante e tante volte. Avrebbe venduto la sua pace, se fosse stato possibile. Non si preoccupa di se stesso. Muore per se stesso, vive per se stesso. Si unirà interiormente a tutti e a tutto. Si unirà perché *è* già l'altro.

Poiché non è attaccato alle parole o alle cose, è libero di darti tutto ciò che ha, tutto ciò che è. Ogni cosa al mondo è così, dando continuamente se stessa, versandosi continuamente nel mondo, *in quanto* mondo. La generosità è la nostra vera natura e quando facciamo finta che non sia così, quando tratteniamo o diamo per un motivo, fa male. Un motivo è semplicemente un pensiero non indagato. Dall'altro lato del nostro pensiero, la generosità si manifesta naturalmente. Non dobbiamo fare niente per ottenerla. È semplicemente ciò che siamo.

Come fare Il Lavoro

(adattamento da *Amare ciò che è* e da www.thework.com)

La critica al Lavoro che sento più spesso è che è troppo semplice. La gente dice: "La libertà non può essere così semplice!". Io rispondo: "Puoi sapere con assoluta certezza che è vero?". Giudica il prossimo, scrivilo, fai le quattro domande, rigiralo. Chi dice che la libertà deve essere complicata?

Mettere la mente sulla carta

Il primo passo del Lavoro è scrivere i tuoi giudizi su qualunque situazione stressante della tua vita - passata, presente o futura- che riguarda una persona che non ti piace o che ti dà delle preoccupazioni; una situazione in cui qualcuno ti fa arrabbiare o ti spaventa o ti rattrista; o una persona per la quale provi sentimenti ambivalenti o confusi. Metti su carta i tuoi giudizi, esattamente come li pensi. Scrivi frasi semplici e brevi (usa un foglio bianco oppure scarica il foglio di Lavoro "Giudica il prossimo" dal sito www.thework.it).

Per migliaia di anni ci hanno insegnato a non giudicare, ma affrontiamo il fatto: continuiamo a farlo continuamente. La verità è che tutti abbiamo dei giudizi che ci girano nella testa. Grazie al Lavoro abbiamo finalmente il permesso di lasciare che questi giudizi parlino, o addirittura urlino, sulla carta. Possiamo scoprire che anche i pensieri più spiacevoli si possono accogliere con amore incondizionato.

Ti incoraggio a scrivere i tuoi giudizi su una persona che non hai ancora perdonato del tutto. Questo è il luogo più potente da cui iniziare. Anche se hai perdonato quella persona al 99 per cento, non sarai libero finché il tuo perdono non sarà completo. L'1 per cento che non hai ancora perdonato è il luogo preciso in cui sei bloccato in tutte le altre relazioni (inclusa la relazione con te stesso).

Se sei nuovo all'indagine, ti consiglio caldamente di non iniziare da te stesso. Se inizi dai giudizi su te stesso, le risposte saranno accompagnate da un motivo e da soluzioni che non hanno funzionato. Giudicare un'altra persona, indagare e rigirare è la via diretta alla comprensione. Potrai giudicare te stesso più tardi, dopo aver indagato abbastanza a lungo da avere fiducia nel potere della verità.

Se inizi puntando il dito accusatore all'esterno, il focus non è su di te e quindi puoi esprimerti liberamente senza censurarti. Siamo spesso molto sicuri di sapere che cosa devono fare gli altri, come dovrebbero vivere, con chi dovrebbero stare. Abbiamo una visione di 10/10 sugli altri, ma non su noi stessi.

Facendo Il Lavoro, vedi chi sei vedendo chi pensi siano gli altri. Alla fine arrivi a capire che tutto ciò che è esterno a te è un riflesso del tuo stesso pensiero. Tu sei il narratore delle storie, il proiettore di tutte le storie, e il mondo è l'immagine proiettata dei tuoi pensieri.

Sin dalla notte dei tempi, gli uomini hanno cercato di cambiare il mondo nel tentativo di essere felici. Non ha mai funzionato, perché affronta il problema al contrario. Il Lavoro ci offre invece un modo per cambiare il proiettore, la mente, invece del proiettato. È come quando c'è un filo sulla lente del proiettore. Pensiamo che il difetto sia sullo schermo e cerchiamo di cambiare quella persona e quell'altra, perché il difetto continua ad apparire in tutte. Ma cercare di cambiare l'immagine proiettata è inutile. Una volta compreso che il filo è sulla lente, è la lente che dobbiamo pulire. Questa è la fine della sofferenza e l'inizio di una piccola gioia in paradiso.

Come scrivere sul foglio di Lavoro

Ti prego di evitare la tentazione di continuare senza scrivere i tuoi giudizi. Se cerchi di fare Il Lavoro solo nella tua testa, senza mettere i pensieri su carta, la mente sarà più furba di te. Prima ancora che tu te ne renda conto, se ne sarà già andata e starà inseguendo un'altra storia per dimostrare che ha ragione. Ma, anche se la mente è capace di trovare giustificazioni a una velocità superiore a quella della luce, può essere fermata attraverso l'azione dello scrivere. Una volta che la mente è fermata sulla carta, i pensieri restano stabili e l'indagine può essere applicata facilmente.

Ti invito a essere critico, duro, meschino e infantile. Scrivi con la spontaneità di un bambino triste, arrabbiato, confuso, o spaventato. Non cercare di essere saggio, spirituale o gentile. Questo è il momento di essere totalmente onesto e privo di censura riguardo a ciò che senti. Consenti ai tuoi sentimenti di esprimersi, senza nessuna paura delle conseguenze e senza nessuna minaccia di punizione. Accertati di scrivere frasi semplici e brevi.

Scrivi i pensieri e le storie che girano dentro di te, quelle che sono la vera causa del tuo dolore: la rabbia, il risentimento, la tristezza. Prima punta il dito accusatore contro le persone che ti hanno ferito, le persone che ti sono state più vicine, le persone di cui sei geloso, le persone che non sopporti, le persone che ti hanno deluso. "Mio marito mi ha lasciato", "Il mio partner mi ha trasmesso l'AIDS", "Mia madre non mi ha amato", "I miei figli non mi rispettano", "Il mio amico mi ha tradito", "Odio il mio capo", "Odio le persone che ho accanto, mi stanno rovinando la vita". Scrivi di quello che hai letto questa mattina sul giornale: persone uccise o che hanno perso la casa in seguito a una guerra o una carestia. Scrivi della cassiera del supermercato troppo lenta o dell'automobilista che ti ha tagliato la strada. Ogni storia è una variazione su un unico tema: Questo non dovrebbe *accadere. Non avrei dovuto sperimentare questa cosa. Dio è ingiusto. La vita è ingiusta.*

Le persone che sono nuove al Lavoro pensano a volte: "Non so che cosa scrivere. E perché dovrei fare Il Lavoro? Non ce l'ho con nessuno. Nessuno mi crea dei veri problemi". Se non sai che cosa scrivere, aspetta. La vita ti fornirà l'occasione. Forse un'amica non ti richiama dopo aver detto che l'avrebbe fatto e tu ti senti delusa. Forse, quando avevi cinque anni, tua madre ti ha punito per qualcosa che non avevi fatto. Forse sei turbato o spaventato dalle notizie che leggi sul giornale o pensando alla sofferenza nel mondo.

Metti su carta la parte della tua mente che dice queste cose. Non puoi fermare la storia dentro la tua testa, per quanto duramente ci provi. Non è possibile. Ma quando metti la storia su carta e la scrivi esattamente come la mente la sta raccontando, con tutta la tua sofferenza e frustrazione e rabbia e tristezza, potrai vedere che cosa sta girando dentro di te. Lo vedrai trasportato nel mondo materiale, in forma concreta. E alla fine, attraverso Il Lavoro, potrai cominciare a comprenderlo.

Se un bambino si perde, può sentirsi terrorizzato. Perderti nel caos della mente può essere altrettanto terrorizzante. Ma quando entri nel Lavoro, è possibile fare ordine e ritrovare la strada che ti riporta a casa. Non ha importanza quale via percorrerai: c'è qualcosa di familiare, sai dove sei. Potrebbero rapirti, tenerti nascosto per un mese e poi gettarti giù da una macchina con gli occhi bendati; ma quando ti togli la benda e guardi gli edifici e le strade, inizi a riconoscere una cabina telefonica o un negozio, e tutto diventa familiare. Sai come fare per ritornare a casa. È così che funziona Il Lavoro. Quando la mente è accolta con comprensione, sa sempre ritrovare la via di casa. Non c'è nessun posto in cui ti sentirai perduto o confuso.

Il foglio di Lavoro "Giudica il prossimo"

Dopo che la mia vita cambiò, nel 1986, passavo molto tempo nel deserto vicino a casa mia semplicemente ad ascoltarmi. Dentro di me nascevano storie che turbano l'umanità da sempre. Era come se prima o poi fossi testimone di ogni concetto, e scoprii che, anche se ero da sola nel deserto, il mondo intero era con me. E suonava così: "Voglio", "Ho bisogno", "Dovrebbero", "Non dovrebbero", "Sono arrabbiata perché...", "Sono triste", "Non lo farò mai", "Non voglio". Queste frasi, che si ripetevano in continuazione nella mia mente, divennero la base del foglio di Lavoro "Giudica il prossimo". Lo scopo del foglio di Lavoro è aiutarti a mettere su carta le tue storie dolorose e i tuoi giudizi; serve a far uscire i giudizi che altrimenti sarebbe difficile scoprire.

I giudizi che scrivi sul foglio di Lavoro diventeranno il materiale che userai per fare Il Lavoro. Metterai ognuna delle frasi che hai scritto, una alla volta, di fronte alle quattro domande e lascerai che ognuna di esse ti conduca alla verità.

Ecco un esempio completo del foglio di Lavoro "Giudica il prossimo". L'ho scritto sul mio secondo marito, Paul (e l'ho incluso qui con il suo permesso); sono i pensieri che avevo su di lui prima che la mia vita cambiasse. Leggendo, ti invito a sostituire il nome Paul con quello della persona più appropriata per te nella tua vita.

1. Chi ti fa arrabbiare, ti confonde, ti rattrista o ti delude, e perché? Cos'è che non ti piace di questa persona?

   Sono arrabbiata con Paul perché non mi apprezza. Sono arrabbiata con Paul perché non mi ascolta, mette in discussione tutto ciò che dico.

2. Come vuoi che cambi questa persona? Che cosa vuoi che faccia?

   Voglio che Paul mi dia piena attenzione. Voglio che Paul mi ami totalmente. Voglio che Paul smetta di opporsi a tutto ciò che dico. Voglio che Paul sia d'accordo con me. Voglio che Paul faccia più esercizio fisico.

3. Che cosa dovrebbe o non dovrebbe fare, essere, pensare o provare? Che consigli potresti offrirgli/le?

   Paul dovrebbe smettere di guardare troppa televisione. Paul dovrebbe smettere di fumare. Paul dovrebbe dirmi che mi ama. Non dovrebbe ignorare quello che dico.

4. Hai bisogno che questa persona faccia cosa, per renderti felice?

   Ho bisogno che Paul mi ascolti. Ho bisogno che Paul smetta di mentirmi. Ho bisogno che Paul condivida i suoi sentimenti e sia emotivamente disponibile. Ho bisogno che Paul sia dolce, gentile e paziente.

5. Cosa pensi di questa persona? Fai una lista (ricorda di essere meschino e critico).

   Paul è disonesto. Paul è incurante degli altri. Paul è un

pericolo per la sicurezza e il benessere dei miei figli. Pensa di non dover seguire le regole. Paul non è disponibile e non si prende cura. Paul è un irresponsabile. Paul dovrebbe smettere di giocare d'azzardo e di mentire sul denaro.

6. Quali esperienze non vuoi più avere con questa persona?

Non voglio più vivere con Paul se non cambia. Non voglio litigare mai più con Paul. Non voglio che Paul mi menta mai più. Non voglio preoccuparmi mai più che mi nasconda le carte di credito o che firmi degli assegni senza che io lo sappia.

Indagine: le Quattro Domande e il Rigiro

1. **È vero?**

2. **Puoi sapere con assoluta certezza che è vero?**

3. **Come reagisci, cosa avviene, quando credi a quel pensiero?**

4. **Chi saresti senza quel pensiero?**

e

Rigira

Ora, utilizzando le quattro domande, indaghiamo la prima affermazione del punto 1 del mio esempio: *Paul non mi apprezza.* Mentre leggi, pensa a una persona nei cui confronti provi la stessa cosa.

1. È vero? Chiediti: "È vero che Paul non mi apprezza?". Rimani in silenzio. Se vuoi davvero conoscere la verità, la risposta verrà a incontrare la domanda. Lascia che sia la mente a porre la domanda e aspetta che la risposta emerga. La realtà, per me, è ciò che è vero. La verità è qualunque cosa sia di fronte a te, qualunque cosa stia realmente accadendo. Che ti piaccia o no, in questo momento piove. "Non dovrebbe piovere" è soltanto un pensiero. Nella realtà, non esistono cose come "dovrebbe" o "non dovrebbe". Questi sono soltanto pensieri che sovrapponiamo alla realtà. Senza i "dovrebbe" e "non dovrebbe", possiamo vedere la realtà così com'è, e questo ci lascia liberi di agire con efficienza, chiarezza e sanità mentale.

Quando fai la prima domanda, prenditi tutto il tempo che ti serve. Il Lavoro riguarda la scoperta di quello che è vero nella parte più profonda di te. Ora stai ascoltando le *tue* risposte, non quelle degli altri, e niente di tutto quello che ti hanno insegnato. Questo può essere molto inquietante, perché stai entrando nell'ignoto. Continuando a scendere sempre più in profondità, permetti alla verità dentro di te di emergere e di incontrare la domanda. Sii gentile mentre ti dai all'indagine. Lascia che questa esperienza ti abbia totalmente.

2. Puoi sapere con assoluta certezza che è vero? Se la tua risposta alla domanda numero 1 è stata no, passa alla domanda numero 3. Se la tua risposta è stata sì, chiediti: "Posso sapere con assoluta certezza che è vero?". In molti casi l'affermazione sembra vera. È naturale: i tuoi concetti si fondano su tutta una vita di credenze non indagate. Considera queste domande: "Posso sapere con assoluta certezza che Paul non mi apprezza? Posso davvero sapere se qualcuno mi apprezza o no? Non è vero che a volte apprezzo una persona anche se non lo esprimo?".

Dopo essermi svegliata alla realtà nel 1986, ho notato molte volte come la gente, nelle conversazioni, nei media, nei libri, facesse affermazioni come "Non c'è abbastanza comprensione nel mondo", "C'è troppa violenza", "Dovremmo amarci a vicenda". Erano storie a cui avevo creduto anch'io. Sembravano affermazioni sensibili, gentili e premurose, ma ascoltandole notavo che credere in esse causava stress e che non mi facevano sentire in pace interiormente.

Per esempio, quando sentivo la storia "La gente dovrebbe essere più amorevole", in me nasceva la domanda "Posso sapere con assoluta certezza che è vero? Posso realmente sapere, da me, dentro di me, che la gente dovrebbe essere più amorevole? Anche se tutto il mondo lo dice, è realmente vero?". E con mio stupore, ascoltando dentro di me, vedevo che il mondo è ciò che è, niente di più e niente di meno. Quando si tratta della realtà, non c'è un "ciò che dovrebbe essere". C'è solo ciò che è, in quel modo preciso, esattamente adesso. La verità è precedente a qualunque storia. E ogni storia, prima di venire indagata, ci impedisce di vedere ciò che è vero.

Ora potevo finalmente indagare ogni storia potenzialmente dolorosa: "Posso sapere con assoluta certezza che è vero?". E la risposta, come la domanda, era un'esperienza: no. E rimanevo radicata in quella risposta: sola, in pace, libera.

Come potrebbe non essere la risposta giusta? Tutte le persone che conoscevo, e tutti i libri, dicevano che la risposta dovrebbe essere sì. Ma arrivai a vedere che la verità è se stessa e non sarà mai imposta da nessuno. Alla presenza di quel no interiore, vidi che il mondo è sempre come dovrebbe essere, che io mi opponga o no. E giunsi ad abbracciare la realtà con tutto il mio cuore. Amo il mondo, senza condizioni.

Se la tua risposta è ancora sì, benissimo. Se pensi di poter sapere con assoluta certezza che è vero, passa lo stesso alla domanda numero 3.

3. Come reagisci, cosa avviene, quando credi a quel pensiero? Con questa domanda iniziamo a notare la causa ed effetto interiore. Puoi vedere che, quando credi al pensiero, c'è una sensazione di disagio, un disturbo che può andare da un piccolo fastidio alla paura o al panico.

Come reagisci quando credi che Paul non ti apprezzi? Chiudi gli occhi e guarda come lo tratti quando credi a quel pensiero. Fai una lista. Ad esempio: "Gli lancio un'occhiataccia. Lo interrompo. Lo punisco non prestandogli attenzione. Tengo il muso, mi ritraggo, smetto di apprezzarlo e sono piena di risentimento per tutte le cose gentili che ho fatto per lui". Continua a stendere la tua lista mentre vai dentro di te, guarda come tratti te stesso in quella situazione e come ti fa sentire. "Immagino di lasciarlo e immagino come sarebbe migliore la mia vita senza di lui, come soffrirà per la mia mancanza, come nessuno lo apprezzerà quanto l'ho apprezzato io. Cado nell'autocommiserazione. Mi chiudo. Mi isolo. Mangio e dormo un sacco, e passo intere giornate a guardare la TV. Mi sento sola e depressa". Nota tutti gli effetti del credere al pensiero "Paul non mi apprezza". Nota in quale punto del corpo quel pensiero ti fa male. Chiudi gli occhi e rintraccialo; guarda quanta parte del tuo corpo è permeata da quel pensiero.

Dopo che le quattro domande trovarono me, notavo pensieri come "La gente dovrebbe essere più amorevole" e vedevo che causavano una sensazione di disagio. Notavo che prima di quel pensiero c'era pace. La mia mente era silenziosa e serena, Questo è ciò che sono senza la mia storia. Allora, nella calma della consapevolezza, iniziai a notare le sensazioni che derivavano dal credere o dall'attaccarmi al pensiero. E in quella calma riuscivo a vedere che, se avessi creduto al pensiero, il risultato sarebbe stato una sensazione di disagio e tristezza. Quando mi chiedevo "Come reagisco, cosa avviene, quando credo al pensiero che la gente dovrebbe essere più amorevole?", vedevo che non solo avevo una sensazione spiacevole (era evidente), ma che reagivo con delle immagini mentali per dimostrare che quel pensiero era vero. Fuggivo in un mondo che non esisteva. Reagivo vivendo in un corpo stressato, vedendo tutto attraverso gli occhi della paura, una sonnambula, qualcuno in un incubo senza fine. Il rimedio era semplicemente indagare.

Amo la domanda numero 3. Una volta che rispondi per te stesso, una volta che vedi la causa e l'effetto di un pensiero, tutta la tua sofferenza inizia a sciogliersi.

4. Chi saresti senza quel pensiero? Questa è una domanda molto potente.

Immagina di essere alla presenza della persona di cui hai scritto mentre fa quello che pensi che dovrebbe o non dovrebbe fare. Considera, ad esempio, chi saresti senza il pensiero "Paul non mi apprezza". Chi saresti se tu non fossi neanche capace di pensare quel pensiero? Chiudi gli occhi e immagina Paul che non ti apprezza. Immagina di non avere il pensiero che Paul non ti apprezza (o che dovrebbe *addirittura* apprezzarti). Prenditi tutto il tempo che ti serve. Nota che cosa ti si rivela. Che cosa vedi? Come ti fa sentire?

Per molte persone, la vita senza la loro storia è letteralmente inimmaginabile. Non ne hanno nessuna idea. Quindi, "Non so" è una risposta comune a questa domanda. Altri rispondono: "Sarei libero", "Sarei in pace", "Sarei una persona più amorevole". Potresti anche dire: "Avrei abbastanza chiarezza per comprendere la situazione e agire in modo efficace". Senza le nostre storie, non solo siamo in grado di agire con chiarezza, con gentilezza e senza paura; siamo anche un amico, un ascoltatore. Siamo persone che vivono vite felici. Siamo apprezzamento e gratitudine che sono diventati naturali come il respiro. La felicità è lo stato naturale per chi sa che non c'è niente da sapere e che abbiamo già tutto ciò di cui abbiamo bisogno, proprio qui e ora.

Rigira. Per fare il rigiro, riscrivi la tua affermazione. Prima, scrivila come se fosse rivolta a te. Dove hai messo il nome di un'altra persona, metti il tuo. Invece di "lui" o "lei", metti "io". Ad esempio, "Paul non mi apprezza", rigirato diventa: "Io non apprezzo Paul" e "Io non mi apprezzo". Un altro tipo di rigiro è quello a 180 gradi, l'estremo opposto: "Paul mi apprezza". Per ogni rigiro, trova tre esempi sinceri di come il rigiro è vero nella tua vita. Non si tratta di accusarti o di sentirti in colpa. Si tratta di scoprire delle alternative che possono donarti pace.

Il rigiro è una parte molto potente del Lavoro. Finché pensi che la causa del problema sia "fuori", finché pensi che qualcun altro o qualcos'altro sia responsabile della tua sofferenza, la situazione è senza scampo. Significa che continui ad essere nel ruolo della vittima, che stai soffrendo in paradiso. Quindi, scopri la verità e inizia a diventare libero. L'indagine associata al rigiro è la via più veloce all'auto-realizzazione.

Il rigiro per il numero 6

Il rigiro dell'affermazione numero 6 del foglio di Lavoro "Giudica il prossimo" è un po' diverso dagli altri. Cambiamo "Non voglio..." in "Sono disposto..." e "Non vedo l'ora di...". Ad esempio, "Non voglio litigare mai più con Paul" diventa "Sono disposta a litigare di nuovo con Paul" e "Non vedo l'ora di litigare di nuovo con Paul". Perché dovresti non vederne l'ora? Questo rigiro riguarda l'abbracciare tutta la mente e la vita senza paura, e iniziare ad aprirti alla realtà. Riguarda l'accogliere tutti i tuoi pensieri e le tue esperienze a braccia aperte. Se sperimenti di nuovo un litigio con Paul, benissimo. Se fa male, puoi mettere i tuoi pensieri su carta e indagarli. I pensieri dolorosi sono semplici indicatori del fatto che siamo attaccati a qualcosa che può non essere vero per noi. Ci indicano che è il momento di fare Il Lavoro. Se senti di fare resistenza a un pensiero, il tuo Lavoro non è finito. Quando puoi sinceramente non vedere l'ora di fare delle esperienze che in precedenza erano dolorose, non c'è più niente di cui avere paura nella vita; vedi tutto come un dono che può portarti all'autorealizzazione. È bene riconoscere che gli stessi sentimenti o le stesse situazioni possono accadere di nuovo, anche se soltanto nei tuoi pensieri. Quando realizzi che la sofferenza e il disagio sono inviti all'indagine, puoi davvero iniziare a non vedere l'ora che si ripresentino quelle sensazioni sgradevoli. Puoi persino sentirle come amici che vengono a farti vedere qualcosa che non hai ancora indagato abbastanza a fondo. Non è più necessario aspettare che le persone o le situazioni cambino per provare pace e armonia. Il Lavoro è la via diretta per orchestrare la tua felicità. Dopo essere stato con i rigiri, continua la tipica indagine con la frase successiva alla prima dell'affermazione numero 1 del tuo foglio di Lavoro - *Paul non mi apprezza* - e con tutte le altre. Per ulteriori istruzioni, leggi *Amare ciò che è* o visita il sito www.thework.com.

È il tuo turno: il foglio di Lavoro

Ora ne sai abbastanza per provare a fare Il Lavoro. Per prima cosa metti su carta i tuoi pensieri. Riempi gli spazi che seguono a proposito di una persona che non hai ancora perdonato al 100 per cento. Puoi scrivere a partire dalla tua situazione presente oppure dal punto di vista di un bambino di cinque anni o di una persona di venticinque. Non scrivere ancora di te stesso. Usa frasi semplici e brevi. Per favore, non censurarti. Consentiti di essere critico e cattivo quanto senti di essere. Non cercare di essere "spirituale" o gentile.

1. Chi ti fa arrabbiare, ti confonde, ti rattrista o ti delude, e perché? Cos'è che non ti piace di questa persona? (Ricorda: sii duro, infantile e meschino).

   Non mi piace (mi fa arrabbiare, mi rattrista, mi frustra, mi spaventa, mi crea confusione, ecc.) [nome] perché

   _____

2. Come vuoi che cambi questa persona? Cosa vuoi che faccia?

   Voglio che [nome] _____

   _____

3. Che cosa dovrebbe o non dovrebbe fare, essere, pensare o sentire? Che consigli potresti offrirgli/le?

   [Nome] dovrebbe/non dovrebbe _____

   _____

4. Hai bisogno che questa persona faccia cosa, per renderti felice?

(Fai finta che sia il tuo compleanno e che puoi avere tutto quello che vuoi) Ho bisogno che [nome]

_____

5. Che cosa pensi di questa persona? Fai una lista. (Non essere ragionevole né gentile)

[Nome] è _____

_____

6. Quali esperienze non vuoi più avere con questa persona?

Non voglio mai più/mi rifiuto di _____

_____

È il tuo turno: l'indagine

Una alla volta, sottoponi ogni affermazione del tuo foglio di Lavoro "Giudica il prossimo" alle quattro domande, poi rigira le affermazioni su cui stai lavorando e trova tre esempi sinceri di come ogni rigiro è vero. (Se ti serve aiuto, rileggi l'esempio). Attraverso questo processo, esplori l'apertura a possibilità al di là di quelle che credi di conoscere. Non c'è niente di più eccitante di scoprire la mente che non sa.

È come un'immersione subacquea, Continua a porre la domanda e aspetta. Lascia che sia la risposta a trovare te. Potresti iniziare ad avere delle rivelazioni su te stesso e sul tuo mondo, rivelazioni in grado di trasformare la tua vita per sempre.

Domande e risposte

DOMANDA: *Mi è molto difficile scrivere su altre persone. Posso scrivere su me stesso?*

RISPOSTA: Se vuoi conoscere te stesso, ti suggerisco di scrivere di qualcun altro. All'inizio punta Il Lavoro verso l'esterno, e potresti vedere che tutto ciò che è esterno a te è un diretto riflesso del tuo pensiero. Tutto riguarda te. Molti di noi hanno rivolto critiche e giudizi verso se stessi per anni, senza risolvere niente. Giudicare un'altra persona, indagare e rigirare è la via veloce alla comprensione e all'auto-realizzazione.

DOMANDA: *Devo scrivere per forza? Non è sufficiente fare le domande e i rigiri mentalmente quando ho un problema?*

RISPOSTA: Il lavoro della mente è quello di avere ragione, e può giustificare se stessa più rapidamente della velocità della luce. Ferma la parte del tuo pensiero che è la causa della tua paura, rabbia, tristezza o risentimento mettendola su carta. Una volta che la mente è fermata sulla carta, è molto più facile fare l'indagine. Alla fine Il Lavoro inizia a disfarti automaticamente, anche senza scrivere.

DOMANDA: *Se non ho nessun problema con le persone, posso scrivere riguardo a delle cose, ad esempio il mio corpo?*

RISPOSTA: Sì. Fai Il Lavoro su qualunque argomento stressante. Acquisendo familiarità con le quattro domande e il rigiro, puoi scegliere argomenti come il corpo, la malattia, la carriera o persino Dio. Poi prova a usare "il mio pensiero" invece dell'argomento quando fai i rigiri.

Per esempio: "Il mio corpo dovrebbe essere flessibile e in

salute" diventa "Il mio pensiero dovrebbe essere flessibile e in salute". Non è questo che vuoi davvero: una mente sana ed equilibrata? È stato mai un corpo malato il problema, o è il tuo pensiero sul corpo che causa il problema? Indaga. Lascia che il tuo medico si prenda cura del tuo corpo mentre tu ti prendi cura del tuo pensiero. La ricerca non richiede un corpo in salute. Libera la tua mente, e il corpo la seguirà.

DOMANDA: *Ho sentito che dici di essere un'amante della realtà. E la guerra, lo stupro, la povertà, la violenza e l'abuso sui bambini? Li condoni?*

RISPOSTA: Tutto il contrario. Come potrei condonare qualcosa che non è gentile? Semplicemente, noto che se credo che queste cose non dovrebbero esistere, quando invece esistono, soffro. Posso mettere fine alla guerra dentro di me? Posso smettere di stuprare me stessa e gli altri con i miei pensieri e le mie azioni abusanti? Se non lo faccio, continuerò dentro di me la cosa stessa che vorrei far finire nel mondo. Inizio mettendo fine alla mia sofferenza, alla mia guerra. È il lavoro di una vita.

DOMANDA: *Quello che stai dicendo è che dovrei semplicemente accettare la realtà così com'è e non oppormi. È così?*

RISPOSTA: Il Lavoro non dice che cosa dovrebbe o non dovrebbe fare qualcuno. Ci chiediamo semplicemente: "Quali sono gli effetti dell'opporsi alla realtà? Come ci fa sentire?". Questo lavoro esplora la causa ed effetto di essere attaccati a pensieri dolorosi e in quell'indagine troviamo la nostra libertà. Dire semplicemente che non dovremmo opporci alla realtà è soltanto una storia in più, una filosofia o una religione in più. Non ha mai funzionato.

DOMANDA: *Amare ciò che è, suona come non volere niente.*
Non è più interessante volere delle cose?

RISPOSTA: La mia esperienza è che voglio continuamente qualcosa: quello che voglio è ciò che è. Non è soltanto interessante, è un'estasi! Quando voglio ciò che ho, pensiero e azione non sono separati; agiscono come un tutt'uno, senza conflitto. Se ti sembra che, in qualunque momento, manchi qualcosa, scrivi i tuoi pensieri e indagali fino in fondo. Per me la vita non è mai manchevole e non richiede un futuro. Tutto ciò di cui ho bisogno mi viene sempre dato e io non devo fare niente al riguardo. Non c'è niente di più eccitante di amare ciò che è.

DOMANDA: *L'indagine è un processo del pensiero? Se non lo è,* *che cos'è?*

RISPOSTA: L'indagine sembra essere un processo del pensiero, ma in realtà è un modo per disfare il pensiero. I pensieri perdono il loro potere su di noi quando comprendiamo che appaiono semplicemente nella mente. Non sono personali. Grazie al Lavoro, invece di fuggire dai nostri pensieri o di reprimerli, impariamo ad accoglierli a braccia aperte.

DOMANDA: *Io non credo in Dio. Posso trarre ugualmente be-* *neficio dal Lavoro?*

RISPOSTA: Certo. Atei, agnostici, cristiani, ebrei, musulmani, buddhisti, induisti, pagani... abbiamo tutti una cosa in comune: vogliamo la felicità e la pace. Se sei stanco di soffrire, ti invito al Lavoro.

DOMANDA: *C'è un modo per andare più in profondità con Il Lavoro?*

RISPOSTA: Dico spesso: "Se vuoi davvero essere libero, fai colazione con Il Lavoro". Più fai l'indagine, più l'indagine ti disfa. Alcuni preferiscono fare Il Lavoro all'interno di un programma stabilito: perciò offro la Scuola del Lavoro di nove giorni, un viaggio intenso attraverso la tua mente che cambia la vita. Troverai le informazioni sulla Scuola sul sito www.thework.com.

DOMANDA: *Intellettualmente capisco il processo dell'indagine, ma quando lo faccio non sento nessun vero cambiamento. Cosa mi manca?*

RISPOSTA: Se rispondi alle domande superficialmente, con la mente razionale, il processo ti farà sentire scollegato. Prova a fare le domande e ad andare più in profondità. Potresti dover ripetere le domande alcune volte per rimanere focalizzato, ma mentre lo fai, sorgerà lentamente una risposta. Quando la risposta proviene dal tuo interno, comprensioni e cambiamenti avvengono naturalmente.

DOMANDA: *Uso i rigiri ogni volta che esprimo giudizi, ma non fa altro che lasciarmi depresso e confuso. Perché?*

RISPOSTA: Rigirare soltanto i pensieri mantiene il processo a livello intellettuale ed è di scarso valore. L'invito è andare oltre l'intelletto. Le domande sono come sonde che getti nella mente per far affiorare una comprensione più profonda. Prima fai le domande e poi aspetta. Una volta arrivate le risposte, la mente superficiale e la mente più profonda si incontrano, e i rigiri sono sentiti come vere scoperte.

Ringraziamenti

Ringrazio Adam Joseph Lewis per l'incrollabile amore e per la generosità nel mettere Il Lavoro a disposizione di tante persone in tutto il mondo.

Esprimo inoltre la mia profonda gratitudine a Michael Katz, il mio agente, e a Josh Baran, il mio addetto stampa, per l'aiuto alla creazione di questo libro; al dottor David A. Soskis e a Carol Williams, che hanno sottoposto la prima stesura a un'attenta lettura, offrendo molti consigli per migliorarla; a Michele Penner, Ellen Mack e Prem Rikta, che hanno raccolto e rivisto alcuni materiali precedenti, che sono stati intessuti qua e là in questo libro; a Bill Bridsall, Lisa Biskup, Paula Brittain, Melony Malouf, Mischelle Miller e Lesley Pollitt; e alle migliaia di persone che hanno diffuso Il Lavoro in nome della pace.

Nota sugli autori

Byron Katic ha scoperto l'indagine nel 1986. Ha viaggiato in tutto il mondo per oltre dodici anni, insegnando Il Lavoro a centinaia di migliaia di persone in incontri pubblici, prigioni, ospedali, chiese, aziende, centri per donne abusate, università e scuole attraverso weekend intensivi e la Scuola del Lavoro, della durata di nove giorni. È autrice dei due bestseller *Amare ciò che è* e *Ho bisogno del tuo amore: è vero?* Il suo sito web è: www.thework.com.

Stephen Mitchell è autore di varie pubblicazioni, tra cui i bestseller *Tao Te Ching*, *The Gospel According to Jesus*, *Bhagavad Gita*, *The Book of Job*, *Meetings with the Archangel* e *Gilgamesh*. Lunghi estratti dei suoi libri sono disponibili sul suo sito web: www.stephenmitchellbooks.com.

Per informazioni in italiano sul Lavoro, la Scuola del Lavoro o altri eventi, potete scrivere a: il.lavoro@thework.com

AMARE CIÒ CHE È
4 domande che possono cambiare la tua vita

Se volete sostituire il dolore con la gioia e il sorriso, trasformare la depressione in leggerezza, ritrovare la libertà, arrivare a comprensioni nuove e profonde sulla vita, questo libro notevole e straordinariamente semplice fa per voi: potrete cambiare la vostra esistenza per sempre. V mostrerà passo dopo passo, grazie a esempi chiari e illuminanti, come usare con successo un processo rivoluzionario. Pone quattro domande che, applicate a un problema specifico, consentono di vederlo sotto una luce completamente diversa, e ci offre un efficace processo di indagine, grazie al quale si può scoprire come anche le convinzioni più stressanti riguardo la vita, gli altri o se stessi possono mutare radicalmente, mentre l'esistenza si trasforma positivamente in modo irreversibile. Attraverso questo processo, chiunque può imparare a risalire alle radici dell'infelicità per sradicarla definitivamente.

HO BISOGNO DEL TUO AMORE - È VERO?
Come smettere di cercare l'amore, l'approvazione e l'apprezzamento e iniziare invece a trovarli

Byron Katie esamina una fonte d'ansia molto diffusa: le relazioni con gli altri. Con il suo insegnamento innovativo, ti aiuta a mettere in discussione tutto quello che ti è stato detto di fare per ottenere l'amore e l'approvazione degli altri. Scoprirai così come trovare vero amore e creare rapporti personali sinceri. Katie ti aiuta a illuminare tutte le aree della vita in cui sembra che ti manchi ciò che desideri di più: l'amore del coniuge, il rispetto del figlio, la tenerezza dell'amante o la stima dei superiori. Attraverso la sua penetrante indagine, scoprirai rapidamente la falsità dei modi convenzionali di cercare amore e approvazione. Usando il metodo di Katie, esplorerai le convinzioni che causano dolore, su cui hai basato la tua esistenza, e ti rallegrerai nel vederle evaporare.

Di prossima pubblicazione